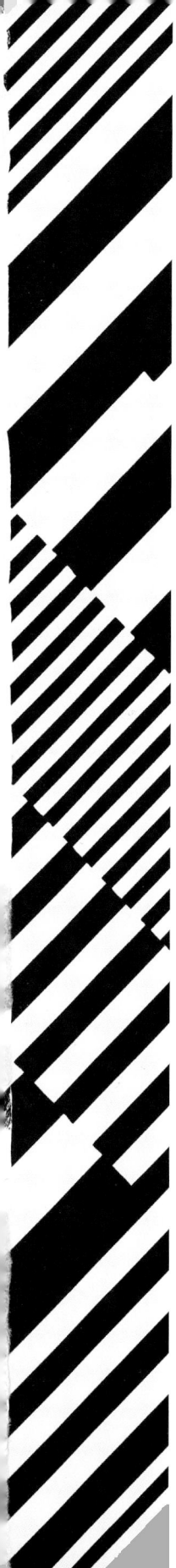

FREEHAND FASHION

Regionalbibliothek
Weiden

CHINELO BALLY

FREEHAND FASHION

Die perfekte Kleidung nähen – ganz ohne Schnittmuster

stiebner

INHALT

ÜBER MICH	6
ÜBER DAS FREIHÄNDIGE ZUSCHNEIDEN	8
MEINE WESENTLICHEN UTENSILIEN	9
NÄHTECHNIKEN	10
MASSNEHMEN	18
DIE GRUNDMODELLE	22
ÄRMELLOSES OBERTEIL	24
KLEID	34
ROCK	42
TELLERROCK	48
ÄRMEL	56
DIE PROJEKTE	64
MAXIROCK	66
FLEDERMAUSOBERTEIL	74
EINFACHES CHIFFON-CHASUBLE	80
HI-LOW TOP	84
BOX TOP	94
DOPPELTER TELLERROCK	102
BLEISTIFTROCK	110
KLEID MIT SCHÖSSCHENSAUM	118
AUSGEHKLEID	126
SAMTWICKELKLEID	134
MAXIWICKELKLEID	144
OBERTEIL IN WICKELOPTIK	154
KRAGENLOSER BLAZER MIT STREIFENMUSTER	162
ASYMMETRISCHE SCHÖSSCHENJACKE	170
ABENDKLEID IM NIXENSTIL	178
DANKSAGUNG	192

ÜBER MICH

Ich bin eine Britin nigerianischer Herkunft und habe mich schon immer für Mode begeistert. Mit dem Schneidern von Damenmode begann ich vor vier Jahren. Nachdem ich meine erste Nähmaschine gekauft hatte, nähte ich erst einmal drauflos – und scheiterte jämmerlich. Zum Glück konnte ich mir bei meiner Tante, die Schneiderin ist, ein paar Tricks abschauen. Ihre Art des freihändigen Zuschneiden sagte mir sehr zu, weil ich viele Ideen im Kopf hatte und darauf brannte, sie schnell in die Tat umsetzen zu können. Es dauerte drei Monate, bis ich mit der Technik vertraut war, und zunächst begeisterte mich vor allem die Idee, mich auf diese Weise selbst auf diese Weise einkleiden zu können. Doch dann fing ich an, auch für Familienmitglieder und Freundinnen Kleidung zu entwerfen und zu nähen. Das war mein erster kleiner Schritt in die Modebranche …

Heute nähe ich für private Kundinnen aus allen Gesellschaftsschichten. Es macht mir große Freude, schöne Kleidung zu schneidern, die Frauen mit verschiedenen Figuren und Größen passt. Mein Bekanntheitsgrad stieg enorm, als ich im Jahr 2014 in der zweiten Staffel von »The Great British Sewing Bee« zu sehen war – eine Reality-Show der BBC, in der Amateurnäherinnen zeigen können, was sie mit Nadel (bzw. Nähmaschine) und Faden so alles drauf haben. Es war wunderbar, von so vielen Gleichgesinnten umgeben zu sein und so viel Zeit mit dem Nähen zu verbringen!

Sie merken schon, dies ist kein konventionelles Nähbuch. Mir geht es besonders um das freihändige Zuschneiden – für mich die ideale Methode, um elegante, stylische Bekleidung anzufertigen. Von der Fachjury erntete ich dafür viel Anerkennung, und viele Fernsehzuschauerinnen interessierten sich für meine Methode. Im Grunde kann sie jeder lernen, auch wenn es bestimmt hilfreich ist, über die wichtigsten Grundkenntnisse des Nähens zu verfügen. Ich selbst hatte keinerlei Vorkenntnisse – vor meinem Auftritt in »The Great British Sewing Bee« hatte ich noch nie mit einem Schnittmuster gearbeitet. Mit diesem Buch möchte ich Ihnen im Detail so viele Anregungen wie nur irgend möglich geben – als Ganzes geht es mir aber vor allem darum, Sie dazu zu inspirieren, auf der Basis meiner Methode Ihre eigene zu finden – um so auch neue Wege gehen zu können.

ÜBER DAS FREIHÄNDIGE ZUSCHNEIDEN

Beim freihändigen Zuschneiden werden die Maße mit einfachen Hilfsmitteln direkt auf dem Stoff markiert. Dabei entwickelt man ein Verständnis dafür, wie ein Kleidungsstück aufgebaut ist und sich den Körperkonturen anpasst. So können Sie die Kleidung genau für Ihre Figur und Ihre Größe schneidern – ohne mühsam Schnittmuster anpassen zu müssen.

Kleidungsstücke frei Hand zu entwerfen ist allerdings auch nicht ganz so einfach, wie es klingt – allein schon das Zeichnen von Rundungen über eine größere Strecke erfordert einiges Talent und noch mehr Praxis. Übung macht aber auch hier den Meister, und in anderen Teilen der Welt gehört diese Fertigkeit durchaus zur Nähtradition. So entstehen in Afrika und Asien viele Kleidungsstücke vielleicht nicht vollkommen freihändig – die Art und Weise, wie sie gemacht werden, erinnert aber auch an meine Methode.

Am vertrautesten ist mir die nigerianische Freihandmethode. Sie hat meine eigene Nähtechnik, meinen Stil auch ästhetisch beeinflusst und bildet somit eine Basis, auf der ich meine Methode weiterentwickeln konnte, um eine hochwertige und sehr genaue individuelle Passform zu erreichen.

Zu Ihrer ganz persönlichen Basis wird einmal, hoffentlich, auch dieses Buch gehören. Zunächst beschreibe ich Ihnen darin meine Methode anhand von fünf Grundmodellen. Daran anschließend erfahren Sie, wie Sie diese Grundmodelle für verschiedene Entwürfe abwandeln können.

Die Silhouetten der Kleidungsstücke, die wir anfertigen wollen, haben zeitlos schöne Formen, die sich in der Modegeschichte bewährt haben. Dazu gehören wunderschön sitzende Kleider für glamouröse Anlässe, schmeichelhafte Oberteile, die die Weiblichkeit betonen, und viele weitere Kleidungsstücke, die alle eines gemeinsam haben – sie wurden freihändig zugeschnitten: Freehand Fashion!

MEINE WICHTIGSTEN UTENSILIEN

So hochtechnisiert viele Näherinnen heute ausgerüstet sind – es geht auch mit weniger Hightech. Bei einem meiner Workshops gab es kürzlich leichte Panik unter den Teilnehmern, weil wir nur einen einzigen nahtverdeckten Reißverschlussfuß hatten. Ich konnte sie schnell beruhigen, indem ich mit dem Standardfuß einen nahtverdeckten Reißverschluss einnähte. Sie waren schwer beeindruckt und ich hatte ein neues Kabinettstückchen für meine Liste! Tatsache ist, dass die ganze moderne Ausrüstung das Nähen zwar einfacher macht, aber nicht unbedingt notwendig ist. Sie müssen keine Angst davor haben, ein Knopfloch ohne Knopflochfuß zu nähen. Sie können es sorgfältig mit dem Zickzackstich der Maschine arbeiten oder mit der Hand nähen. Sie brauchen nicht einmal einen Nahttrenner, um Fehler aufzutrennen. Fahren Sie einfach vorsichtig mit einer Rasierklinge zwischen die Stofflagen, und die Arbeit ist bedeutend schneller erledigt.

MEINE GRUNDAUSRÜSTUNG

Nähmaschine • Bügeleisen und Bügelbrett • Maßband • Kleine spitze Schere • Große Stoffschere • Rasierklinge oder Nahttrenner • Handnähnadeln • Stecknadeln • Stoffmarker (ich verwende Stift oder Kreide) • Garne in verschiedenen Farben, passend zu den Stoffen

EBENFALLS NÜTZLICH

Lineal • Overlock-Nähmaschine • Zickzackschere • Preiswertes Baumwoll-Polyester-Mischgewebe zum Nähen von Musterstücken • Schrägband • Bügeleinlage

BITTE BEACHTEN
• Ich selbst schneide auch durch mehrere Stofflagen freihändig zu – es kann aber hilfreich sein, sie vorher zusammenzustecken.
• Wenn ich von Breite und Länge spreche, meint die Länge den Fadenlauf.

NÄHTECHNIKEN

Ich bin davon überzeugt, dass sich so gut wie jedes Nähprojekt bewältigen lässt, sobald Sie erst einmal Ihre Nähmaschine einfädeln und eine gerade Naht nähen können! Hinzu kommen ein paar grundlegende Kenntnisse wie das Versäubern von Nähten und das Untersteppen, wodurch das Nähstück professionell aussehende Ränder und Säume erhält. Außerdem würde ich Ihnen noch ein paar weitere Techniken empfehlen, mit denen Sie sich vorab beschäftigen sollten. Nachfolgend meine Top-Techniken für erfolgreiches Nähen!

NÄHTE

Die meisten Nähte in diesem Buch sind sehr einfach – legen Sie die beiden Teile, die zusammengenäht werden sollen, rechts auf rechts, und nähen Sie eine Naht mit der Nahtzugabe, die in der Anleitung des jeweiligen Projekts angegeben ist. Etwas spezieller ist die französische Naht. Man findet sie häufig bei Blusen. Besonders nützlich ist sie bei durchsichtigen oder dünnen weißen Stoffen, bei denen die Nahtzugaben später nicht mehr zu sehen sein sollen; ebenso bei leichten Stoffen, die schnell ausfransen, da alle unversäuberten Ränder der Nahtzugabe auf diese Weise inliegend sind. Ich habe diese Naht beim Einfachen Chiffon-Chasuble auf Seite 80 verwendet.

FRANZÖSISCHE NAHT

1 Beide Teile links auf links legen und mit 6 mm Nahtzugabe zusammennähen. Die Nähte auseinanderbügeln und auf 3 mm zurückschneiden.

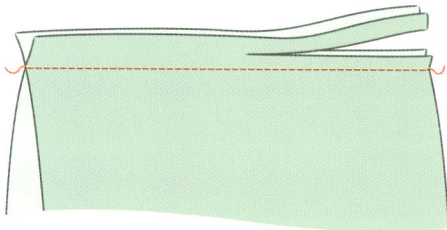

2 Den Stoff entlang dieser Naht rechts auf rechts falten. Zusammenstecken und eine zweite Naht mit 1 cm Nahtzugabe nähen.

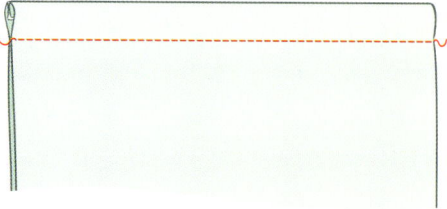

3 Die Naht auf eine Seite bügeln.

FERTIGSTELLEN VON NÄHTEN

Es gibt mehrere Möglichkeiten, Nähte bei einem Kleidungsstück fertigzustellen. Hier nenne ich nur einige davon, die ich häufig verwende.

BEKETTELN

Overlock-Nähmaschinen wirken zunächst etwas beängstigend, aber wenn Sie erst einmal den Dreh heraushaben, werden Sie nicht mehr darauf verzichten wollen. Sie nähen mit Schlingstichen über die Kanten einer Naht, damit der Stoff nicht ausfranst. Gleichzeitig schneiden zwei Klingen die Nahtzugabe kürzer, damit diese nicht zu sehr aufträgt. Durch dieses Beketteln sehen Nähte innen aus wie bei einem gekauften Kleidungsstück und verhindern, dass sich vereinzelte Fäden aus unversäuberten Nähten lösen. Testen Sie vor dem Beketteln die Fadenspannung mit einem Rest des Stoffes, mit dem Sie gerade nähen, um dann beim eigentlichen Kleidungsstück keinen Fehler zu machen.

Sie können mit der Overlock-Nähmaschine auch einen Rollsaum nähen (siehe Seite 14). Bei jeder Maschine finden Sie dazu eine Anleitung. Wenn Sie den Stoff beim Nähen dehnen, erhalten Sie einen hübsch gewellten Saum, der ein Kleidungsstück attraktiver machen kann.

ZICKZACKNAHT

Eine Zickzacknaht ist eine Alternative zum Beketteln. Genau wie dieses verhindert es das Ausfransen, die Naht sieht hier aber nicht so aus wie bei einem gekauften Kleidungsstück. Der Trick beim Zickzackversäumen besteht darin, die Stichlänge der Stoffart anzupassen. Testen Sie die Einstellungen mit einem Stoffrest des Stoffs. Wenn Sie mit dem Ergebnis zufrieden sind, versäubern sie mit einer Zickzacknaht und schneiden die Nahtzugaben auf 1,2 cm zurück.

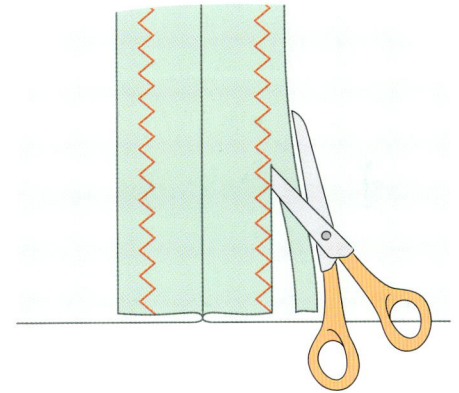

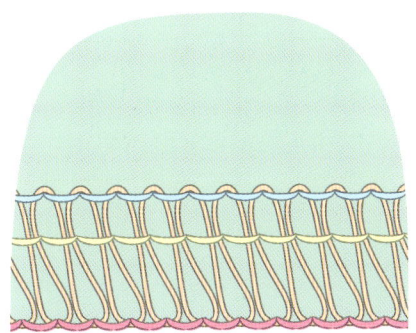

EINSCHNEIDEN VON NAHTZUGABEN

Es ist wichtig, Nahtzugaben an gerundeten Stellen einzuschneiden, weil Halsausschnitt oder Nähte sonst wulstig aussehen. Zum Einschneiden einer konkaven (nach innen gewölbten) Rundung kleine Keile bis fast an die Naht in die Nahtzugabe schneiden. Dabei sehr sorgfältig arbeiten, da sonst leicht in die Naht geschnitten werden könnte. In gleichmäßigen Abständen von 2,5 bis 4 cm einkerben.

Zum Einschneiden einer konvexen (nach außen gewölbten) Rundung einfach die Nahtzugabe gerade einschneiden. Der Schnitt soll bis kurz vor die Naht reichen. Auch hier in gleichmäßigen Abständen arbeiten.

Zum Wegschneiden der Ecken wird die Nahtzugabe über der Spitze der Ecke schräg abgeschnitten. Versuchen Sie, möglichst nah an der Ecke zu schneiden, ohne jedoch die Naht zu beschädigen.

UNTERSTEPPEN

Diese Technik wird verwendet, damit Futter oder Besatz beim fertigen Kleidungsstück nicht vorschauen. Besonders wichtig ist dies an Arm- und Halsausschnitten. Ich untersteppe die Naht immer von der rechten Seite des Kleidungsstücks, da ich es einfacher finde, sie so gerade zu bekommen. Probieren Sie gerne selber aus, wie Sie besser zurechtkommen.

1 Nach dem Nähen und dem Zurückschneiden oder Einschneiden der Nahtzugabe breiten Sie die Teile aus, sodass die Naht in der Mitte liegt.

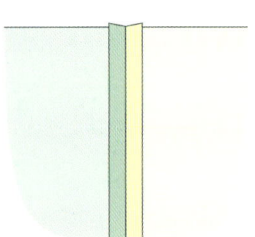

2 Drücken Sie die Nahtzugabe mit den Fingern in Richtung Futter oder Besatz.

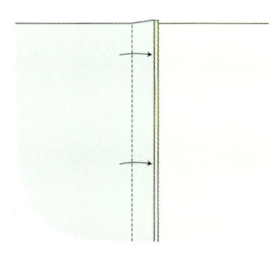

3 Nähen Sie höchstens 3 mm von der Originalnaht eine weitere Naht. Falten Sie den Stoff entlang der zweiten Naht – der Untersteppung – zurück, sodass die rechte Seite oben liegt, und bügeln Sie die Naht. Das Futter oder der Besatz befindet sich nun von der Vorderseite des Kleidungsstücks leicht zurückversetzt. Bügeln, fertig.

SCHRÄGBAND ALS BESATZ VERWENDEN

Dies ist eine meiner Lieblingsverwendungen für Schrägband. Sie können es auf der linken Stoffseite verwenden, sodass es unsichtbar ist, oder es auf der rechten Stoffseite als Detail des Designs einsetzen. Das Großartige dabei ist, dass Sie es auch per Hand mit einem Blindstich annähen können, um eine saubere verstürzte Naht zu bekommen. Wenn Sie Probleme damit haben, gerundete Nähte perfekt gerade zu säumen, wird dies eine große Hilfe für Sie sein.

Arbeiten Sie ohne Stecknadeln, denn wenn Sie es festgesteckt haben, wird es schwierig, die Naht zu kontrollieren. Lassen Sie stattdessen Ihre Hände die Aufgabe der Stecknadeln übernehmen. Beste Ergebnisse erzielen Sie mit 1,2 cm breitem Schrägband – nehmen Sie es nie breiter als 2 cm; es sei denn, Sie verwenden es an einer geraden Kante.

1 Eine Seite des Schrägbands aufklappen. Das Schrägband rechts auf rechts so auf die Naht legen, dass die unversäuberten Kanten miteinander abschließen.

2 Immer nur kurze Abschnitte nähen, wobei die Kanten stets gut miteinander abschließen sollen. Fangen Sie an, im Schrägband entlang der Bruchkante zu nähen. Sobald das Schrägband aufgenäht ist, die Nahtzugaben in gleichmäßigen Abständen einschneiden.

3 Das Schrägband entlang der Nahtlinie auf die linke Seite des Nähstücks bügeln.

4 Von links das Schrägband entlang der Kante festnähen. Alternativ mit Blindstichen per Hand festnähen.

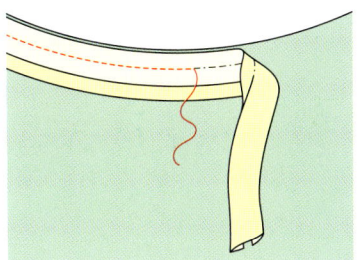 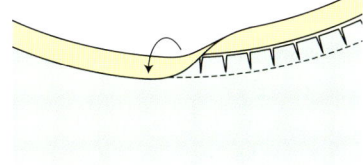 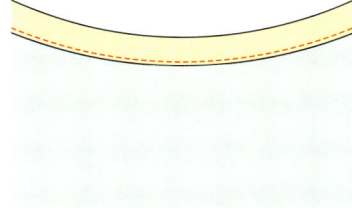

MASCHINENGENÄHTER ROLLSAUM

Dies ist mein Lieblingssaum für alle Gelegenheiten. Seit ich ihn nähen kann, verwende ich kaum noch einen anderen. Ich liebe den feinen Abschluss, den Seide, Satin, Chiffon und Baumwolle dadurch erhalten. Aber: Diese Säummethode funktioniert nicht mit dicken Stoffen, und Sie müssen wirklich sehr genau und ordentlich an der Kante nähen. Üben Sie erst mit einem Rest des Stoffes, den Sie vernähen wollen, bis Sie mit Ihren Stichen zufrieden sind.

1 Die Stichlänge auf 1,5 oder 2 einstellen (für die erste Naht brauchen Sie sehr enge Stiche).

2 Schlagen Sie 1,2 cm nach links um. Nähen Sie auf der rechten Seite 3 mm von der Bruchkante entfernt. Langsam nähen, Saumbreite konstant halten.

3 Mit einer kleinen, sehr spitzen Schere überschüssigen Stoff möglichst nah entlang der Naht abschneiden, ohne die Naht zu beschädigen.

4 Die Stichlänge auf 2,5 oder 3 einstellen. Den Saum entlang der ersten Naht umschlagen und so nah wie möglich neben der ersten Naht eine zweite Naht entlang der Kante nähen.

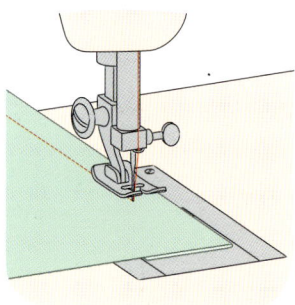
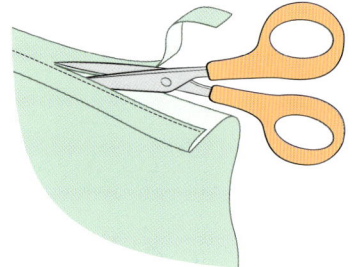
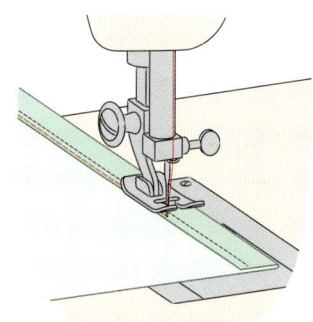

ANMERKUNG
Ich kaufe immer den längsten nahtverdeckt einsetzbaren Reißverschluss, weil man überschüssige Länge nach dem Einnähen abschneiden kann. Ich empfehle Ihnen dringend einen nahtverdeckten Reißverschlussfuß, wenn Sie mit einer Nähmaschine für den Hausgebrauch arbeiten.

EINEN NAHTVERDECKTEN REISSVERSCHLUSS EINSETZEN

Es gibt viele Methoden, einen nahtverdeckten Reißverschluss einzunähen. Ich habe das Internet durchforstet, um eine Methode zu finden, die ich verstehe, weil es mir einfach nicht in den Kopf gehen wollte. Während ich die Anleitungen anderer Leute ausprobierte, wurde mir klar, dass meine Tante recht hatte, als sie mir riet, keine Stecknadeln zu verwenden. Bei Reißverschlüssen bewirken Stecknadeln nämlich genau das Gegenteil dessen, wofür sie eigentlich verwendet werden. Alle meine Workshopteilnehmer waren sich einig, dass meine Methode viel einfacher ist. Probieren Sie sie aus!

1 Entsprechend der Anleitung für Ihr Nähprojekt die Naht unterhalb des Reißverschlusses nähen. Dazu ab 2,5 cm unterhalb der Stelle, wo der Reißverschluss enden soll, an der Bruchkante der Reißverschlusszugabe nähen.

2 Mit Schneiderkreide auf der Vorderseite des rechten und linken Nähteils den Punkt markieren, wo der Reißverschluss enden soll (2,5 cm über der soeben genähten Naht). An dieser Stelle hören Sie auf, den Reißverschluss einzunähen, egal wie lang dieser ist.

3 Das Kleidungsstück mit der rechten Seite nach oben hinlegen. Reißverschlusszugaben aufklappen. Den Reißverschluss mit der rechten Seite nach unten auf das Kleidungsstück legen. Reißverschluss öffnen.

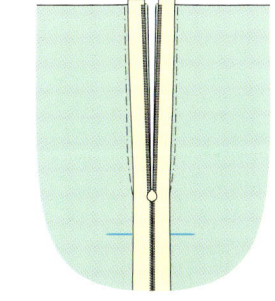

4 Linke Reißverschlusshälfte in die linke Hand, rechte Hälfte in die rechte Hand. Das Teil in Ihrer rechten Hand wird auf das linke Teil des Kleidungsstücks genäht und umgekehrt.

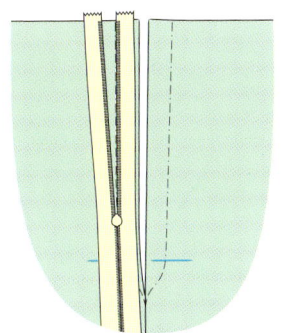

REISSVERSCHLUSS EINNÄHEN

5 Einen nahtverdeckten Reißverschlussfuß in die Nähmaschine einsetzen.

6 Am oberen Ende eines nahtverdeckten Reißverschlusses gibt es immer einen winzigen Kunststoff-Stopper. Er soll auf einer Höhe mit der Oberkante der Naht der Reißverschlusszugabe liegen. Die Zähnchenreihe des Reißverschlusses über die Bruchkante der Reißverschlusszugabe legen (darauf achten, dass die Rillen im Reißverschlussfuß direkt über der Zähnchenreihe liegen).

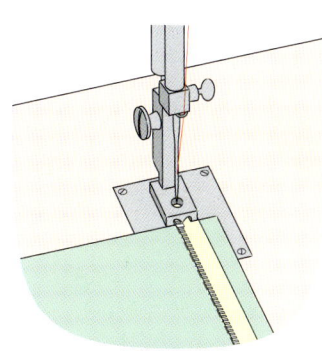

7 Den Reißverschluss einnähen (darauf achten, dass die Rillen des Reißverschlussfußes auf einer Linie mit der Bruchkante der Reißverschlusszugabe bleiben.) Haben Sie Geduld! Ich nähe immer eine Strecke von 5 cm, dann stoppe ich, überprüfe die korrekte Ausrichtung und mache weiter. Nähen Sie bis zur Stopp-Markierung des Reißverschlusses und dort einen Sicherungsstich.

8 Reißverschluss schließen. Nun die Taillennaht (falls es eine gibt) und die Stopp-Markierung für den Reißverschluss auf der Rückseite der noch nicht genähten Reißverschlussseite markieren. (Als Orientierung dient das Kleidungsstück, an dem der Reißverschluss bereits angenäht ist.)

9 Reißverschluss wieder öffnen. Die Stopp-Markierung am Reißverschluss mit der Stopp-Markierung auf dem Kleidungsstück übereinbringen. Nur an dieser Stelle den Reißverschluss mit einer Stecknadel feststecken. Von diesem Punkt aus beginnen, den Reißverschluss einzunähen.

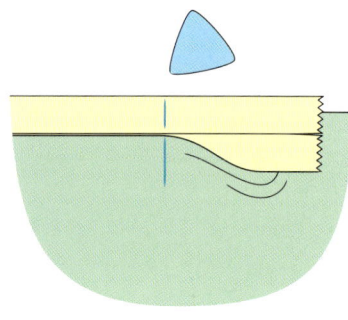

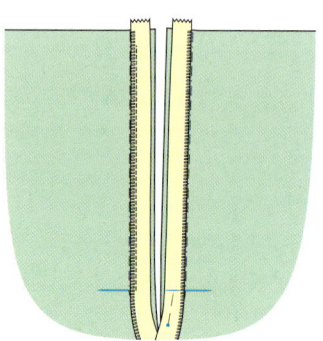

10 Oben angekommen, einen Sicherungsstich nähen. Reißverschluss schließen, um zu überprüfen, dass beide Seiten perfekt zusammenpassen.

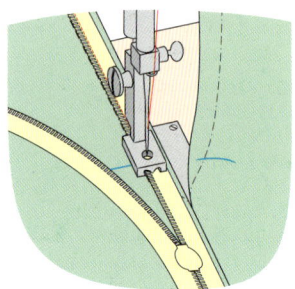

11 Die 2,5 cm große Öffnung unten am Reißverschluss mit der Hand heften, dann mit der Maschine und einem Standard-Reißverschlussfuß über die Heftstiche nähen. Kleidungsstück wenden und Reißverschlusszugaben nach hinten bügeln. Auf der Vorderseite ist der Reißverschluss praktisch unsichtbar.

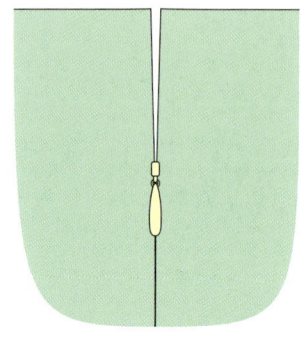

ÜBERLAPPENDER REISSVERSCHLUSS

Hier überlappt eine Seite der Reißverschlussöffnung die andere und verdeckt damit die Zähne des Reißverschlusses. Er kann für die linke Seite von Kleidungsstücken verwendet werden wie bei Röcken oder für eine Öffnung in der Rückenteilmitte.

1 Von der Naht die Länge des Reißverschlusses plus 2 cm offenlassen. Naht auseinanderbügeln, dann die Reißverschlusszugaben nach links bügeln.

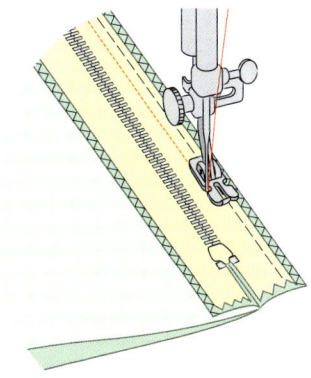

2 Rechte Reißverschlusszugabe nach außen aufklappen. Reißverschluss mit der rechten Seite nach unten darauflegen (Zähne verlaufen in der Mitte der Nahtlinie). Nach Belieben heften. Einen Standard-Reißverschlussfuß rechts von der Nadel in die Nähmaschine einsetzen. Rechte Seite des Reißverschlusses etwa 6 mm von den Zähnen annähen.

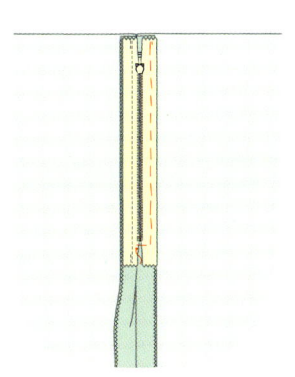

3 Reißverschlusszugabe wieder umschlagen, Reißverschluss mit der rechten Seite nach oben legen. Reißverschlussfuß links von der Nadel einsetzen und entlang der Bruchkante nähen.

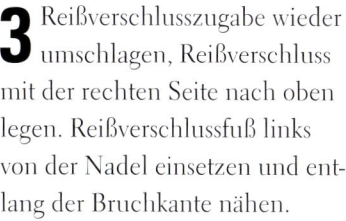

4 Das Kleidungsstück auf links wenden. Die linke Seite des Reißverschlusses feststecken und heften.

5 Reißverschluss von rechts und mit dem Reißverschlussfuß rechts von der Nadel einnähen. Zuerst über die Unterseite des Reißverschlusses nähen, die Arbeit drehen und weiter bis zum oberen Ende des Reißverschlusses nähen.

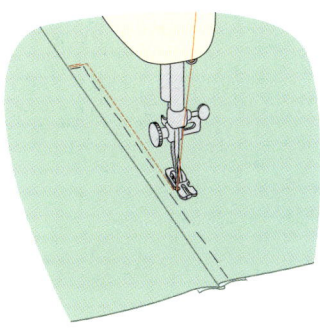

ANMERKUNG

Den Reißverschluss nur auf die Reißverschlusszugabe nähen – nicht auf das Kleidungsstück.

MASSNEHMEN

Für die Nutzung der Freehand-Methode ist es wichtig, dass Sie lernen, bei sich selbst genau Maß zu nehmen. Das ist die einzige Garantie dafür, dass Ihre fertige Kleidung auch gut sitzen wird (außerdem ist zu bedenken, dass Sie vielleicht nicht immer jemanden zur Hand haben, der für Sie Maß nehmen kann – vor allem, wenn Sie wie ich dazu neigen, Dinge immer erst auf den letzten Drücker zu erledigen – sich beispielsweise erst an dem Tag etwas zu nähen, an dem Sie es brauchen).

In meinen Workshops ermutige ich die Teilnehmerinnen immer, das Maßnehmen bei sich selbst zu erlernen. Dabei muss man sich bewusst darum bemühen, den Körper nicht zu verdrehen. Falls Sie es zu schwierig finden, bitten Sie jemanden, Ihnen zu helfen – es gibt natürlich auch einige Maße, für die man auf jeden Fall helfende Hände braucht. Ich habe mein System des Maßnehmens in drei Gruppen unterteilt: waagrecht, senkrecht, sonstige. Auf den Seiten 20–21 finden Sie hierzu hilfreiche Diagramme.

WAAGRECHT | Die waagerecht am Körper gemessenen Maße werden bei allen Projekten durch 2 oder 4 geteilt.

SENKRECHT | Die senkrecht am Körper gemessenen Maße werden als Referenzpunkte genutzt, an denen Sie die entsprechend geteilten waagerechten Maße markieren.

SONSTIGE | Alle übrigen Maße: siehe S. 19.

ANMERKUNG
Wenn Sie unter ihrer Kleidung figurformende Unterwäsche (Shapewear) tragen, sollten Sie diese auch beim Maßnehmen anhaben, da sonst die gute Passform leiden könnte.

WAAGERECHTE MASSE

1 Schulterbreite: von der oberen Ecke der einen Schulter gerade hinüber zur oberen Ecke der anderen
2 Rückenbreite: waagerecht 2,5 cm über der Achselfalte von Armansatz zu Armansatz hinten
3 Brustbreite: waagerecht 2,5 cm über der Achselfalte von Armansatz zu Armansatz vorne
4 Brustumfang: Umfang an der stärksten Stelle der Brust

5 Oberbrustumfang: Umfang am Brustansatz
6 Unterbrustumfang: Umfang unterhalb der Brust
7 Taillenumfang: Wo Ihre Taille sitzt, können Sie gut herausfinden, indem Sie sich zur Seite beugen – die tiefste Stelle der Beugung ist Ihre natürliche Taille.
8 Hüftumfang: Umfang über der stärksten Stelle der Oberschenkel

TIPP
Alle Maße im aufrechten geraden Stand nehmen.

SENKRECHTE MASSE

9 Schulter bis Endpunkt Rückenbreite: Von der Schulter bis 2,5 cm über der Achselfalte hinten
10 Schulter bis Endpunkt Brustbreite: Von der Schulter bis 2,5 cm über der Achselfalte vorne
11 Schulter bis Oberbrust: Von der Schulter bis zum Brustansatz
12 Brusttiefe: Von der Schulter bis zur Brustspitze
13 Schulter bis Unterbrust: Schulter bis unter die Brust, dabei der Kontur der Brust folgen
14 Vordere Taillenlänge: Von der Schulter bis zur natürlichen Taille, dabei der Kontur der Brust und Unterbrust bis zur Taille folgen
15 Schulter bis Hüfte: Von der Schulter bis zur Hüfte, dabei allen Körperkonturen folgen
16 Schulter bis Knie: Von der Schulter bis zum Knie, dabei allen Körperkonturen folgen
17 Schulter bis Boden: Von der Schulter bis zur Fußsohle
18 Innenarmlänge: Von der Achselhöhle bis zur gewünschten Ärmellänge

SONSTIGE MASSE

19 Brustabstand: von Brustwarze zu Brustwarze
20 Armumfang: Umfang der stärksten Stelle des Oberarms. Wenn Sie keinen dehnbaren Stoff verwenden, das Maßband nicht zu eng anlegen, weil Sie Bewegungsfreiheit brauchen.
21 Ellenbogenumfang: wie oben, nur um den Ellenbogen
22 Ärmellänge: von der Schulter bis zu der gewünschten Ärmellänge (Arm leicht anwinkeln)
23 Ellenbogenlänge: von der Schulter bis zur Ecke des Ellenbogens
24 Rückenlänge: vom Nacken zur tiefsten Stelle des Hohlkreuzes
25 Halsgrube bis Ausschnitt: von der Vertiefung unten am Hals bis zum gewünschten tiefsten Punkt eines Sweetheart-Ausschnitts

ANMERKUNG

Beim Maßnehmen von der Schulter nach unten stellen Sie sich vor, dass Sie aus der Vogelperspektive auf sich selbst herunterblicken und legen das obere Ende des Maßbandes genau in der Schultermitte an.

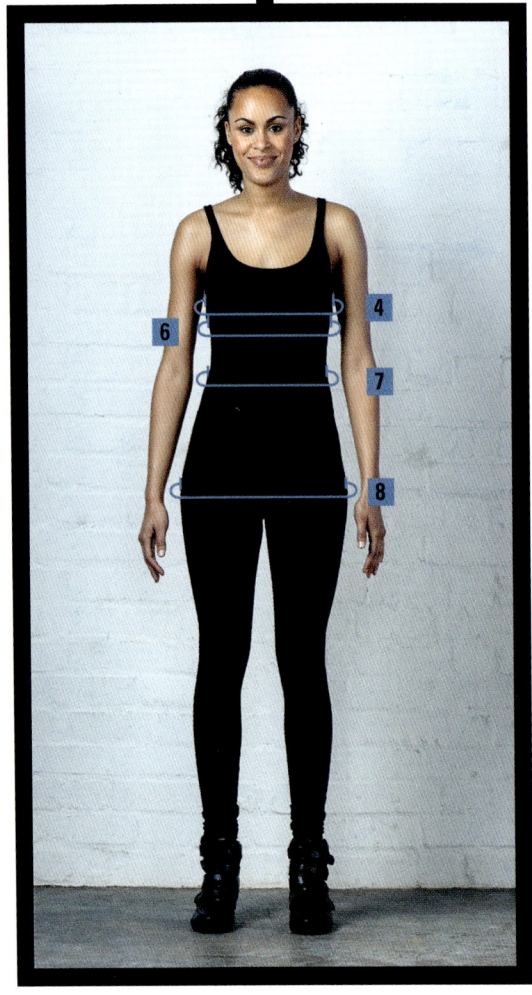
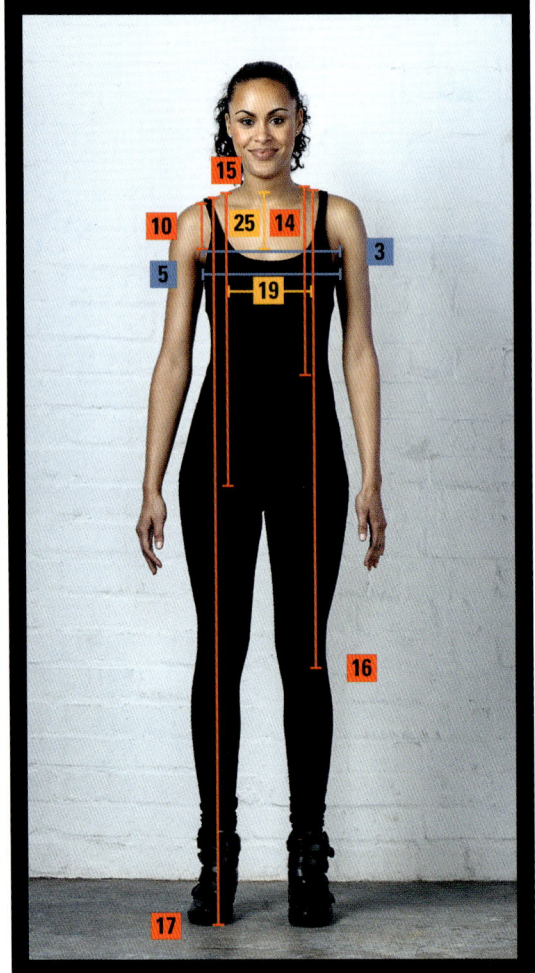

MEINE MASSE

Tragen Sie Ihre Maße in diese Tabelle ein, dann haben Sie sie immer zur Hand.

WAAGERECHTE MASSE

1. Schulterbreite ....
2. Rückenbreite ....
3. Brustbreite ....
4. Brustumfang ....
5. Oberbrustumfang ....
6. Unterbrustumfang ....
7. Taillenumfang ....
8. Hüftumfang ....

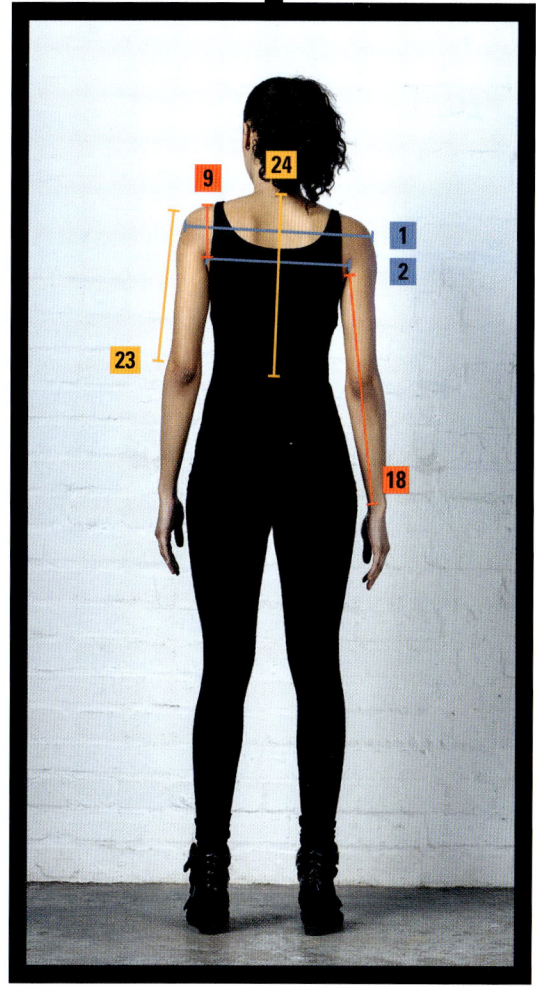
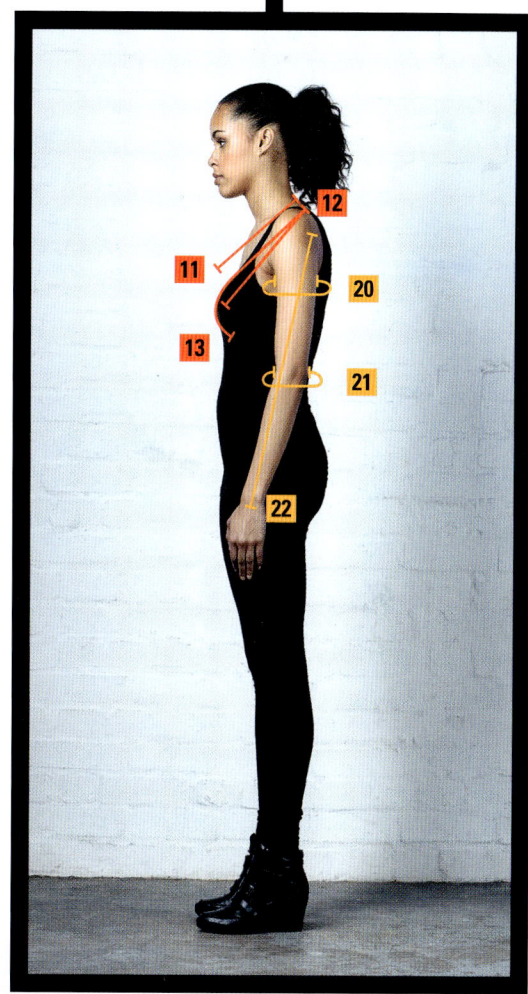

SENKRECHTE MASSE

- **9** Schulter bis Endpunkt Rückenbreite..
- **10** Schulter bis Endpunkt Brustbreite .....
- **11** Schulter bis Oberbrust ....
- **12** Brusttiefe...
- **13** Schulter bis Unterbrust ....
- **14** Vordere Taillenlänge ....
- **15** Schulter bis Hüfte ....
- **16** Schulter bis Knie ....
- **17** Schulter bis Boden ....
- **18** Innenarmlänge ....

SONSTIGE MASSE

- **19** Brustabstand ....
- **20** Armumfang ....
- **21** Ellenbogenumfang ....
- **22** Ärmellänge ....
- **23** Ellenbogenlänge ....
- **24** Rückenlänge ....
- **25** Halsgrube bis Ausschnitt ....

DIE GRUND-MODELLE

In diesem Kapitel befassen wir uns mit dem Zeichnen, Zuschneiden und Konstruieren von Grundmodellen, die – entweder einzeln oder in Kombination – verwendet werden, um die folgende Garderobe anzufertigen: ärmelloses Oberteil, Kleid, Rock, Tellerrock und Ärmel.

Das Grundmodell eines ärmellosen Oberteils reicht von der Schulternaht bis zur Taillennaht. Dazu gehören Wiener Nähte, die in einen Abnäher übergehen und für eine taillierte, figurnahe Passform sorgen.

Das Grundmodell für ein Kleid ist ein Etuikleid mit seitlichen Brustabnähern.

Das Grundmodell für einen Rock kann für die meisten Röcke verwendet werden, von der einfachen A-Linie bis zum figurnahen Bleistiftrock.

Das Grundmodell für einen Tellerrock eignet sich sowohl für einen ganzen Tellerrock (wie er üblicherweise für Kleider im Skater-Stil oder mit Schößchen verwendet wird) als auch für einen halben Tellerrock, wie er normalerweise für Maxiröcke und Maxikleider verwendet wird, um im unteren Teil des Kleides eine üppige Fülle mit schönem Fall zu erzielen. Die Tellerschnitte können auch für Rüschen und raffinierte Details von Kleidungsstücken verwendet werden.

Schließlich arbeiten wir noch mit einem Grundmodell für einen Ärmel – dabei habe ich zum einen Anleitungen für einen Ärmel mit Standard-Armkugel angegeben sowie zum anderen für Ärmel mit mehr Fülle, also Puffärmel und Faltenärmel.

ÄRMEL-
LOSES
OBERTEIL

Herkömmlicherweise deckt die Grundform eines ärmellosen Oberteils nur den Bereich von den Schultern bis zur Taille ab. Wir erfassen jedoch den gesamten Oberkörper von den Schultern bis zu den Hüften.

Ich werde Ihnen zeigen, wie Sie einen Abnehmer nähen, der für ärmellose Kleidungsstücke am besten geeignet ist. Diesen Abnäher bezeichne ich gerne als den »Anfangsabnäher« innerhalb einer Wiener Naht. Wenn Sie seitliche Brustabnäher bevorzugen, können Sie den Abnäher vom Grundmodell für ein Kleid verwenden (siehe Seite 34).

Das heißt, Sie markieren Ihre Brustlinie bei 18 cm und folgen den Arbeitsschritten für den Armausschnitt vom Grundmodell für ein Kleid.

ANMERKUNGEN

Legen Sie den Stoff stets rechts auf rechts, soweit nicht anders angegeben. Es ist wichtig, jede Bruchkante gut zu bügeln, um einen deutlichen Kniff zu erhalten.

BENÖTIGTE MASSE

WAAGERECHTE MASSE (SIEHE SEITE 18)
- Schulterbreite
- Brustbreite
- Rückenbreite
- Brustumfang
- Uterbrust umfang
- Taillenumfang
- Hüftumfang

SENKRECHTE MASSE (SIEHE SEITE 19)
- Schulter bis Endpunkt Brustbreite
- Schulter bis Endpunkt Rückenbreite
- Brusttiefe
- Schulter bis Unterbrust
- Vordere Taillenlänge
- Schulter bis Hüfte

SONSTIGE MASSE (SIEHE SEITE 19
- Brustabstand

BENÖTIGTE STOFFMENGE
- Breite = Hüftumfang + 35 cm
- Länge = Schulter bis Hüfte + 2,5 cm

BENÖTIGTES ARBEITSMATERIAL
- Maßband • Stoffmarker • Bügeleisen und Bügelbrett • Schere • Stecknadelns

METHODE

1 Den Stoff der Breite nach in der Mitte falten und glattstreichen, damit er flach liegt: Dieser Stoffbruch ist die vordere Mitte. Auf der gegenüberliegenden Seite beide Stofflagen zusammen als Reißverschlusszugabe 2,5 cm umschlagen und bügeln. Dieser Stoffbruch ist die hintere Mitte. Die obere Kante ist der Schulterrand, die untere Kante der Saum.

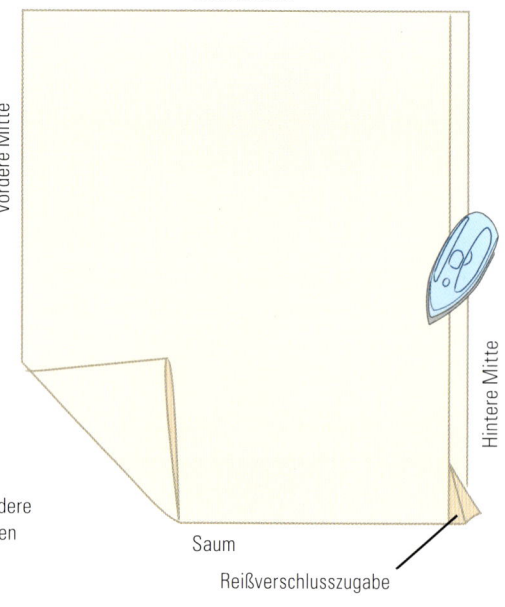

2 Den Stoff in der Mitte so zusammenlegen, dass die vordere Mitte genau mit der hinteren Mitte abschließt. Alle Ränder sollen genau übereinanderliegen und alle Bruchkanten gerade Linien bilden.

3 Das Maßband an der Oberkante des gefalteten Stoffes anlegen und mit dem Stoffmarker die senkrechten Maße markieren, wobei Sie zu jedem Maß 1,2 cm zugeben. Lassen Sie die Brusttiefe weg und markieren Sie stattdessen die Brustlinie bei 23 cm. Das Maß Schulter bis Hüfte wird die Unterkante des Stoffs, der Saum.

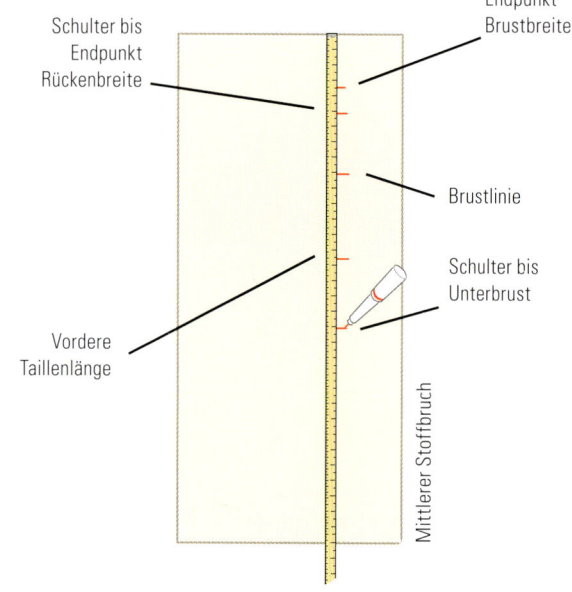

4 Stellen Sie sich an den senkrecht markierten Maßen gerade Linien vor, die waagerecht über den Stoff verlaufen. Zu jeder Linie gehört ein entsprechendes waagerechtes Maß, das vom mittleren Stoffbruch aus auf dieser Linie abgemessen wird. Teilen Sie Ihr Maß für die Brustbreite durch 2 und fügen 2,5 cm hinzu. Markieren Sie dieses Maß mit einem Punkt auf der Linie für das Maß Schulter bis Endpunkt Brustbreite. Teilen Sie Ihr Maß für die Rückenbreite durch 2 und fügen 1,2 cm hinzu. Markieren Sie dieses Maß mit einem Punkt auf der Linie für das Maß Schulter bis Endpunkt Rückenbreite.

Schulter bis Endpunkt Brustbreite

Schulter bis Endpunkt Rückenbreite

waagerechte Maße für Brustbreite und Rückenbreite markieren

Mittlerer Stoffbruch

Alle anderen waagerechten Maße markieren

Mittlerer Stoffbruch

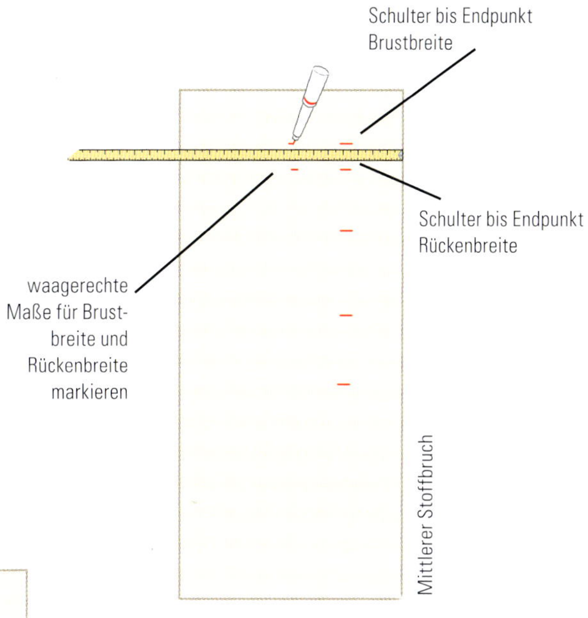

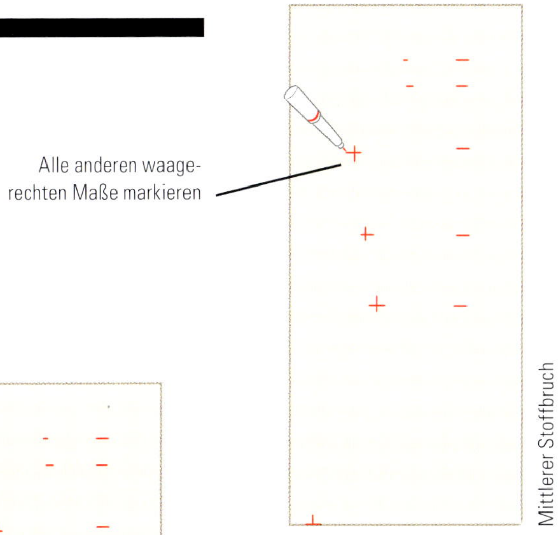

5 Alle anderen waagerechten Maße werden durch 4 geteilt und jeweils 5 cm zugegeben, dann markieren wir die Maße auf der entsprechenden Linie mit einem kleinen Kreuz.

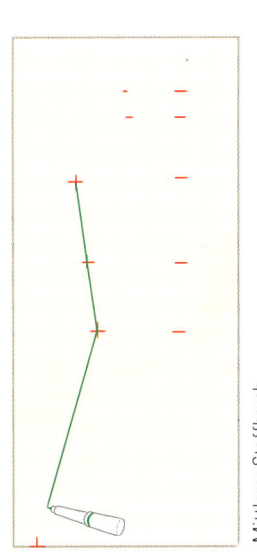

Mittlerer Stoffbruch

6 Diese Kreuze durch gerade Linien verbinden.

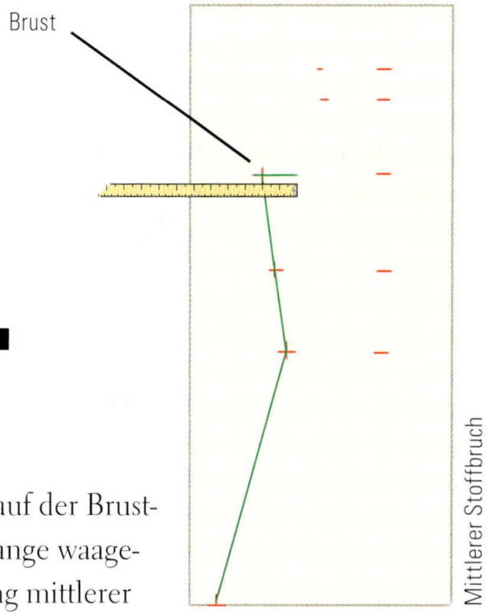

Brust

Mittlerer Stoffbruch

7 Von dem Kreuz auf der Brustlinie eine 5 cm lange waagerechte Linie Richtung mittlerer Stoffbruch zeichnen.

Die Grundmodelle: Ärmelloses Oberteil

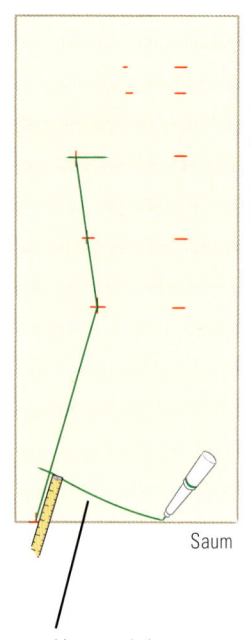

8 Von dem Kreuz auf der Saumlinie 5 cm auf der geraden Linie nach oben abmessen und markieren. Von dieser Markierung aus eine geschwungene Linie zeichnen, die nach unten bis etwa zur Mitte der Saumlinie verläuft.

5 cm markieren und eine geschwungene Linie bis zum Saum zeichnen

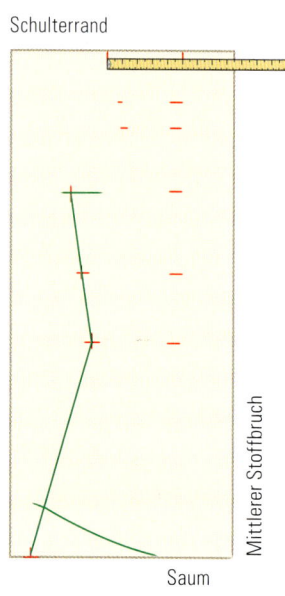

Schulterrand

Am Schulterrand abmessen

9 Vom mittleren Stoffbruch aus auf dem Schulterrand (obere Stoffkante) 9 cm gerade nach links abmessen und markieren. Teilen Sie Ihr Maß für die Rückenbreite durch 2, fügen Sie 1,2 cm hinzu und markieren Sie das Maß auf dem Schulterrand.

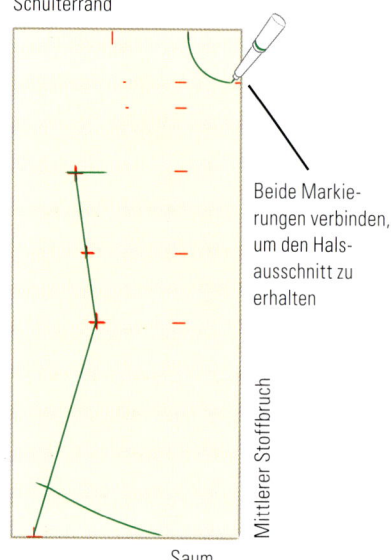

Schulterrand

Beide Markierungen verbinden, um den Halsausschnitt zu erhalten

10 Von derselben Ecke aus 9 cm auf dem mittleren Stoffbruch nach unten abmessen und markieren. Für den Halsausschnitt beide 9-cm-Markierungen durch eine Kurve verbinden

11 Für den Armausschnitt am Vorderteil eine geschwungene Linie zeichnen, die am zweiten markierten Punkt auf dem Schulterrand beginnt, den Punkt der Brustbreite berührt und am Schluss in die 5 cm lange Linie auf Brusthöhe übergeht. Für den Armausschnitt am Rückenteil eine zweite Linie zeichnen, die am selben Punkt beginnt wie die erste Linie und dieser 4 cm folgt, anschließend berührt sie jedoch den Punkt, der die Rückenbreite markiert.

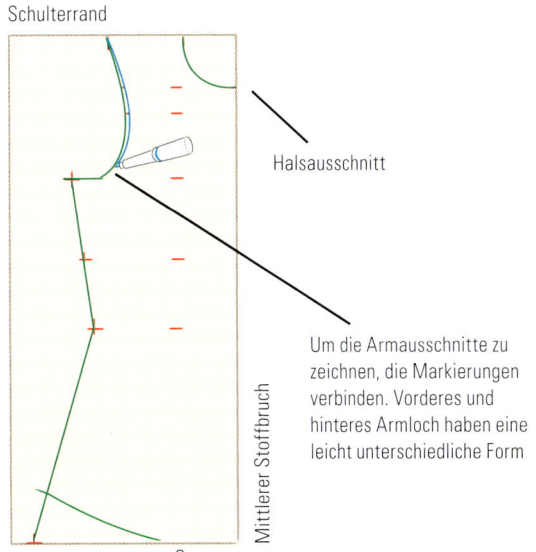

12 Für die Schulterschräge 2 cm auf der Armausschnittlinie nach unten abmessen und markieren. Von dieser Markierung aus eine diagonale Linie nach oben zum Halsausschnittrand zeichnen.

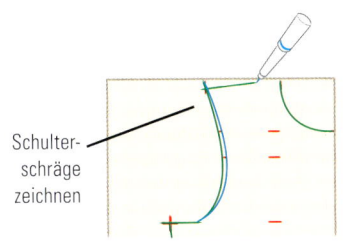

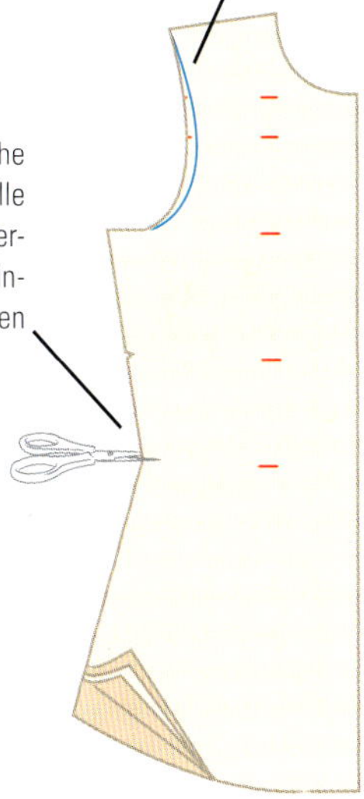

13 Entlang der gezeichneten Linien durch alle Stofflagen zuschneiden, dabei darauf achten, beim Armausschnitt nur an der äußeren Markierung zu schneiden. Auf Höhe von Unterbrust und Taille die Seitenränder einkerben.

14 Vorderteil und Rückenteile trennen, das Vorderteil jedoch in der Mitte gefaltet und die beiden Rückenteile zusammengelegt lassen. Beim vorderen Armausschnitt entlang der gezeichneten Linie schneiden.

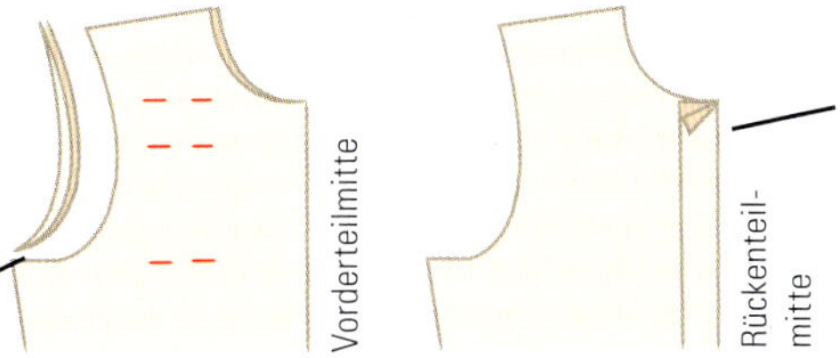

Die Grundmodelle: Ärmelloses Oberteil

LÄNGSABNÄHER

15 Das gefaltete Vorderteil so über die beiden Rückenteile legen, dass die mittleren Stoffbruchkanten genau übereinander liegen. Teilen Sie Ihr Maß für den Brustabstand (siehe Seite 18) durch 2 und markieren Sie dieses Maß vom mittleren Stoffbruch aus etwa in der Mitte der Oberteillänge. Nutzen Sie diese Markierung als Orientierung, um einen Längsabnäher über die gesamte Länge des Oberteils zu falten, parallel zum mittleren Stoffbruch. Knickfalte gründlich bügeln.

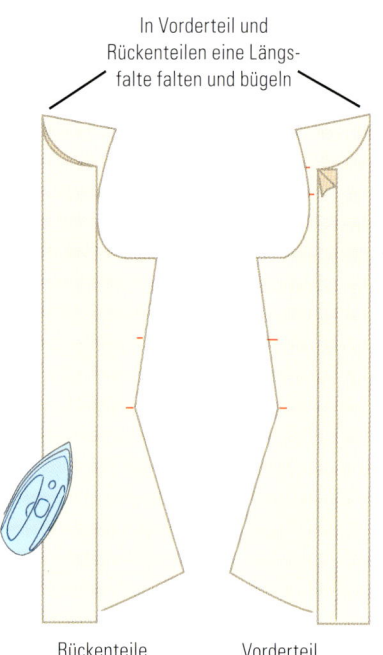

In Vorderteil und Rückenteilen eine Längsfalte falten und bügeln

Rückenteile · Vorderteil

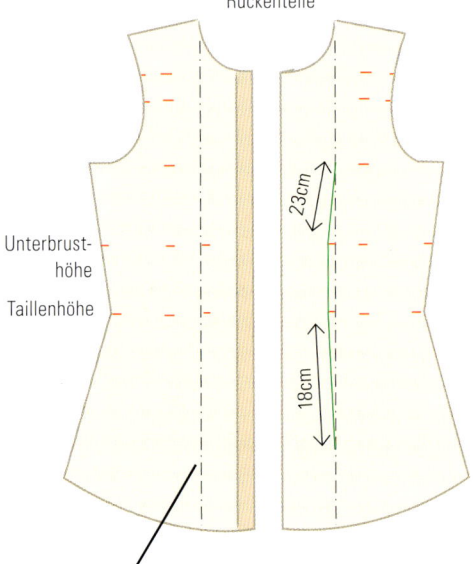

Rückenteile

Unterbrusthöhe
Taillenhöhe

Abnäherfalten immer zur linken Stoffseite bügeln

16 Vorder- und Rückenteile trennen. Alle Abnäherfalten müssen zur linken Stoffseite gefaltet sein. Falten und bügeln Sie die Linien daher an den Rückenteilen entsprechend neu. Die Abnäher nun auf Vorder- und Rückenteilen links von der Abnäherfalte zeichnen (siehe Anmerkung unten). Bei den Rückenteilen den Stoff entlang der Falte des Längsabnähers falten. Auf Taillen- und Unterbrusthöhe ist der Abnäher 1,2 cm breit. Markieren Sie daher diesen Abstand von der Längsfalte und verbinden Sie die Markierungen mit einer geraden Linie. Zeichnen Sie nun von der Taillenhöhe eine 18 cm lange schräge Linie nach unten bis zur Längsfalte und von der Unterbrusthöhe eine 23 cm lange schräge Linie nach oben bis zur Längsfalte.

ANMERKUNG

Warum werden Abnäher immer links von der Abnäherfalte gezeichnet? Wenn Sie den Abnäher nähen, befindet sich die Stoffmenge des Kleidungsstücks immer links von Ihnen, um beim Nähen nicht zu stören, während die Abnäherfalte an der rechten Kante liegt. Daher muss die Abnäherlinie links von der Abnäherfalte gezeichnet werden. Wäre sie rechts von der Abnäherfalte gezeichnet, befände sie sich auf der Stoffunterseite, und Sie würden nicht sehen, wo Sie nähen müssen.

Die tiefste Stelle der Rundung des Armausschnitts markieren (A)

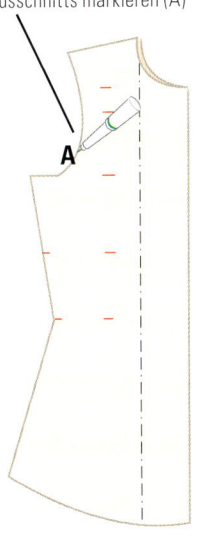

Vorderteil

Auf der Linie des Längsabnähers das Maß der Brusttiefe plus 1,2 cm markieren (B)

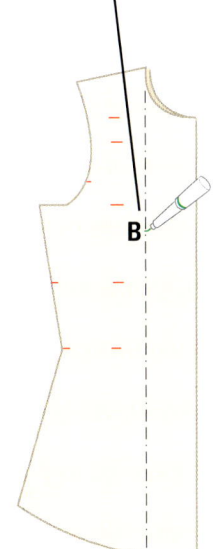

17 Suchen Sie am Vorderteil die tiefste Stelle der Armausschnittrundung und markieren Sie diese. (Einige Abschnitte des Armausschnitts sind eher eine leicht geneigte Linie als eine echte Rundung; Sie suchen jedoch die tiefste Stelle der echten Rundung.)

18 Messen und markieren Sie ab dem höchsten Punkt des Schulterrandes das Maß der Brusttiefe plus 1,2 cm auf der Falte des Längsabnähers nach unten (B).

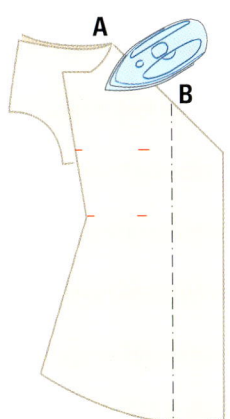

19 Die diagonale Verbindung zwischen den Punkten, die in Schritt 17 (A) und 18 (B) markiert wurden, falten und bügeln.

20 Vorderteil auffalten. Alle Abnäherfalten sollen zur linken Stoffseite liegen, falten und bügeln Sie daher neu, wo dies nötig ist.

21 Der Armausschnittabnäher ist am Rand des Armausschnitts 2,5 cm breit (rechnen Sie damit, dass die Ränder nicht übereinanderliegen, wenn der Abnäher gefaltet ist, aber das ist so in Ordnung). Markieren Sie 2,5 cm links von der Abnäherlinie einen Punkt. Zeichnen Sie von diesem Punkt aus eine 7,5 cm lange schräge Linie zur Linie des Längsabnähers, lassen Sie die Linie jedoch 6 mm vor dem Längsabnäher enden.

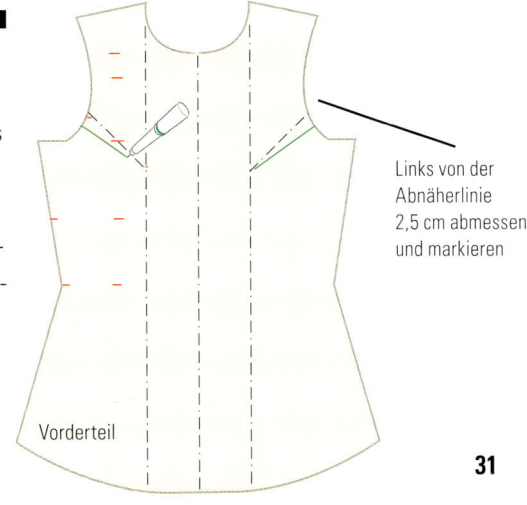

Links von der Abnäherlinie 2,5 cm abmessen und markieren

Vorderteil

22 Das Vorderteil entlang der Knickfalte des Längsabnähers falten. Dessen vorderer Abschnitt ist auf Taillenhöhe 1,2 cm breit. Ab Taillenhöhe verläuft der Abnäher 18 cm schräg nach unten an die Knickfalte und 15 cm nach oben an die Knickfalte. Wenn das obere Ende dieses Abnähers nicht wenigstens 1,2 cm unterhalb des Punktes ist, wo der Armausschnittabnäher auf die Knickfalte trifft, passen Sie die Abnäherlänge entsprechend an.

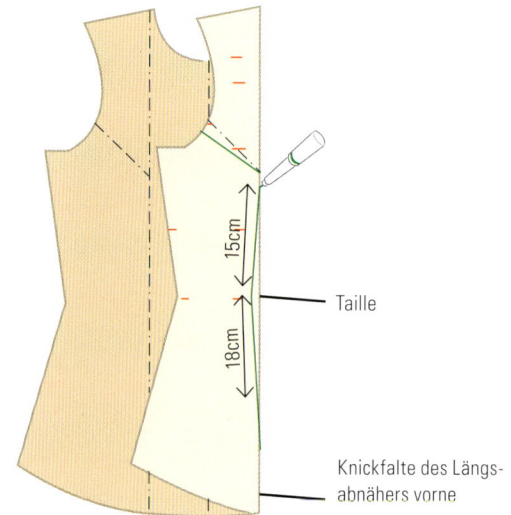

Taille

Knickfalte des Längsabnähers vorne

23 Beginnen Sie am Armausschnitt und nähen Sie 7,5 cm auf der gezeichneten Linie. Am Ende der 7,5 cm schräg nach unten weiternähen bis 3 mm vor der Knickfalte. Auf der Knickfalte weiternähen bis zum genauen Schnittpunkt der beiden Abnäherlinien. Am einfachsten gelingt dies, wenn Sie die letzten 1,2 cm vor dem Schnittpunkt mit dem Handrad der Nähmaschine arbeiten und dadurch sehr präzise nähen können. An dieser Stelle heben Sie den Nähfuß, während die Nadel im Stoff steckt, und drehen den Stoff so, dass Sie nun den Längsabnäher nähen können. Bevor Sie den Nähfuß wieder senken, ordnen Sie den Stoff neu und streichen ihn sorgfältig glatt. Nähen Sie die ersten Stiche mit dem Handrad, nähen Sie anschließend 3 mm von der Knickfalte, bis Sie die gezeichnete Abnäherlinie erreicht haben. Nähen Sie weiter auf der gezeichneten Linie, bis der Längsabnäher fertig genäht ist.

Als durchgehenden Abnäher nähen

24 Nachdem Sie den Abnäher genäht haben, wird der Stoff um den Armausschnitt eine kleine »Stufe« enthalten. Falten Sie deshalb das Vorderteil in der Mitte, und schneiden Sie die Rundung gleichmäßig.

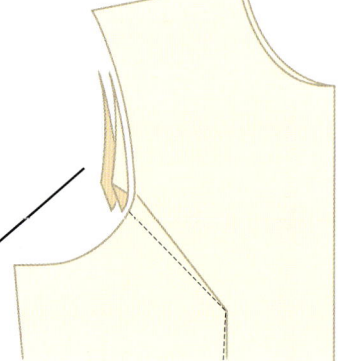

Überschüssigen Stoff so wegschneiden, dass die Rundung gleichmäßig ist.

SEITENNÄHTE

25 Die Rückenteile rechts auf rechts entlang der Bruchkanten der Reißverschlusszugabe zusammenstecken. Das Rückenteil mit der rechten Seite nach oben legen, das Vorderteil mit der rechten Seite nach unten darüberlegen. Darauf achten, dass die Knickfalte in der Mitte des Vorderteils und die gesteckte Reißverschlusszugabe übereinanderliegen und dass die Einkerbungen in den Seitenrändern auf derselben Höhe liegen.

26 Legen Sie Ihre Hand auf Taillenhöhe auf den Stoff und greifen Sie den Seitenrand, wobei Sie einen Finger zwischen die Stofflagen legen. Ziehen Sie vorsichtig an beiden Lagen, damit diese straff und flach liegen. Beide Lagen etwa 5 cm vom Rand entfernt zusammenstecken. (Es macht nichts, wenn die Ränder nicht perfekt übereinanderpassen.) Wiederholen Sie dies auf der anderen Seite sowie auf beiden Seiten auf Unterbrusthöhe. Legen Sie die Ränder auf Brust- und Saumhöhe genau aufeinander und stecken Sie sie zusammen.

27 Messen Sie Ihre Maße für Brustumfang, Unterbrustumfang, Taillen- und Hüftumfang (jeweils geteilt durch 4) von der mittleren Knickfalte zum rechten Seitenrand hin ab, und markieren Sie diese Maße auf den entsprechenden waagerechten Linien. Die markierten Punkte wie in Schritt 6 miteinander verbinden – dies ist die Nahtlinie.

28 Das Oberteil umdrehen, sodass das Rückenteil oben liegt. Die Nahtlinie übertragen, die Sie rechts gezeichnet haben. Auf diesen Nahtlinien nähen und zuerst die Schulternähte mit 1,2 cm Nahtzugabe schließen. Überprüfen Sie die Passform und nehmen Sie nötige Anpassungen vor. Nun kann das Oberteil fertig genäht werden. Genaue Anleitungen dazu finden Sie bei den jeweiligen Modellen.

KLEID

Kleider zählen zu meinen Favoriten: Ich trage sie sehr gerne, und noch lieber nähe ich sie! Dabei experimentiere ich zwar viel mit verschiedenen Stilrichtungen, bevorzuge aber letztlich eine klassische Silhouette. Das Tolle an diesem Grundmodell ist, dass Sie mit Ihren eigenen Designideen spielen können, um zu sehen, was dabei herauskommt.

BENÖTIGTE MASSE

WAAGERECHTE MASSE (SIEHE SEITE 18)
- Schulterbreite
- Brustbreite
- Rückenbreite
- Brustumfang
- Unterbrustumfang
- Taillenumfang
- Hüftumfang

SENKRECHTE MASSE (SIEHE SEITE 19)
- Schulter bis Endpunkt Brustbreite
- Schulter bis Endpunkt Rückenbreite
- Brusttiefe
- Schulter bis Unterbrust
- Vordere Taillenlänge
- Schulter bis Hüfte
- Schulter bis Saum

SONSTIGE MASSE (SIEHE SEITE 19)
- Brustabstand

BENÖTIGTE STOFFMENGE
- Breite = Hüftumfang + 35 cm
- Länge = Schulter bis Saum + 4 cm

BENÖTIGTES ARBEITSMATERIAL
- Maßband
- Stoffmarker
- Bügeleisen und Bügelbrett
- Stecknadeln
- Schere

ANMERKUNGEN

Legen Sie den Stoff immer rechts auf rechts, soweit nicht anders angegeben. Es ist wichtig, jede Bruchkante gut zu bügeln, um einen deutlichen Kniff zu erhalten.

Die Grundmodelle: Kleid

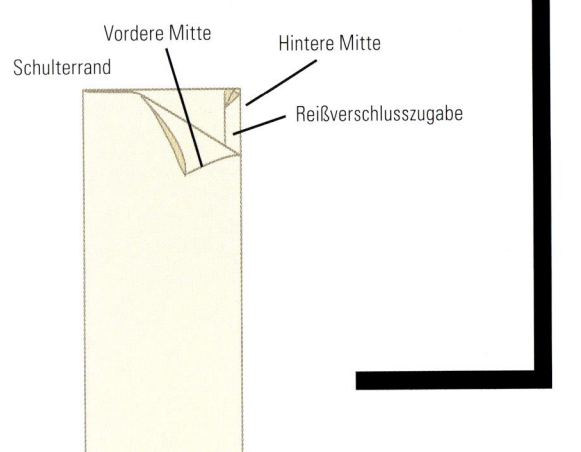

METHODE

1 Den Stoff der Breite nach in der Mitte zusammenlegen und glattstreichen, damit er flach liegt: Dieser Stoffbruch ist die vordere Mitte. Auf der gegenüberliegenden Seite beide Stofflagen zusammen als Reißverschlusszugabe 2,5 cm umschlagen und bügeln. Dieser Stoffbruch ist die hintere Mitte. Die obere Kante ist der Schulterrand und die untere Kante der Saum.

2 Den Stoff in der Mitte so zusammenlegen, dass die vordere Mitte genau mit der hinteren Mitte abschließt. Dafür sorgen, dass die Ränder genau übereinanderliegen und alle Bruchkanten gerade Linien bilden.

3 Das Maßband an der Oberkante des gefalteten Stoffes anlegen, kurz vor der Kante gegenüber dem mittleren Stoffbruch und mit dem Stoffmarker die senkrechten Maße markieren. Lassen Sie die Brusttiefe weg und markieren Sie stattdessen einen Punkt bei 18 cm. Geben Sie zu allen Maßen 1,2 cm dazu, außer bei der Armkugelhöhe vorne, bei der 2,5 cm abgezogen werden und bei der Armkugelhöhe hinten, bei der 2,5 cm dazugegeben werden. Lassen Sie auch das Maß Schulter bis Saum weg.

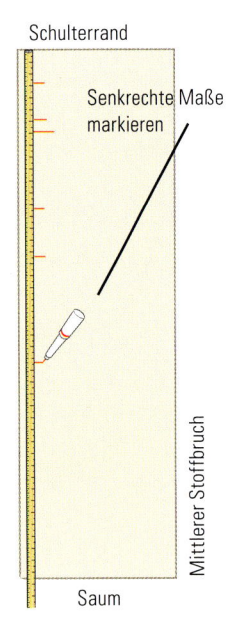

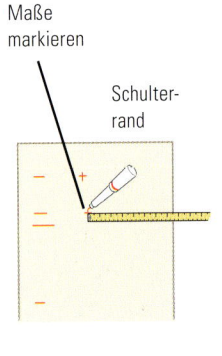

4 Stellen Sie sich an den senkrecht markierten Maßen waagerecht über den Stoff verlaufende Linien vor. Zu jeder gehört ein waagerechtes Maß, das vom mittleren Stoffbruch aus auf dieser Linie abgemessen wird. Teilen Sie Ihr Maß für die Brustbreite durch 2. Fügen Sie 1,2 cm hinzu, markieren Sie dieses Maß mit einem Kreuz auf der Linie des Maßes Schulter bis Endpunkt Brustbreite. Teilen Sie Ihr Maß für die Rückenbreite durch 2 und fügen Sie 1,2 cm hinzu, markieren Sie dieses Maß mit einem Kreuz auf der Linie des Maßes Schulter bis Endpunkt Rückenbreite.

5 Alle anderen waagerechten Maße werden durch 4 geteilt und jeweils 5 cm dazugegeben, dann die Maße auf der relevanten Linie mit einem kleinen Kreuz markiert. Maße von der Taillenlinie auf die Saumlinie übertragen.

Schulterrand

Brusthöhe

Taillenhöhe

Hüfthöhe

Mittlerer Stoffbruch

Saum

6 Diese Kreuze von der Brustlinie zur Taillenlinie mit einer geraden Linie verbinden. Nun vom Saum aus eine 23 cm lange gerade Linie bis kurz vor dem Kreuz der Hüftlinie zeichnen. Vom Kreuz der Taillenlinie eine sehr flache Rundung zeichnen, die durch das Kreuz der Hüftlinie verläuft und mit dem oberen Ende der geraden Linie verschmilzt, die vom Saum kommt.

Schulterrand

Mittlerer Stoffbruch

Saum

Die Markierungen auf dem Saum sollen die gleichen sein wie auf der Taillenlinie.

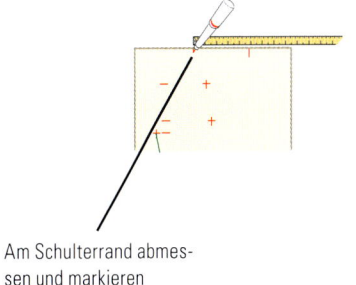

Am Schulterrand abmessen und markieren

7 Vom mittleren Stoffbruch aus am Schulterrand (dem oberen Stoffrand) 9 cm abmessen und markieren. Teilen Sie das Maß Ihrer Schulterbreite durch 2, geben Sie 1,2 cm dazu, und markieren Sie dieses Maß ebenfalls am Schulterrand.

8 Von derselben Ecke aus 9 cm auf dem mittleren Stoffbruch nach unten abmessen und markieren. Für den Halsausschnitt beide 9 cm-Markierungen durch eine runde Linie verbinden.

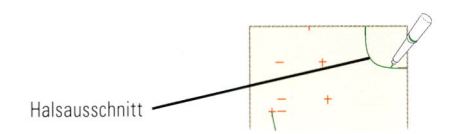

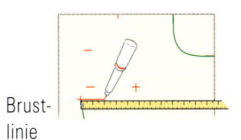

Halsausschnitt

Brustlinie

9 Vom Kreuz auf der Brustlinie eine 5 cm lange gerade Linie waagerecht Richtung mittlerer Stoffbruch zeichnen.

Die Grundmodelle: Kleid | **37**

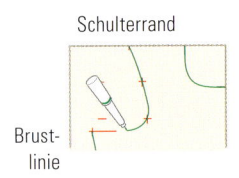

10 Für den vorderen Armausschnitt eine geschwungene Linie zeichnen, die an dem zweiten markierten Punkt auf dem Schulterrand beginnt, den Punkt der Brustbreite berührt und am Schluss in die 5 cm lange Linie auf Brusthöhe übergeht.

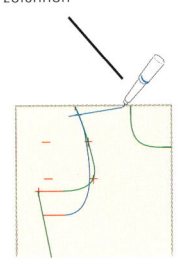

11 Für den hinteren Armausschnitt von dem Kreuz der Brustlinie aus eine 5 cm lange gerade Linie zeichnen, parallel zur 5 cm langen Linie darüber. Von der zweiten Markierung auf dem Schulterrand aus eine zweite Linie zeichnen, die der ersten Linie 4 cm folgt und dann einen Bogen beschreibt, bis sie das Kreuz der Rückenbreite schneidet und anschließend in die soeben gezeichnete gerade Linie übergeht.

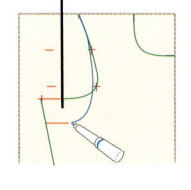

12 Für die Schulterschräge 2 cm auf der Armausschnittlinie nach unten abmessen und markieren. Von dieser Markierung aus eine diagonale Linie nach oben zum Halsausschnittrand zeichnen.

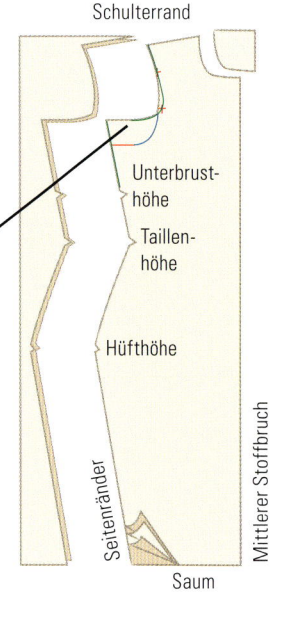

13 An den gezeichneten Linien durch alle Stofflagen schneiden, dabei darauf achten, beim Armausschnitt nur an der äußeren Markierung zu schneiden. Auf Höhe von Taille, Unterbrust und Hüfte die Seitenränder einkerben.

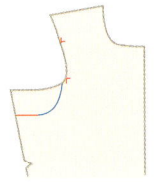

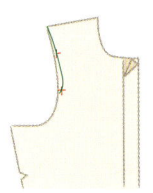

14 Vorderteil und Rückenteile trennen. Obere Stofflage vorsichtig heben. Auf den Rückenteilen den noch nicht zugeschnittenen Teil des hinteren Armausschnitts zeichnen, auf die ursprünglichen Markierungen bezogen. Armausschnitte entsprechend zuschneiden. Auf dem Vorderteil entlang der verbliebenen gezeichneten Linie Armausschnitt zuschneiden.

ABNÄHER

15 Das gefaltete Vorderteil so über die Rückenteile platzieren, dass die mittleren Bruchkanten genau übereinanderliegen. Teilen Sie Ihr Maß für den Brustabstand durch 2 und markieren Sie dieses Maß auf dem mittleren Stoffbruch etwa auf der Hälfte der gesamten Kleidlänge. Nutzen Sie die Markierung als Orientierung, um einen Längsabnäher über die Länge des Kleides zu falten, parallel zum mittleren Stoffbruch. Knickfalte gründlich bügeln.

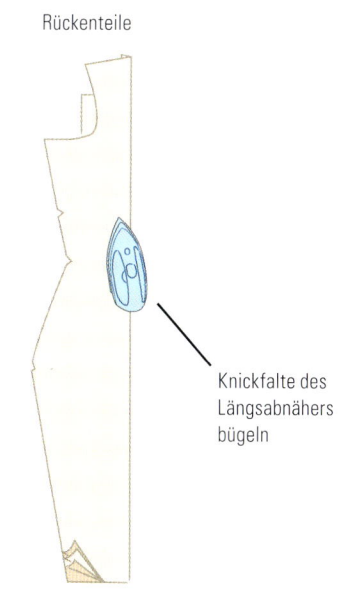

Rückenteile

Knickfalte des Längsabnähers bügeln

ANMERKUNG

Abnäher auf Vorder- und Rückenteilen immer links von der Abnäherfalte zeichnen (siehe Seite 30).

16 Vorder- und Rückenteile trennen. Alle Abnäherfalten müssen zur linken Stoffseite gefaltet sein. Falten und bügeln Sie die Linien daher an den Rückenteilen entsprechend neu. Bei den Rückenteilen den Stoff entlang der Falte des Längsabnähers falten. Auf Taillen- und Unterbrusthöhe ist der Abnäher 1,2 cm breit. Markieren Sie diesen Abstand von der Längsfalte und verbinden Sie die Markierungen mit einer geraden Linie. Zeichnen Sie nun von der Taillenhöhe eine 18 cm lange schräge Linie nach unten bis zur Längsfalte und von der Unterbrusthöhe eine 23 cm lange schräge Linie nach oben bis zu der Längsfalte.

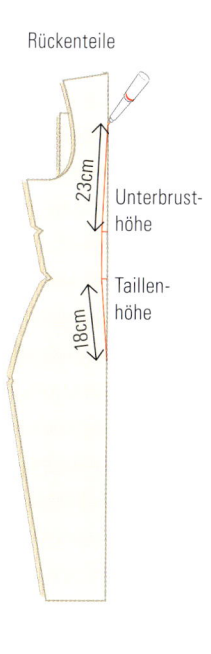

Rückenteile

23 cm Unterbrusthöhe
18 cm Taillenhöhe

17 Beim Vorderteil die seitlichen Brustabnäher falten, dann die Knickfalten so neu falten, dass sie zur linken Stoffseite zeigen. Abnäher zeichnen. Von der Brustlinie 10 cm am Seitenrand nach unten abmessen und diesen Punkt mit (A) markieren. Vom höchsten Punkt des Schulterrandes das Maß für die Brusttiefe auf dem Längsabnäher abmessen, markieren (B).

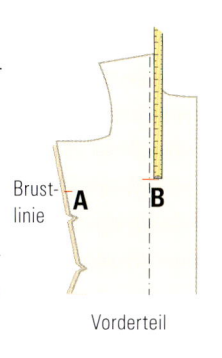

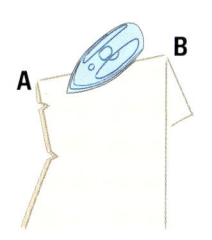

Brustlinie
A B
Vorderteil

18 Den Stoff zwischen (A) und (B) umschlagen und bügeln.

A B

Die Grundmodelle: Kleid | 39

Seitliche Brustabnäher

Längsabnäher vorne

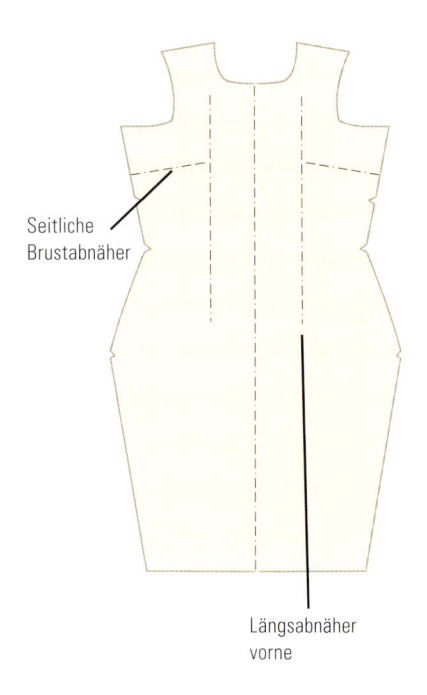

19 Das Vorderteil auffalten. Alle Abnäherfalten sollen zur linken Stoffseite liegen, falten und bügeln Sie daher neu, wo dies nötig ist. Die senkrechten Knickfalten sind die vorderen Längsabnäher, die waagerechten Knickfalten sind die seitlichen Brustabnäher.

Knickfalte des Längsabnähers

20 Den Stoff entlang der Knickfalte des Längsabnähers falten. Dieser Abnäher ist auf Taillen- und Unterbrusthöhe 1,2 cm breit. Von der Taillenhöhe aus verläuft der Abnäher 18 cm lang schräg nach unten zur Knickfalte des Längsabnähers. Ebenfalls ab Taillenhöhe 15 cm nach oben zur Knickfalte des Längsabnähers abmessen, jedoch die Linie erst ab Unterbrusthöhe schräg zeichnen wie in der Abbildung zu sehen.

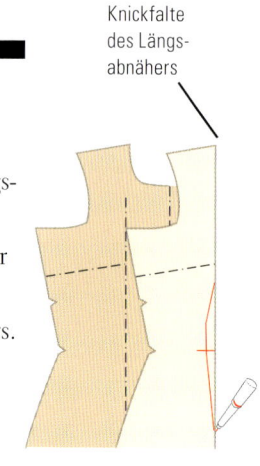

21 Seitlichen Brustabnäher falten: 2,5 cm vom Seitenrand. 4 cm an der Knickfalte für den Abnäher abmessen und oberhalb von diesem Punkt 2,5 cm markieren. Beide Markierungen mit einer geraden Linie verbinden, dann eine 10 cm lange schräge Linie nach unten bis zur Knickfalte zeichnen.

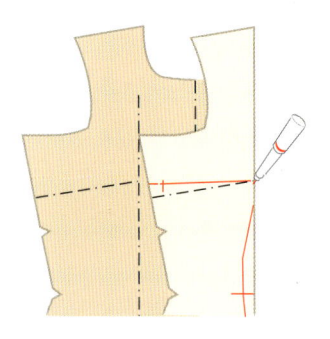

Seitliche Abnäher nach unten bügeln

Senkrechten Abnäher nach außen bügeln

22 Abnäher am Vorder- und an den Rückenteilen nähen, nach außen bügeln. Darauf achten, dass die mittleren Bruchkanten von Vorder- und Rückenteilen nicht herausgebügelt werden.

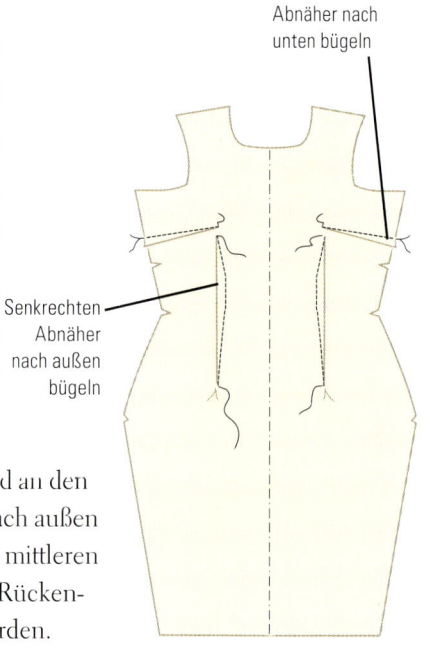

40 | Freehand Fashion

SEITENNÄHTE

23 Rückenteile rechts auf rechts an den Bruchkanten der Reißverschlusszugabe zusammenstecken. Zusammengestecktes Rückenteil ausbreiten, mit der rechten Seite nach oben auf die Arbeitsfläche legen. Vorderteil mit der rechten Seite nach unten darüberlegen. Die Mittellinie des Vorderteils und die zusammengesteckte Reißverschlusszugabe müssen genau übereinanderliegen, auch die Einschnitte in den Seitenrändern.

24 Legen Sie Ihre Hand in Taillenhöhe auf den Stoff und greifen Sie den Seitenrand, mit einem Finger zwischen den Stofflagen. Beide Lagen vorsichtig ziehen, bis sie straff und flach liegen, etwa 5 cm vom Rand entfernt zusammenstecken. (Es macht nichts, wenn die Ränder nicht perfekt übereinanderpassen.) Wiederholen Sie dies auf der anderen Seite und anschließend auf beiden Seiten auf Unterbrusthöhe. Legen Sie die Ränder auf Brust- und Saumhöhe genau aufeinander und stecken Sie sie zusammen.

25 Messen Sie Ihre Maße für Brust-, Unterbrust-, Taillen- und Hüftumfang (jeweils geteilt durch 4) von der mittleren Knickfalte zum rechten Seitenrand hin ab und markieren Sie diese Maße auf den entsprechenden waagerechten Linien. Die markierten Punkte wie in Schritt 6 miteinander verbinden, dies ist die Nahtlinie.

26 Oberteil umdrehen, sodass das Rückenteil oben liegt. Die rechts gezeichnete Nahtlinie übertragen. Auf diesen Nahtlinien nähen und zuerst die Schulternähte mit 1,2 cm Nahtzugabe schließen. Überprüfen Sie die Passform und nehmen Sie nötige Anpassungen vor. Nun kann das Kleid fertig genäht werden. Genaue Anleitungen dazu finden Sie bei den jeweiligen Modellen

ROCK

Röcke sind für mich Must-Haves, weil ich bei meiner Garderobe gerne Einzelteile nach Lust und Laune kombiniere. Ich weiß jedoch, dass dies nicht für alle Frauen gilt. Dieses Modell hier ist nicht nur die Grundlage für die meisten Rockformen, sondern kann auch an eine taillenlange Version des Grundmodells für ein ärmelloses Oberteil (siehe Seite 24) angefügt werden, um Kleider mit Taillennaht zu nähen. Ich habe ein ziemlich ausgeprägtes Hohlkreuz und stelle fest, dass bei gekauften Röcken die Passform in der Taille bei mir problematisch ist. Wenn Sie dieses Problem auch haben, machen Sie die Abnäher hinten in Taillenhöhe 2 cm breit anstatt der empfohlenen 1,2 cm. So passt sich der Rock Ihren Rundungen besser an.

ANMERKUNGEN

Legen Sie den Stoff immer rechts auf rechts, soweit nicht anders angegeben. Es ist wichtig, jede Bruchkante gut zu bügeln, um einen deutlichen Kniff zu erhalten.

BENÖTIGTE MASSE

WAAGERECHTE MASSE (SIEHE SEITE 18)
- Taillenumfang
- Hüftumfang

SENKRECHTE MASSE (SIEHE SEITE 19)
- Taille bis Hüfte
- Taille bis Knie

BENÖTIGTE STOFFMENGE
- Breite = Hüftumfang + 35,5 cm
- Länge = Taille bis Knie + 2,5 cm

BENÖTIGTES ARBEITSMATERIAL
- Maßband
- Stoffmarker
- Bügeleisen und Bügelbrett
- Stecknadeln
- Schere

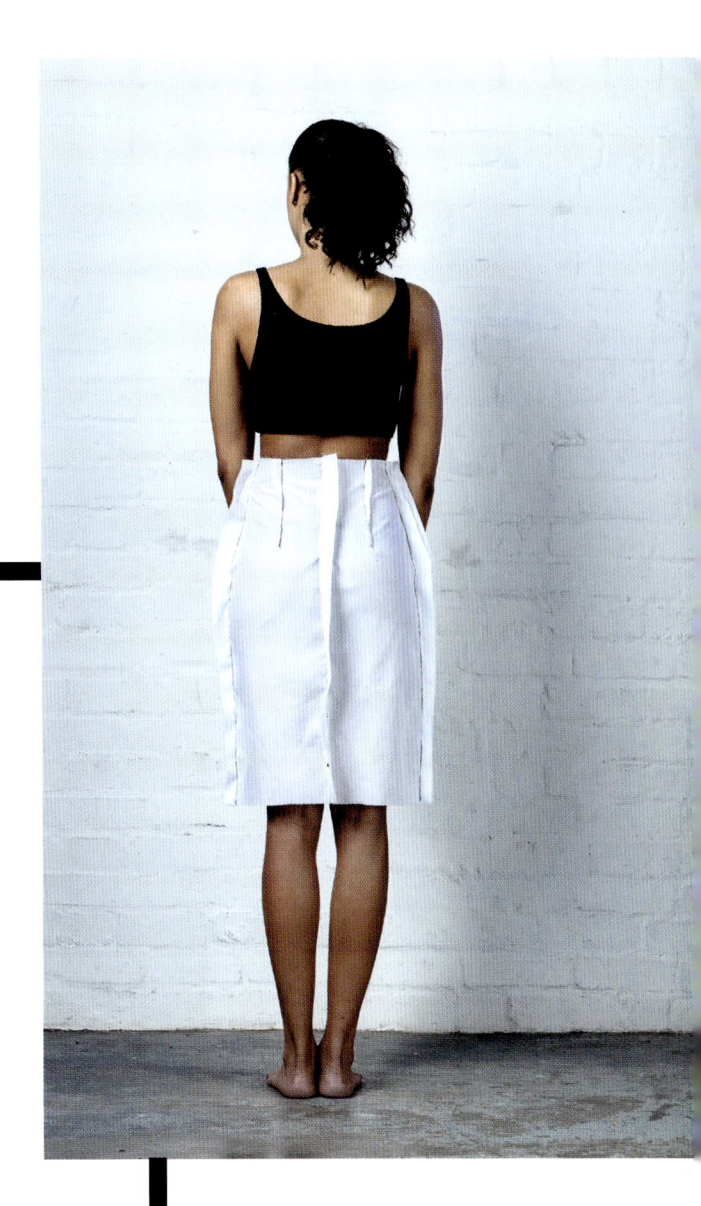

7 Trennen Sie das Vorderteil des Rocks, das obere gefaltete Stoffteil, von den Rückenteilen. Messen Sie auf dem mittleren Stoffbruch des Vorderteils 1,2 cm von der Taille nach unten. Markieren Sie den Punkt. Zeichnen Sie eine geschwungene Linie von dieser Markierung nach oben an den Seitenrand auf Taillenhöhe. Schneiden Sie an dieser Linie entlang.

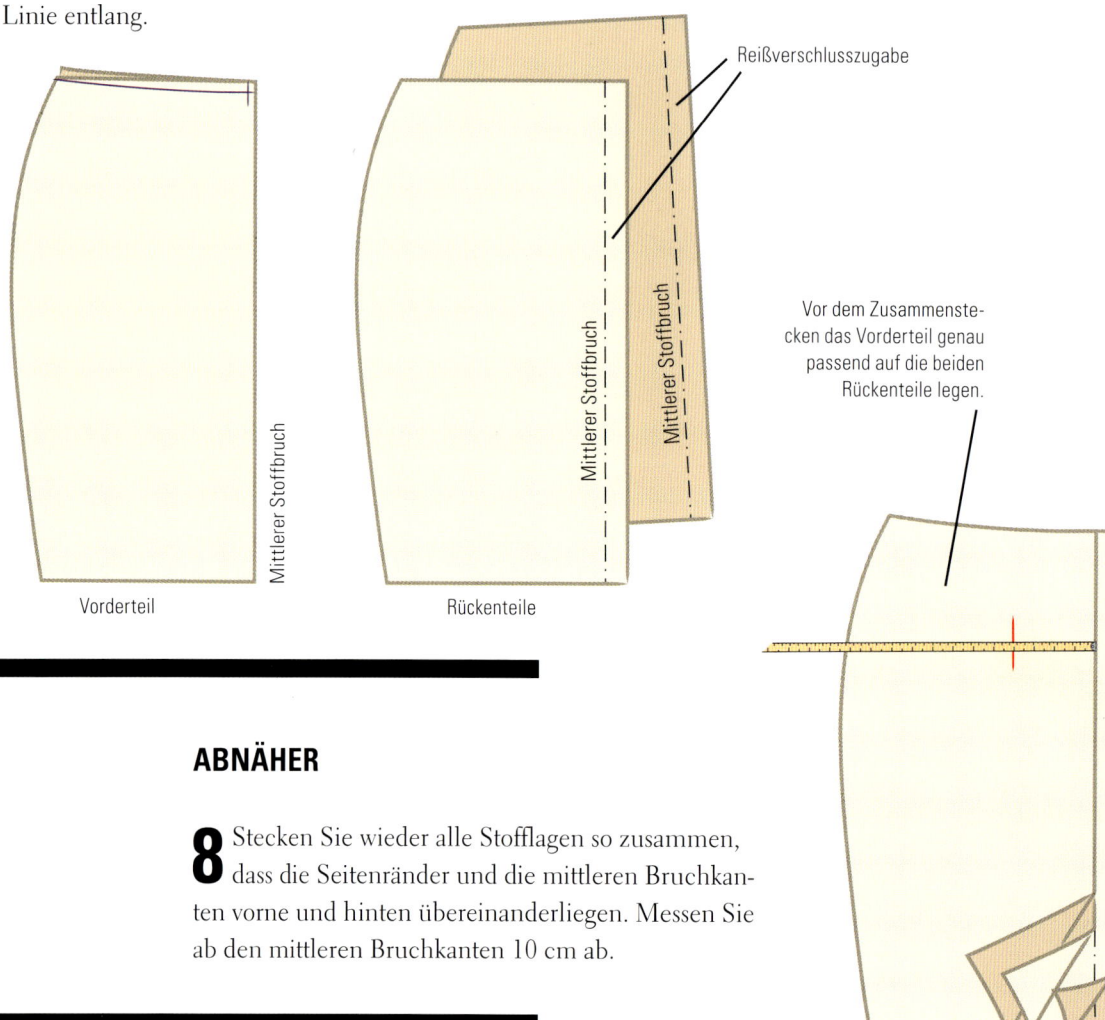

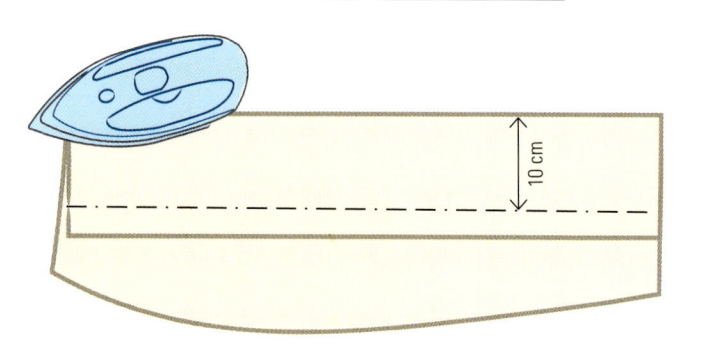

Reißverschlusszugabe

Mittlerer Stoffbruch

Mittlerer Stoffbruch

Mittlerer Stoffbruch

Vorderteil

Rückenteile

Vor dem Zusammenstecken das Vorderteil genau passend auf die beiden Rückenteile legen.

ABNÄHER

8 Stecken Sie wieder alle Stofflagen so zusammen, dass die Seitenränder und die mittleren Bruchkanten vorne und hinten übereinanderliegen. Messen Sie ab den mittleren Bruchkanten 10 cm ab.

Reißverschlusszugabe

10 cm

9 Den Stoff bei der 10 cm-Markierung so umschlagen, dass die Bruchkante genau parallel zu den mittleren Bruchkanten von Vorder- und Rückenteil liegt. Sie ist die Mittellinie jedes Abnähers (gründlich bübeln!).

46 | Freehand Fashion

ANMERKUNGEN

Legen Sie den Stoff immer rechts auf rechts, soweit nicht anders angegeben. Es ist wichtig, jede Bruchkante gut zu bügeln, um einen deutlichen Kniff zu erhalten.

BENÖTIGTE MASSE

WAAGERECHTE MASSE (SIEHE SEITE 18)
- Taillenumfang
- Hüftumfang

SENKRECHTE MASSE (SIEHE SEITE 19)
- Taille bis Hüfte
- Taille bis Knie

BENÖTIGTE STOFFMENGE
- Breite = Hüftumfang + 35,5 cm
- Länge = Taille bis Knie + 2,5 cm

BENÖTIGTES ARBEITSMATERIAL
- Maßband
- Stoffmarker
- Bügeleisen und Bügelbrett
- Stecknadeln
- Schere

METHODE

1 Den Stoff der Breite nach in der Mitte zusammenlegen. Glatt streichen, damit er flach liegt: Dieser Stoffbruch ist die vordere Mitte. Auf der gegenüberliegenden Seite beide Stofflagen zusammen als Reißverschlusszugabe 5 cm umschlagen und bügeln. Dieser Stoffbruch ist die hintere Mitte.

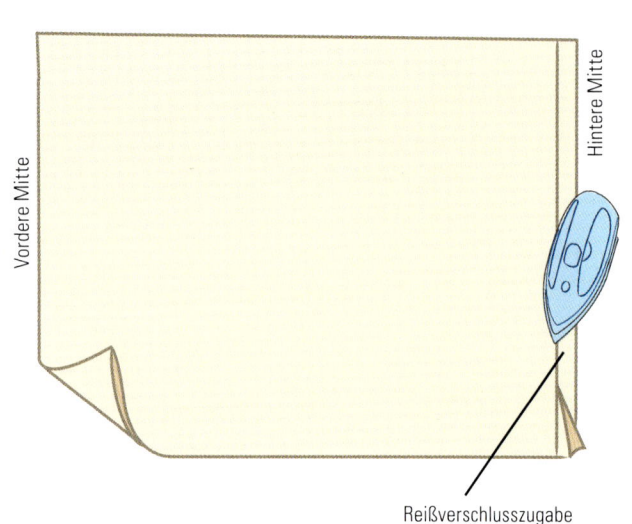

2 Den Stoff in der Mitte so zusammenlegen, dass die vordere Mitte genau mit der hinteren Mitte abschließt. Dafür sorgen, dass die Ränder genau übereinanderliegen und dass alle Bruchkanten gerade Linien bilden, sonst wird der Saum am Ende ungleichmäßig. Bruchkanten bügeln.

3 Das Maßband am oberen Rand des gefalteten Stoffes anlegen und die senkrechten Maße mit einem Stoffmarker anzeichnen: Ihr Maß Taille bis Hüfte plus 1,2 cm und Ihr Maß Taille bis Knie plus 2,5 cm mit kleinen Strichen markieren. Der obere Stoffrand ist nun die Taillenlinie, der erste kleine Strich ist die Hüftlinie; der unterste Strich sollte auf dem unteren Stoffrand liegen und ist der Saumrand.

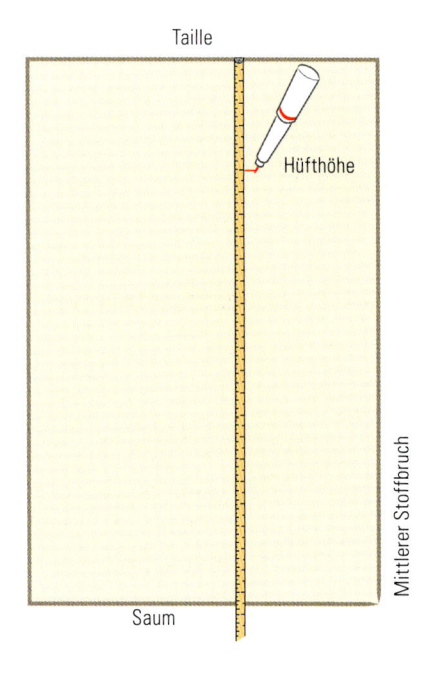

44 | Freehand Fashion

4 Stellen Sie sich an den senkrecht markierten Maßen gerade Linien vor, die waagerecht über den Stoff verlaufen. Zu jeder Linie gehört ein entsprechendes waagerechtes Maß, das vom mittleren Stoffbruch aus auf dieser Linie abgemessen wird. Teilen Sie Ihr Maß für die Taillenweite durch 4 und fügen Sie 5 cm hinzu (fügen Sie 7,5 cm hinzu, wenn Sie eher kurvig sind) und markieren dieses Maß mit einem kleinen Kreuz auf der Taillenlinie.

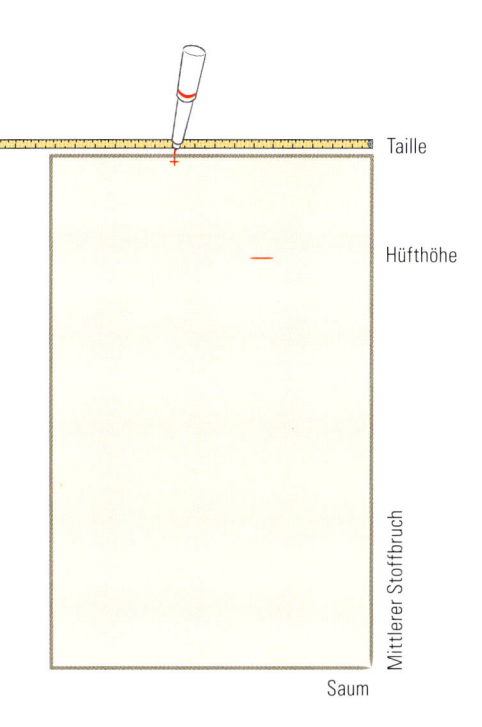

5 Teilen Sie Ihren Hüftumfang durch 4 und fügen Sie 5 cm hinzu (oder 7,5 cm, wie in Schritt 4). Markieren Sie dieses Maß mit einem kleinen Kreuz auf der Hüftlinie. Ziehen Sie vom Hüftmaß 2,5 cm ab und markieren dieses neue Maß anschließend auf der Saumlinie.

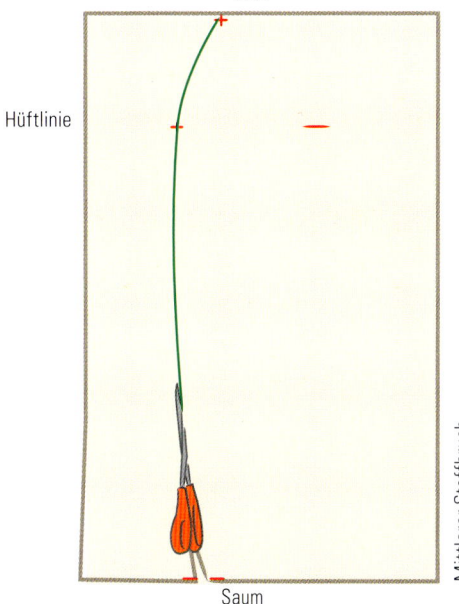

6 Verbinden Sie die Kreuze mit einer gleichmäßig geschwungenen Linie: Das ist die Linie des Seitenrands. An dieser Linie die beiden Stofflagen zuschneiden.

Die Grundmodelle: Rock | **45**

7 Trennen Sie das Vorderteil des Rocks, das obere gefaltete Stoffteil, von den Rückenteilen. Messen Sie auf dem mittleren Stoffbruch des Vorderteils 1,2 cm von der Taille nach unten. Markieren Sie den Punkt. Zeichnen Sie eine geschwungene Linie von dieser Markierung nach oben an den Seitenrand auf Taillenhöhe. Schneiden Sie an dieser Linie entlang.

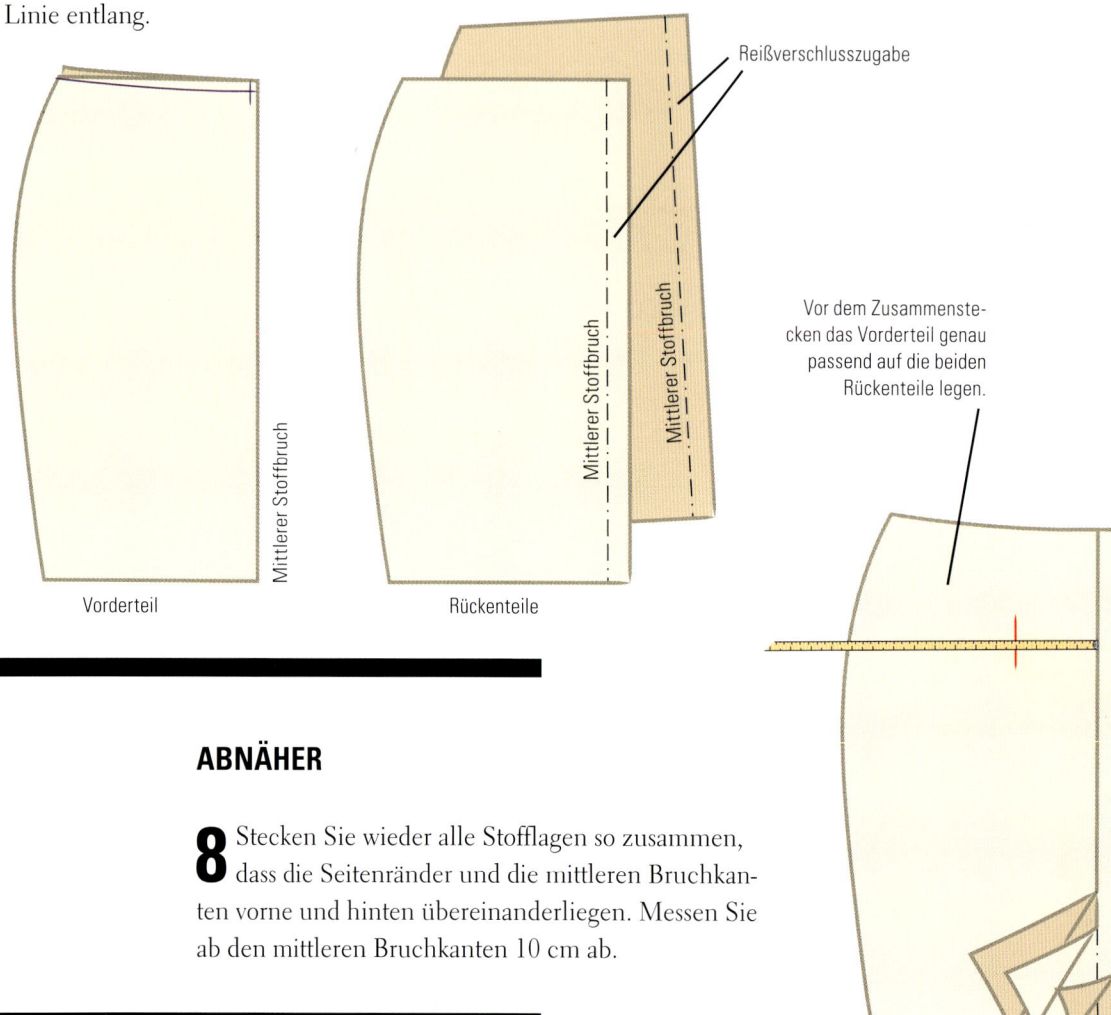

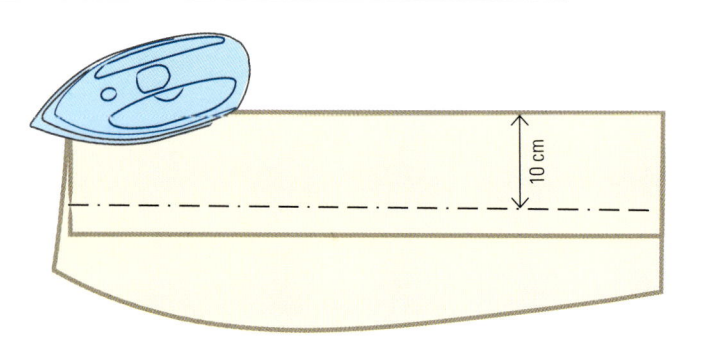

Reißverschlusszugabe

Mittlerer Stoffbruch

Mittlerer Stoffbruch

Mittlerer Stoffbruch

Vorderteil

Rückenteile

Vor dem Zusammenstecken das Vorderteil genau passend auf die beiden Rückenteile legen.

ABNÄHER

8 Stecken Sie wieder alle Stofflagen so zusammen, dass die Seitenränder und die mittleren Bruchkanten vorne und hinten übereinanderliegen. Messen Sie ab den mittleren Bruchkanten 10 cm ab.

Reißverschlusszugabe

10 cm

9 Den Stoff bei der 10 cm-Markierung so umschlagen, dass die Bruchkante genau parallel zu den mittleren Bruchkanten von Vorder- und Rückenteil liegt. Sie ist die Mittellinie jedes Abnähers (gründlich bübeln!).

46 | Freehand Fashion

10 Alle Teile voneinander trennen und auffalten. Zwei Abnäherfalten werden zur rechten Stoffseite schauen und zwei zur linken Stoffseite. Da alle Abnäherfalten zur linken Stoffseite gefaltet sein müssen, falten und bügeln Sie die betroffenen Knickfalten neu.

Neu bügeln wo nötig, damit alle Abnäherfalten zur linken Stoffseite liegen.

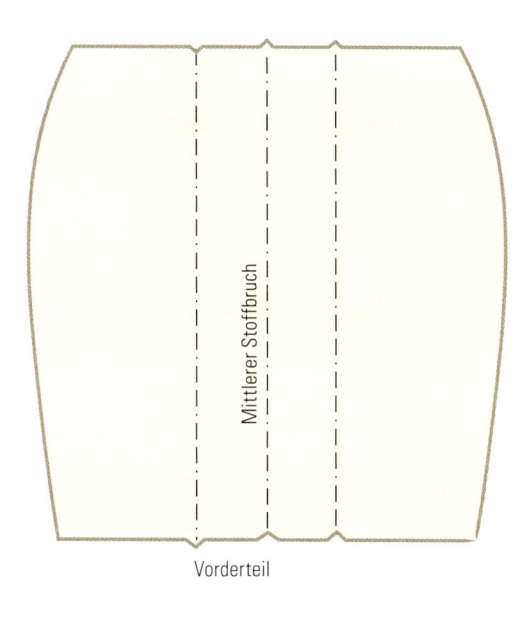

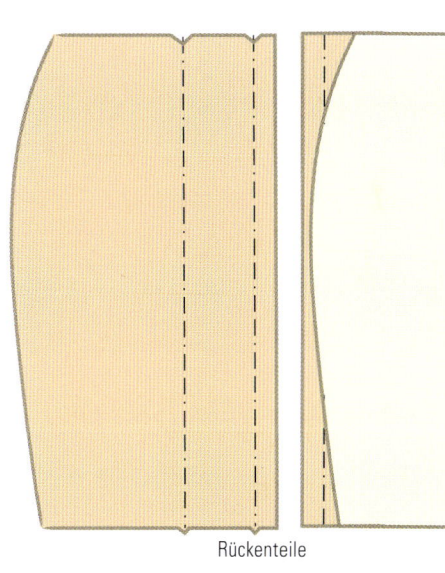

Vorderteil

Rückenteile

Abnäher links von der Abnäherfalte zeichnen.

15 cm

11 Zeichnen Sie die Abnäher links von den Abnäherfalten auf dem Vorder- und den Rückenteilen. Sie sollen in der Taille 1,2 cm breit sein (oder 2,5 cm, falls Sie bei den Taillen- und Hüftmaßen in den Schritten 4 und 5 7,5 cm zugegeben haben) und 15 cm lang. Ihr Rock kann jetzt zusammengenäht werden. Genaue Anleitungen dazu finden Sie bei den jeweiligen Modellen.

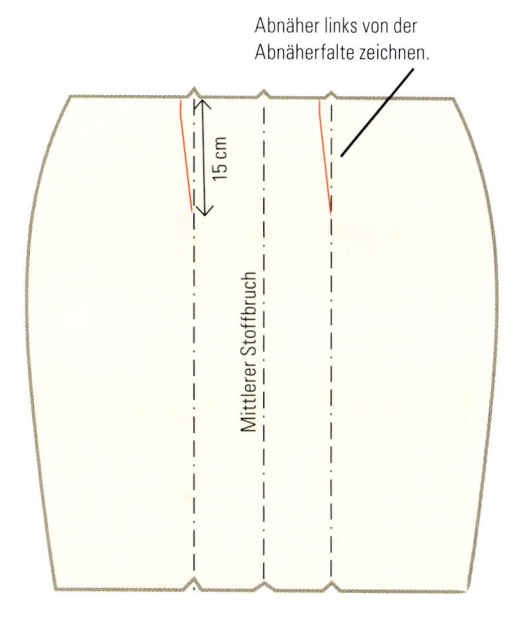

Die Grundmodelle: Rock | **47**

TELLER-ROCK

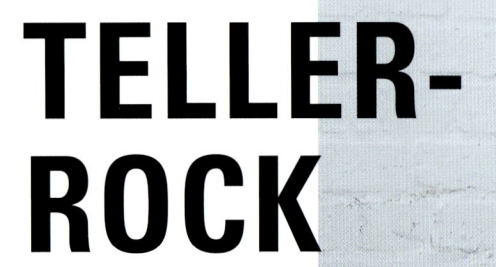

Aus einem ganzen Kreis oder dem Teil eines Kreises werden Röcke (siehe Seite 66 und 102) und Schößchen (siehe Seite 118) angefertigt. Nachfolgend die Berechnungen und die Stoffanordnung für zwei Grundmodelle: den halben Tellerrock (halber Kreis) und den ganzen Tellerrock (ganzer Kreis). Diese Grundmodelle können für einen effektvollen Fall sorgen; je nachdem, für welche Stofffülle Sie sich entscheiden und wie lang der Rock wird. Der Unterschied zwischen beiden Grundmodellen liegt in der Stoffanordnung und der Teilungsformel.

BENÖTIGTE MASSE
- Taillenumfang (siehe Seite 18)
- Länge des Tellers/halben Tellers (siehe unten)

FORMEL
- Formel für den halben Tellerrock (Halbkreis): Taillenmaß ÷ 3,14
- Formel für den ganzen Tellerrock (ganzer Kreis): Taillenmaß ÷ 3,14 ÷ 2

BENÖTIGTE STOFFMENGE
Wählen Sie eine Formel und nehmen Sie die Berechnung vor. Sie erhalten immer eine Dezimalzahl, runden Sie diese zur nächsten ganzen Zahl oder halben Zahl (x,5) ab, dies ist Ihr erster Radius und die Taille des Kleidungsstücks.

Berechnen Sie als nächstes die Länge des Tellerrocks. Wenn Sie beispielsweise ein Kleid mit einem Tellerrock nähen, berechnen Sie die Tellerlänge, indem Sie Ihr Maß der vorderen Taillenlänge von Ihrem Maß Schulter bis Saum abziehen und anschließend 4 cm zugeben.

Fügen Sie die Tellerlänge zum ersten Radius hinzu, diese Zahl ist Ihr zweiter Radius und wird der Saum des Kleidungsstücks.

STOFF FÜR EINEN HALBEN TELLERROCK
Breite = zweiter Radius x 2
Länge = zweiter Radius + 2,5 cm

STOFF FÜR EINEN GANZEN TELLERROCK
Breite = zweiter Radius x 2 + 2,5 cm
Länge = zweiter Radius x 2 + 2,5 cm

BENÖTIGTES ARBEITSMATERIAL
- Maßband
- Stoffmarker
- Bügeleisen und Bügelbrett
- Stecknadeln
- Schere

ANMERKUNGEN
Legen Sie den Stoff immer rechts auf rechts, soweit nicht anders angegeben. Es ist wichtig, jede Bruchkante gut zu bügeln, um einen deutlichen Kniff zu erhalten. Beide Tellervarianten können Reißverschlusszugaben für den Reißverschluss in der Mitte des Rückenteils bekommen. Ohne Reißverschluss schlagen Sie diese Kanten nicht um und folgen den weiteren Schritten, wobei Sie den Stoffbruch in der Mitte des Vorderteils mit den Stoffrändern übereinanderlegen statt mit den umgeschlagenen Reißverschlusszugaben.

METHODE FÜR TELLERRÖCKE
(HALBER KREIS)

1 Den Stoff der Breite nach in der Mitte zusammenlegen und glatt streichen. Dieser Stoffbruch ist die vordere Mitte: Drehen Sie ihn so, dass er oben liegt. Der rechts liegende Stoffbruch ist die Mitte des Rückenteils. Einen 2,5 cm breiten Streifen entlang der Rückenteilmitte als Reißverschlusszugabe umschlagen und bügeln, dabei beide Stofflagen gleichzeitig umschlagen.

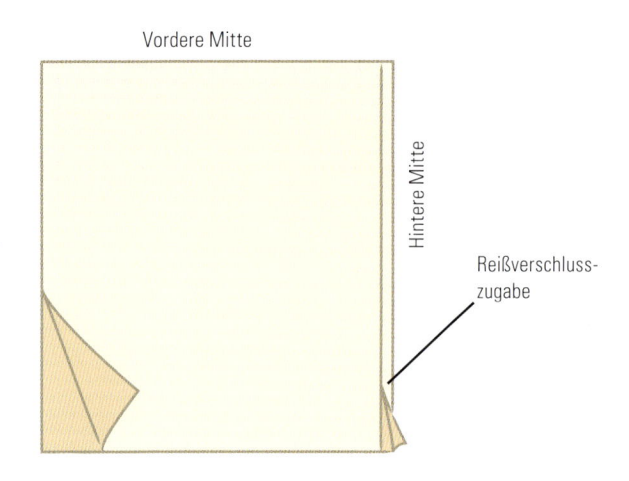

Vordere Mitte

Hintere Mitte

Reißverschlusszugabe

2 Die linke Ecke des Stoffbruchs der vorderen Mitte nach unten umschlagen, sodass sie genau auf der Ecke der Reißverschlusszugabe liegt. Die entstandene schräge Falte entspricht den Seitenrändern. Es ist sehr wichtig, dass die Bruchkante des Vorderteils genau über der Bruchkante der Reißverschlusszugabe liegt und dass die obere Ecke eine scharfe Spitze bildet. (Es macht nichts, wenn die unteren Ränder nicht genau aufeinanderpassen.) Achten Sie darauf, dass alle Bruchkanten gerade Linien bilden, sonst wird der Saum am Ende ungleichmäßig. Alle Bruchkanten bügeln.

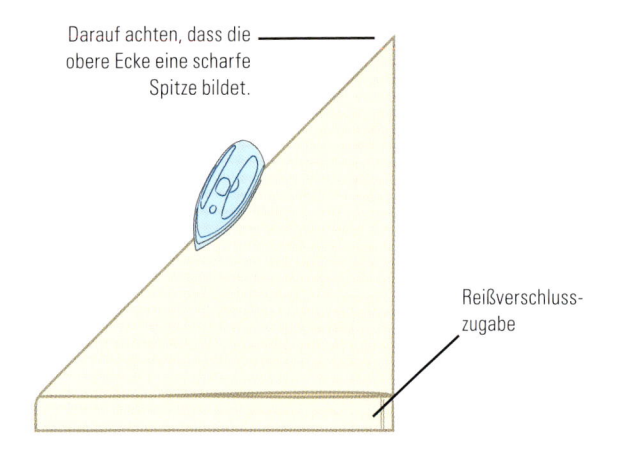

Darauf achten, dass die obere Ecke eine scharfe Spitze bildet.

Reißverschlusszugabe

3 Das Maßband oben an der spitzen Ecke anlegen. Mit dem Stoffmarker den ersten Radius und dann den zweiten anzeichnen.

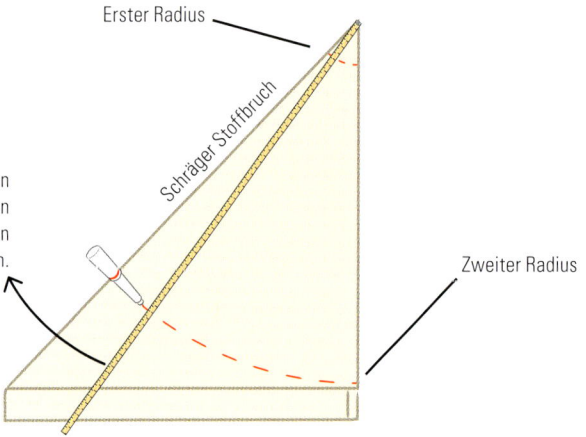

Das Maßband vom Fixpunkt oben in der Ecke fortbewegen, um den ersten und anschließend den zweiten Radius zu markieren.

Erster Radius

Schräger Stoffbruch

Zweiter Radius

4 Durch alle Stofflagen an den markierten Radiuslinien zuschneiden. Am schrägen Stoffbruch durch zwei Stofflagen schneiden.

Schräger Stoffbruch

An der ersten und zweiten Radiuslinie zuschneiden.

5 Daraus ergeben sich ein Vorderteil mit einer gebügelten Knickfalte in der Mitte und zwei Rückenteile mit gebügelten Reißverschlusszugaben. Nun kann Ihr Tellerrock fertig zusammengenäht werden. Genaue Anleitungen dazu finden Sie beim jeweiligen Modell.

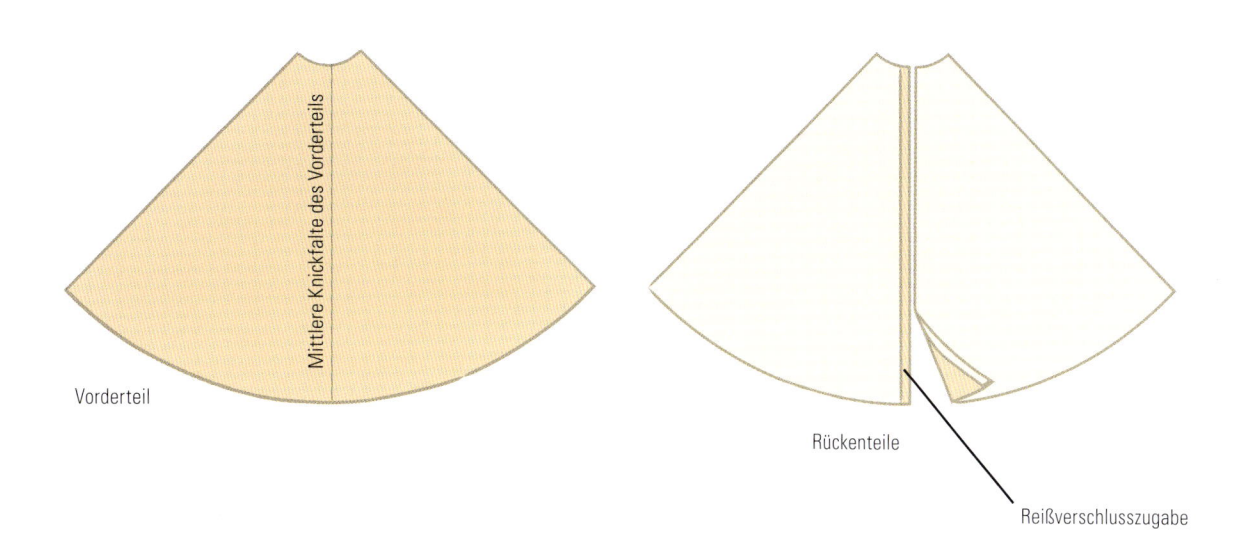

Mittlere Knickfalte des Vorderteils

Vorderteil

Rückenteile

Reißverschlusszugabe

METHODE FÜR EINEN GANZEN TELLERROCK (GANZER KREIS)

Dieser ganze Tellerrock kann mit Seitennähten und einer Reißverschlusszugabe in der hinteren Mitte oder ganz ohne Nähte angefertigt werden.

OHNE NÄHTE

1 Den Stoff erst der Länge nach in der Mitte falten, anschließend der Breite nach. Die Umbruchkanten müssen sehr genau sein, daher bei jeder Etappe bügeln

2 Das Maßband oben in der Ecke anlegen, in der alle gefalteten Kanten zusammentreffen, und von diesem Fixpunkt aus schwenken. Dabei mit dem Stoffmarker den ersten Radius und dann den zweiten markieren.

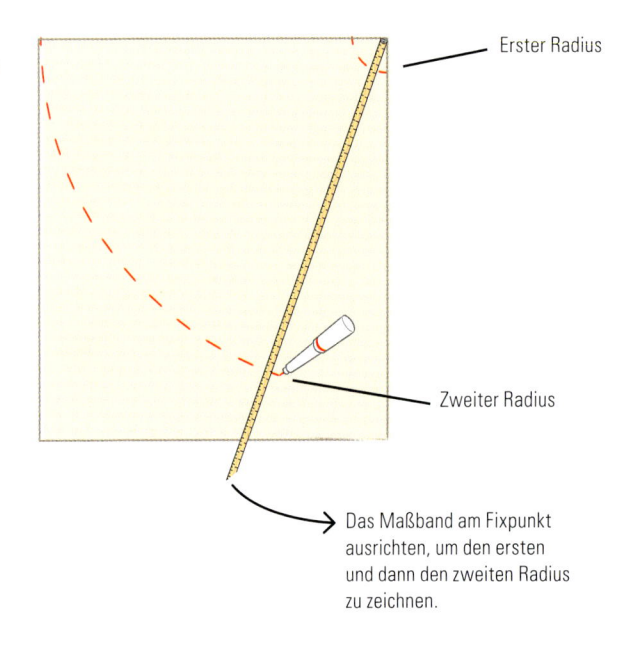

Erster Radius

Zweiter Radius

Das Maßband am Fixpunkt ausrichten, um den ersten und dann den zweiten Radius zu zeichnen.

52 | Freehand Fashion

3 An den markierten Linien zuschneiden und den ganzen Kreis auffalten.

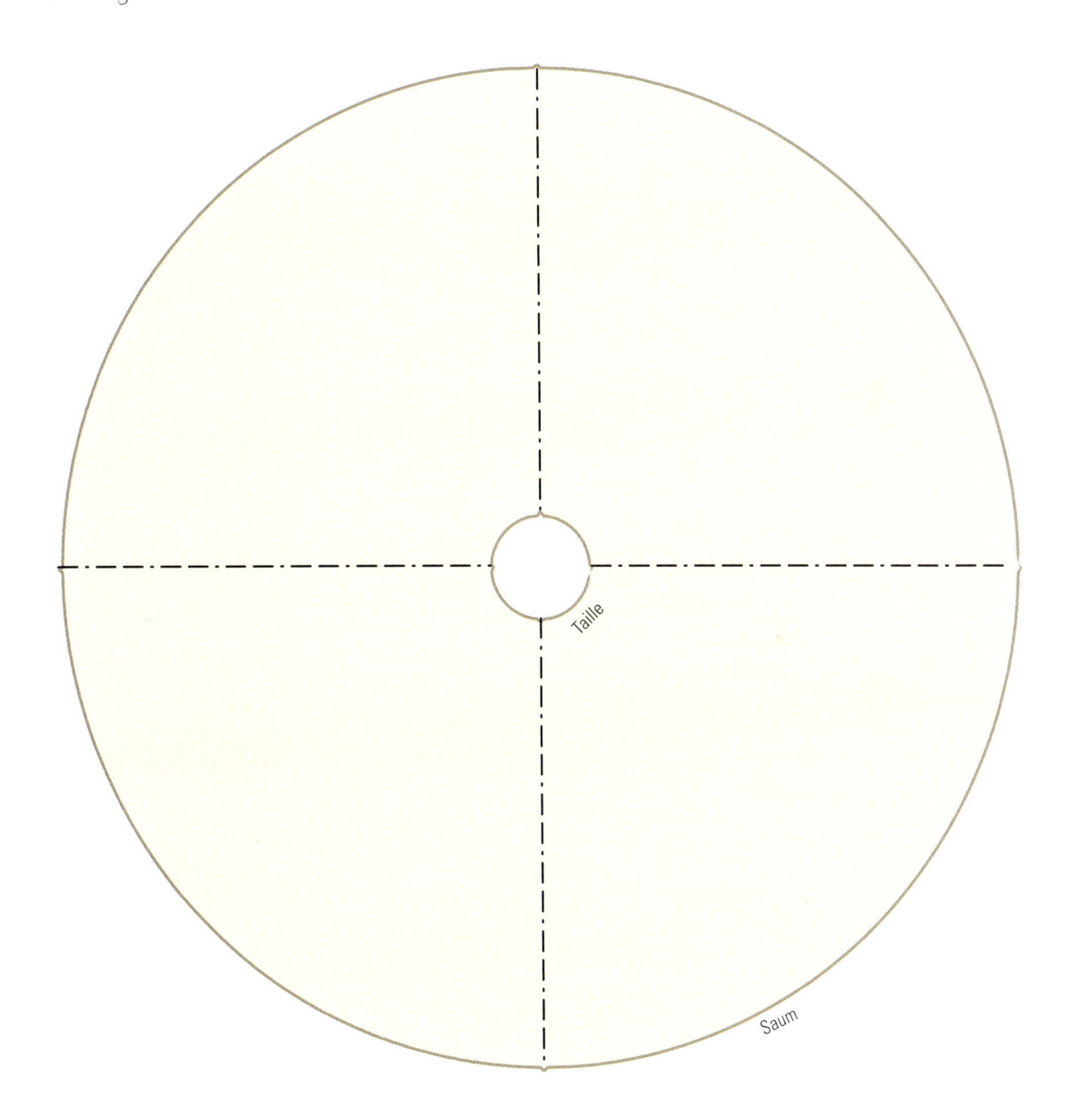

Taille

Saum

Die Grundmodelle: Tellerrock | **53**

MIT SEITENNÄHTEN UND REISSVERSCHLUSSZUGABE

1 Den Stoff der Breite nach in der Mitte zusammenlegen und glattstreichen: Diese Umbruchkante ist beim Vorderteil die vordere Mitte und bei den Rückenteilen der Seitenrand. Den Stoff so drehen, dass diese Umbruchkante oben liegt, die rechten Kanten sind die Mitte des Rückenteils. Einen 2,5 cm breiten Streifen entlang der hinteren Mitte als Reißverschlusszugabe umschlagen und bügeln, dabei beide Stofflagen gleichzeitig umschlagen

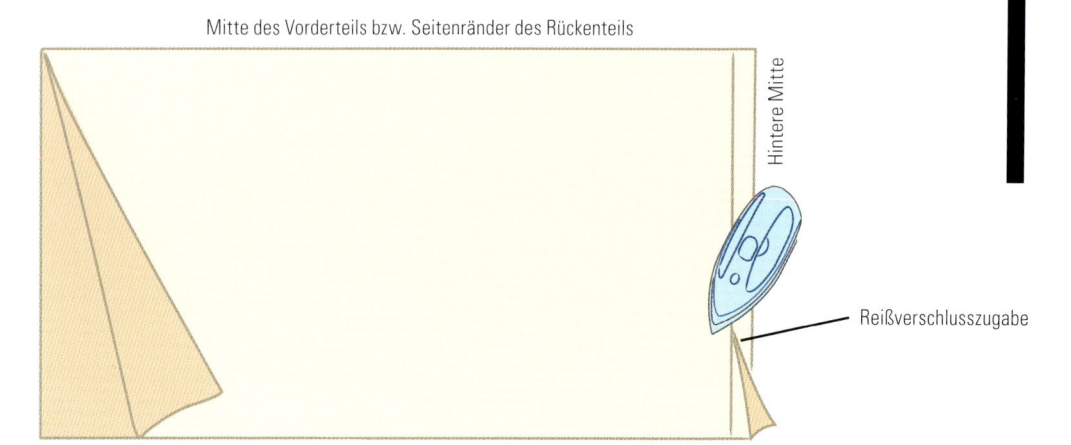

Mitte des Vorderteils bzw. Seitenränder des Rückenteils

Hintere Mitte

Reißverschlusszugabe

2 Den Stoff in der Mitte so falten, dass die Ränder gegenüber der Reißverschlusszugabe genau mit der umgeschlagenen Reißverschlusszugabe übereinanderliegen. Darauf achten, dass alle Ränder exakt übereinanderliegen und die Bruchkanten gerade Linien bilden, sonst wird der Saum am Ende ungleichmäßig. Alle Bruchkanten bügeln.

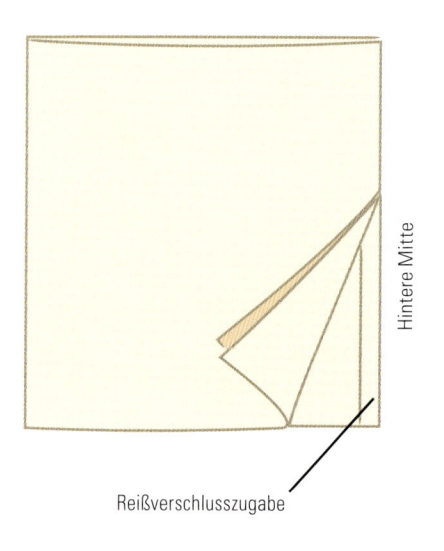

Hintere Mitte

Reißverschlusszugabe

Das Maßband am Fixpunkt ausrichten, um zuerst den ersten Radius, dann den zweiten Radius zu zeichnen.

3 Das Maßband oben in der Ecke der Bruchkante der Reißverschlusszugabe anlegen und von diesem Fixpunkt aus bewegen, dabei mit dem Stoffmarker den ersten Radius und anschließend den zweiten Radius zeichnen.

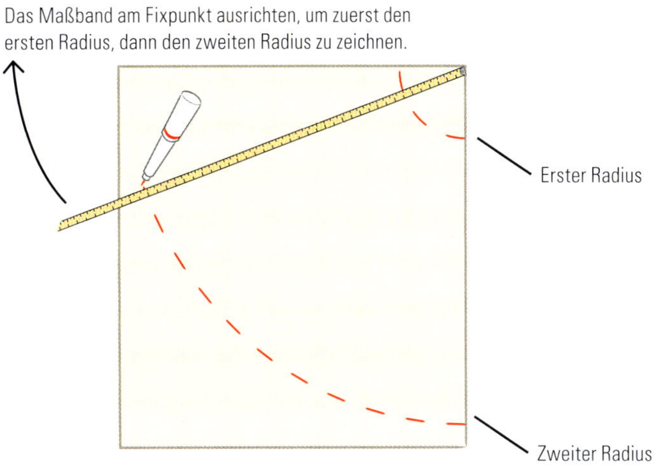

Erster Radius

Zweiter Radius

Beim Rückenteil an der Bruchkante schneiden

4 Durch alle Stofflagen an den markierten Radiuslinien zuschneiden. Beim Rückenteil (dem Teil mit der Reißverschlusszugabe) an der Bruchkante gegenüber der Reißverschlusszugabe schneiden, um die Seitenränder zu erhalten.

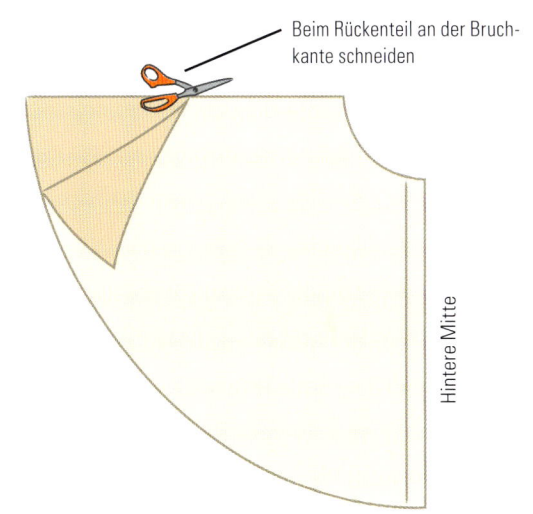

Hintere Mitte

5 Daraus ergeben sich ein Vorderteil mit einer gebügelten mittleren Knickfalte und zwei Rückenteile mit gebügelten Reißverschlusszugaben. Nun kann Ihr Tellerrock fertig zusammengenäht werden. Genaue Anleitungen dazu finden Sie beim jeweiligen Modell.

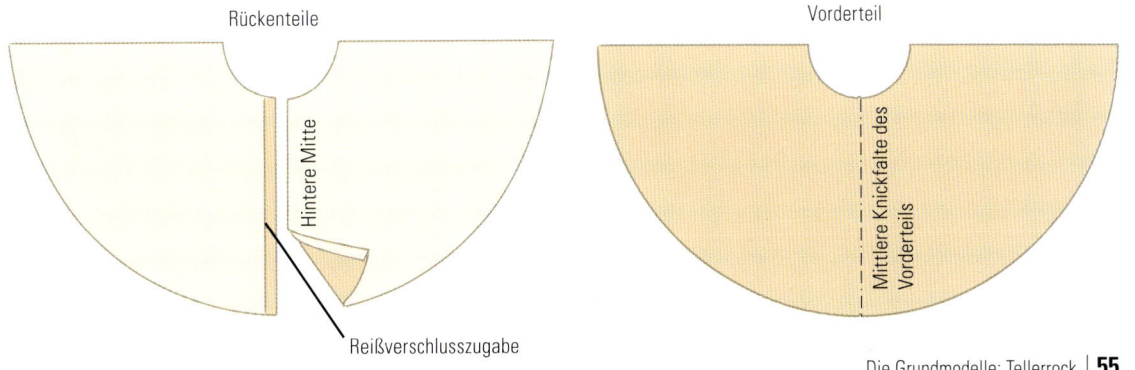

Rückenteile

Hintere Mitte

Reißverschlusszugabe

Vorderteil

Mittlere Knickfalte des Vorderteils

Die Grundmodelle: Tellerrock | **55**

ÄRMEL

Der Ärmel ist etwas, wovor selbst erfahrene Näherinnen wirklich Respekt haben. Als ich mit dem Nähen anfing, fertigte ich alles ärmellos an, was bedauerlich war, denn ich zeige meine Arme nicht gerne. Das freihändige Ärmelnähen enthält keine komplizierten mathematischen Berechnungen für die Ausarbeitung der Armkugel, braucht jedoch etwas Übung, bis Sie wissen, wie die richtige Rundung aussehen muss. Ich empfehle Ihnen, aus einem preiswerten Baumwoll-Polyester-Mischgewebe (in allen Stoffläden erhältlich) ein Grundmodell für ein Oberteil zu nähen, um so das Zuschneiden und Einsetzen der Ärmel zu üben, bis Sie mehr Sicherheit gewonnen haben (ich selbst habe dies einen ganzen Tag lang geübt und dabei wirklich viel über Ärmel gelernt).

ANMERKUNGEN

Legen Sie den Stoff immer rechts auf rechts, soweit nicht anders angegeben. Es ist wichtig, jede Bruchkante gut zu bügeln, um einen deutlichen Kniff zu erhalten.

BENÖTIGTE MASSE

WAAGERECHTE MASSE (SIEHE SEITE 18)
- Armumfang
- Ellenbogenumfang
- Handgelenkumfang

SENKRECHTE MASSE (SIEHE SEITE 19)
- Ärmellänge
- Innenarmlänge
- Ellenbogenlänge

BENÖTIGTE STOFFMENGE
- Breite = Armumfang x 2 + 5 cm
- Länge = Armlänge + 4 cm

BENÖTIGTES ARBEITSMATERIAL
- Maßband
- Stoffmarker
- Bügeleisen und Bügelbrett
- Stecknadeln
- Schere

ANMERKUNGEN

In diesem Abschnitt sehen Sie, wie ein Ärmel mit Standard-Armkugel und ein Puffärmel zugeschnitten werden. Beachten Sie, dass Sie zwei Ärmel gleichzeitig anfertigen.

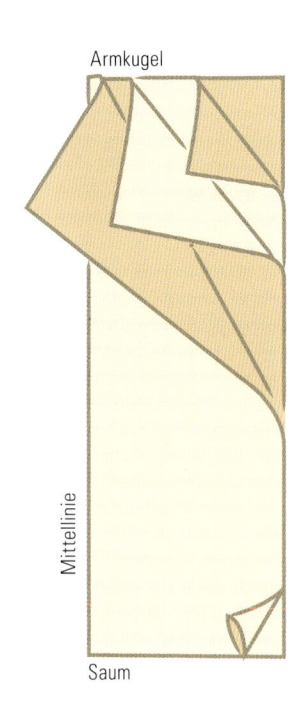

METHODE

1 Falten Sie den Stoff der Breite nach in der Mitte zusammen und anschließend noch einmal der Breite nach. Die Oberkante ist die Armkugel, die Unterkante der Saum, und die Seite mit der zweiten Bruchkante ist die Mittellinie des Ärmels.

2 Ziehen Sie Ihre Innenarmlänge von der Ärmellänge ab, das Ergebnis ist die Höhe der Armkugel. Das Maßband oben an der Kante der Armkugel anlegen und mit dem Stoffmarker die Höhe der Armkugel und die Ellenbogenlänge markieren.

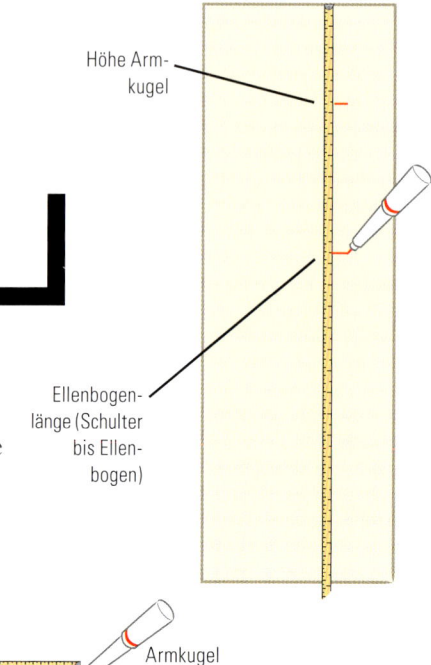

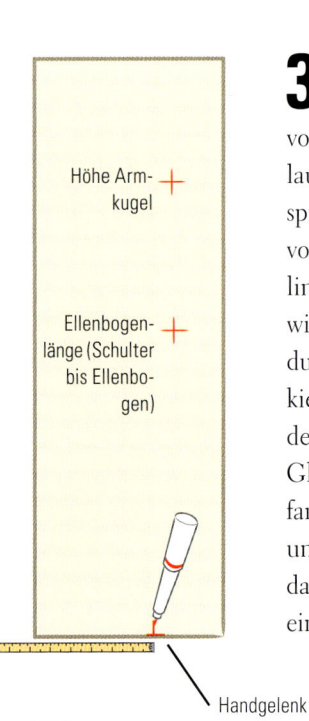

3 Stellen Sie sich an den senkrecht markierten Maßen gerade Linien vor, die waagerecht über den Stoff verlaufen. Zu jeder Linie gehört ein entsprechendes waagerechtes Maß, das von der mittleren Bruchkante (Mittellinie) aus auf dieser Linie abgemessen wird. Teilen Sie Ihren Armumfang durch 2. Geben Sie 1,2 cm dazu. Markieren Sie dieses Maß auf der Linie der Armkugelhöhe. Machen Sie das Gleiche mit Ihrem Ellenbogenumfang. Teilen Sie Ihren Handgelenkumfang durch 2 und geben Sie 1,2 cm dazu, markieren Sie dieses Maß mit einem Kreuz auf dem Saum.

4 Mit einem Lineal die Markierungen durch eine gerade Linie verbinden. Am oberen Rand der Armkugel von der Mittellinie aus 2,5 cm abmessen, markieren.

58 | Freehand Fashion

5 Damit die Rundungen dieses Ärmelteils gelingen, ist Übung erforderlich. Zeichnen Sie von dem Kreuz auf der Linie der Armkugel eine nach innen gewölbte Rundung nach oben bis zu etwa einem Drittel der Strecke zum oberen Ende der Armkugel.

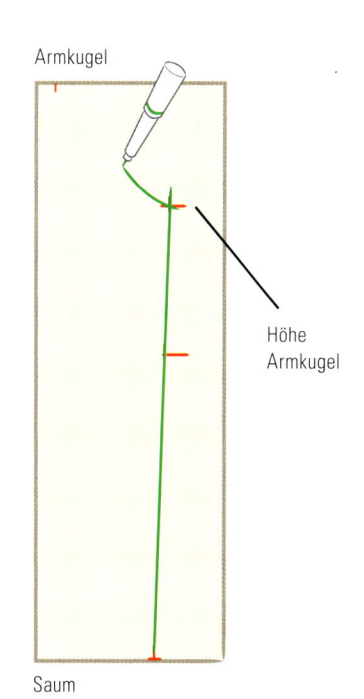

Armkugel

Höhe Armkugel

Saum

Die Rundung am Rand der Armkugel auslaufen lassen.

6 Die Rundung nach oben wie abgebildet fortsetzen und bei der Markierung auf dem Rand der Armkugel auslaufen lassen.

Einen Keil in der Mitte der Armkugel ausschneiden

7 An den gezeichneten Linien durch alle Stofflagen schneiden, um zwei Ärmel zuzuschneiden. Oben an der Armkugel am Ende der Mittellinien jeweils einen kleinen Keil einschneiden, ebenso auf Höhe der Ellenbogenlänge an den Seitenrändern.

Einen Keil auf Ellenbogenhöhe ausschneiden

Die Grundmodelle: Ärmel | **59**

DIE ÄRMEL EINSETZEN

Ich finde das Einsetzen bei jeder Ärmelform am einfachsten, wenn beim Ärmel die rechte Seite außen ist und beim Kleidungsstück die linke Seite. Ich setze dann den Ärmel so in das Armloch ein, dass die rechte Seite des Ärmels zur rechten Seite des Kleidungsstücks schaut, arbeite aber bei beiden Teilen von links.

Zwei Reihen Kräuselstiche nähen

An den Fadenenden ziehen, um die Armkugel leicht zu kräuseln

STANDARD-ARMKUGEL

1 Nähen Sie 6 mm und 1 cm vom Rand an der Armkugel nebeneinander zwei Reihen mit langen Stichen (Kräuselstich). Beginnen und beenden Sie jede Reihe 4 cm vom Seitenrand des Ärmels, und lassen Sie am Anfang und Ende jeder Reihe ein längeres Stück Faden hängen.

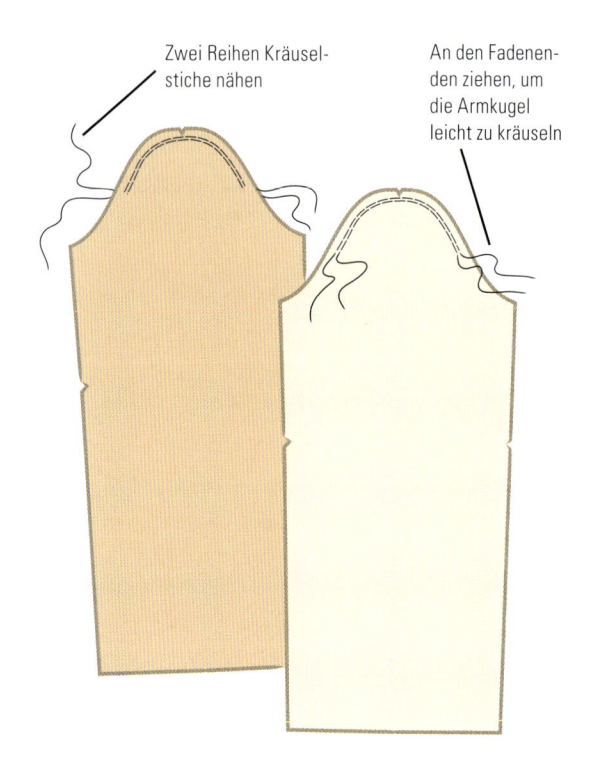

2 Vorsichtig an den Fadenenden ziehen, um die Armkugel ganz leicht zu kräuseln.

3 Die Seiten- und Schulternähte des Kleidungsstücks mit 1,2 cm Nahtzugabe nähen. Die Ärmelnähte schließen, die Nahtzugaben versäubern und die Nähte auseinander bügeln. Ärmel wenden, sodass die rechte Seite außen ist.

4 Den Ärmel rechts auf rechts in das Oberteil schieben. Die Seitennaht des Ärmels soll mit der Seitennaht des Oberteils zusammentreffen. Die Lagen zusammenstecken. Die Kerbe auf der Mittellinie des Ärmels an die Schulternaht des Oberteils stecken. Die Armkugel in den Armausschnitt einpassen, hierzu die Kräuselstiche durch Ziehen so anpassen, dass der Stoff gleichmäßig in der Armkugel verteilt ist. Die Armkugel rundherum feststecken.

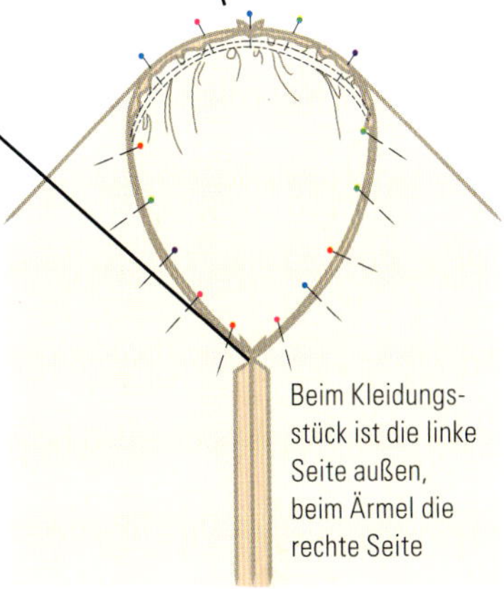

Die Kerbe in der Mitte der Armkugel soll mit der Schulternaht zusammentreffen

Die Seitennaht des Ärmels und die Seitennaht des Kleidungsstücks sollen genau aufeinandertreffen

Beim Kleidungsstück ist die linke Seite außen, beim Ärmel die rechte Seite

5 An der Seitennaht beginnend den Ärmel einnähen. Alternativ können Sie den Ärmel auch heften, dann mit der Maschine nähen und anschließend die Heftstiche auftrennen.

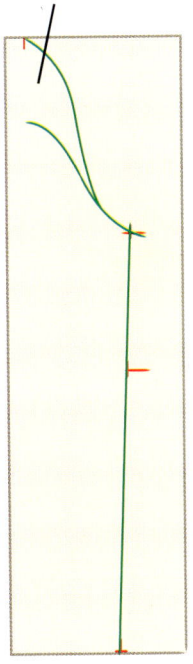

Die Höhe der Armkugel wie verlangt vergrößern

EINEN PUFFÄRMEL ODER GEFÄLTELTEN ÄRMEL NÄHEN

Der Stoff muss mindestens 13 cm länger sein als die Ärmellänge (probieren Sie diverse Längen für verschieden hohe Armkugeln aus).

1 Ziehen Sie die Innenarmlänge von der Ärmellänge ab, das Ergebnis ist die Höhe der Armkugel. Fügen sie zu diesem Maß die zusätzliche Länge hinzu, das ist die neue Höhe der Armkugel. Anhand dieser Maße den Ärmel nach der Standardmethode entwerfen.

PUFFÄRMEL

1 Den Ärmel kräuseln wie einen Standardärmel, den Stoff jedoch enger kräuseln. Den Ärmel bei der Seitennaht und Schulternaht feststecken wie einen Standardärmel und darauf achten, dass die Kräuselung gleichmäßig verteilt ist. Den Ärmel einnähen.

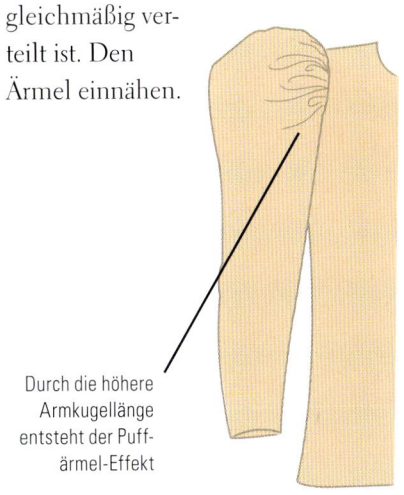

Durch die höhere Armkugellänge entsteht der Puffärmel-Effekt

Die Grundmodelle: Ärmel | **61**

GEFÄLTELTER ÄRMEL

1 In den Armausschnitt des Oberteils am Anfang und Ende des Bereichs, der gefältelt werden soll, kleine Kerben knipsen. Den Ärmel an der Seitennaht und Schulternaht wie einen Standardärmel am Oberteil feststecken.

Kleine Kerben knipsen

2 An der Seitennaht beginnend den Ärmel auf beiden Seiten bis zu den Einkerbungen im Armausschnitt des Oberteils einnähen.

3 Messen Sie den noch nicht genähten Teil des Ärmels und den noch nicht genähten Teil des Armausschnitts. Ziehen Sie das zweite Maß vom ersten Maß ab. Teilen Sie das Ergebnis durch die gewünschte Tiefe der Falten: So sehen Sie, wie viele Falten Sie legen können. Wenn das Ergebnis eine Dezimalzahl ist, runden Sie sie zur nächsten ganzen Zahl ab oder auf.

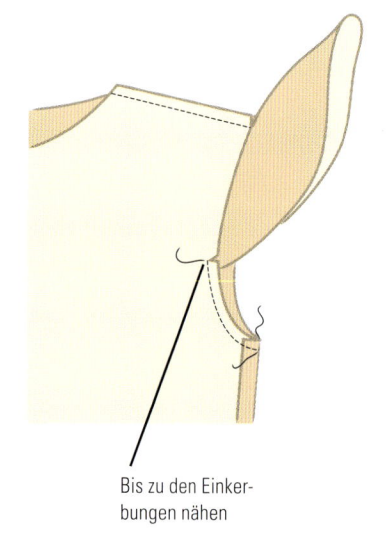

Bis zu den Einkerbungen nähen

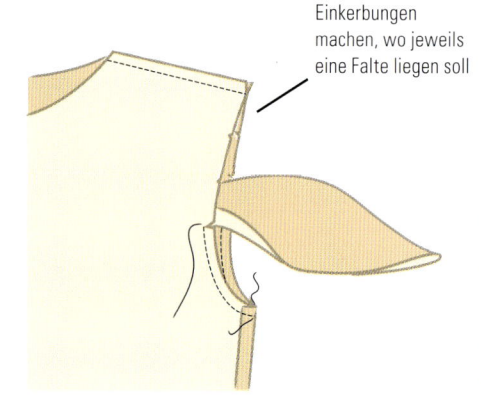

Einkerbungen machen, wo jeweils eine Falte liegen soll

4 Im Armausschnitt des Oberteils jeweils dort eine kleine Kerbe knipsen, wo eine Falte sein soll. Wenn also sechs Falten vorgesehen sind (oder drei auf jeder Seite), knipsen Sie beidseits der Schulternaht gleichmäßig verteilt Einkerbungen. Wenn Sie eine ungerade Zahl wie die 7 erhalten, liegt eine Falte auf Höhe der Schulternaht. Sie wird eine Kellerfalte (siehe Schritt 7).

5 Entscheiden Sie, in welche Richtung Ihre Falten zeigen sollen – vergessen Sie nicht, dass sie beidseits der Schulternaht in dieselbe Richtung zeigen müssen. Hier sind die Falten 5 cm breit, daher habe ich beidseits jeder Kerbe eine Biese von 2,5 cm gelegt. Die erste Biese bei der ersten Kerbe legen.

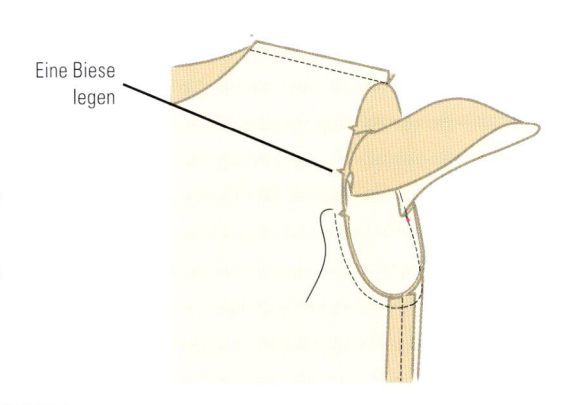

Eine Biese legen

6 Die restlichen Falten legen, dabei im Fall einer ungeraden Faltenzahl die Falte bei der Schulternaht auslassen.

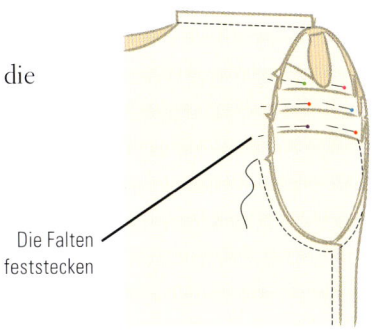

Die Falten feststecken

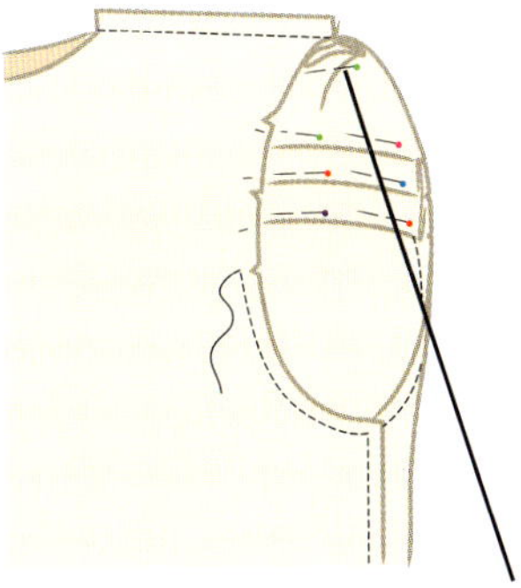

7 Bei einer ungeraden Anzahl von Falten legen Sie aus dem überschüssigen Stoff oben in der Armkugel eine (auch Quetschfalte genannte) Kellerfalte (dabei stoßen die Brüche zweier zueinander gelegter Falten in der Mitte aneinander).

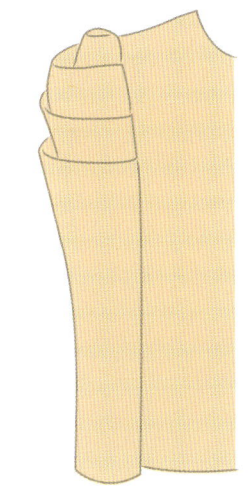

Eine Kellerfalte legen

8 Nun den restlichen Ärmel einnähen.

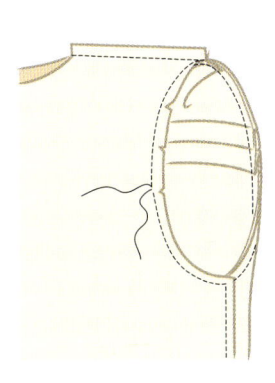

Die Grundmodelle: Ärmel | **63**

DIE PROJEKTE

Hier finden Sie Oberteile, Röcke, Kleider und Jacken, die ich mit meiner freihändigen Zuschneidemethode entworfen habe. Wenn Sie es gewöhnt sind, mit Schnittmustern zu nähen, mag Ihnen anfangs manches etwas kompliziert vorkommen. Aber vertrauen Sie mir: Wenn Sie das Prinzip erst einmal verstanden haben, wird es viel einfacher! Beim Erarbeiten der nachfolgenden Projekte erwerben Sie Fertigkeiten, die Ihnen bei schwierigeren Modellen helfen werden. Bei einigen Projekten biete ich zwei Versionen an, um Ihnen zu zeigen, welche unterschiedlichen Wirkungen durch verschiedene Stoffe und geringfügige Veränderungen erzielt werden können. Mit zunehmendem Selbstvertrauen werden Sie selbst experimentieren wollen und die Kleidung entwerfen, die Sie sich immer vorgestellt, aber in den Geschäften nie gefunden haben. Ich ermutige Sie, ungewöhnliche Stoffe und Verzierungen auszuprobieren, damit die Kleidung zu Ihrem individuellen Stil passt. Ich möchte Sie dazu anregen, Ihre eigene Mode zu kreieren. Aber seien Sie gewarnt: Sie werden nie wieder Kleidung fertig von der Stange kaufen wollen!

MAXI ROCK

Für mich ist der Romantic-Look im Sommer unschlagbar, und was ist romantischer als ein schön fließender Maxirock? Dieses Modell ist ideal für jede Figur, denn er schmiegt sich der Taille eng an und umspielt durch die weite Form den restlichen Körper und die Beine. Ein großer Vorteil dieses Schnitts ist seine Vielseitigkeit. Sie können alle möglichen Stoffe verwenden und dabei immer wieder einen anderen Look erzielen. Ein festerer Baumwollstoff hat mehr Stand und eignet sich für eine vollere Silhouette, während ein weicher Seidensatin einen wunderbar fließenden Fall ergibt. Falls Ihnen die bodenlange Version nicht zusagt, machen Sie den Rock einfach kürzer. Bedenken Sie, dass SIE die Designerin sind – also spielen Sie mit Stoffen, Längen, Verzierungen, und lassen Sie Ihrer Fantasie freien Lauf.

BENÖTIGTE MASSE

Taillenumfang • Erster Radius (siehe Seite 49)
Zweiter Radius (siehe Seite 49)

BENÖTIGTES GRUNDMODELL

Tellerrock (siehe Seite 48)

BENÖTIGTE STOFFMENGE

Breite = zweiter Radius x 2 + 91,5 cm
Länge = Stoff, der mindestens 145 cm von Webkante zu Webkante misst

BENÖTIGTES ARBEITSMATERIAL

Stoff • Bügeleinlage • Gerades Lineal
Maßband • Stoffmarker • Bügeleisen und
Bügelbrett • Nähmaschine • Passendes
Nähgarn • Nahtverdeckter Reißverschluss •
Stoffschere

ANMERKUNGEN

Legen Sie den Stoff immer rechts auf rechts, soweit nicht anders angegeben. Es ist wichtig, jede Bruchkante gut zu bügeln, um einen deutlichen Kniff zu erhalten. Immer 1,2 cm Nahtzugabe dazugeben, soweit nicht anders angegeben.

1 Folgen Sie den Anweisungen für das Grundmodell Tellerrock, um den ersten Radius auszuarbeiten. Der zweite Radius ist die gewünschte Rocklänge plus 4 cm plus dem ersten Radius. Den zweiten Radius mit 2 multiplizieren und diese Länge an der Webkante abmessen, den übrigen Stoff abschneiden. Den Rest beiseitelegen.

2 Den Stoff an der Webkante in der Mitte zusammenlegen, dies ist der Stoffbruch in der Vorderteilmitte. Wie in den Schritten 1–5 des Grundmodells für einen Tellerrock arbeiten, hinten in der Mitte 2,5 cm Reißverschlusszugabe umschlagen.

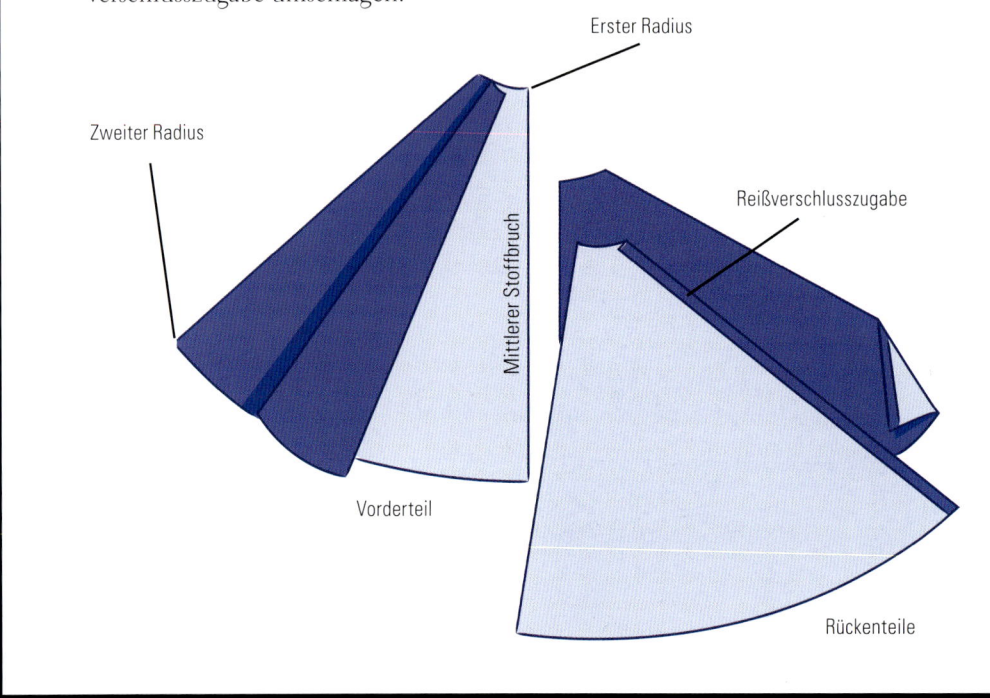

3 Einen 15 cm breiten Stoffstreifen zuschneiden in der Länge Ihres Taillenumfangs plus 10 cm. Den Streifen der Breite nach in der Mitte zusammenlegen und bügeln. Nun der Länge nach in der Mitte zusammenlegen: Diese Bruchkante ist die vordere Mitte. An den offenen Seiten jeweils 2,5 cm Reißverschlusszugabe umschlagen und bügeln, dabei jeweils zwei Stofflagen zusammen umschlagen: Dies ist die hintere Mitte. Die vordere Mitte genau über die hintere Mitte legen und bügeln. Diese letzte Knickfalte markiert die Seitenränder.

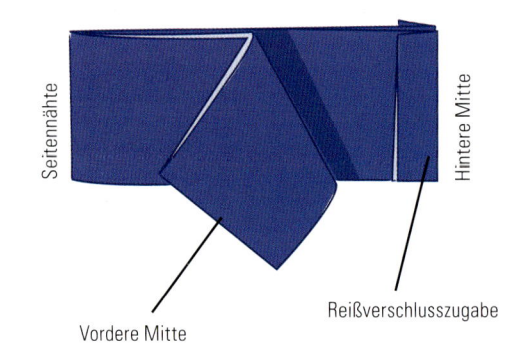

68 | Freehand Fashion

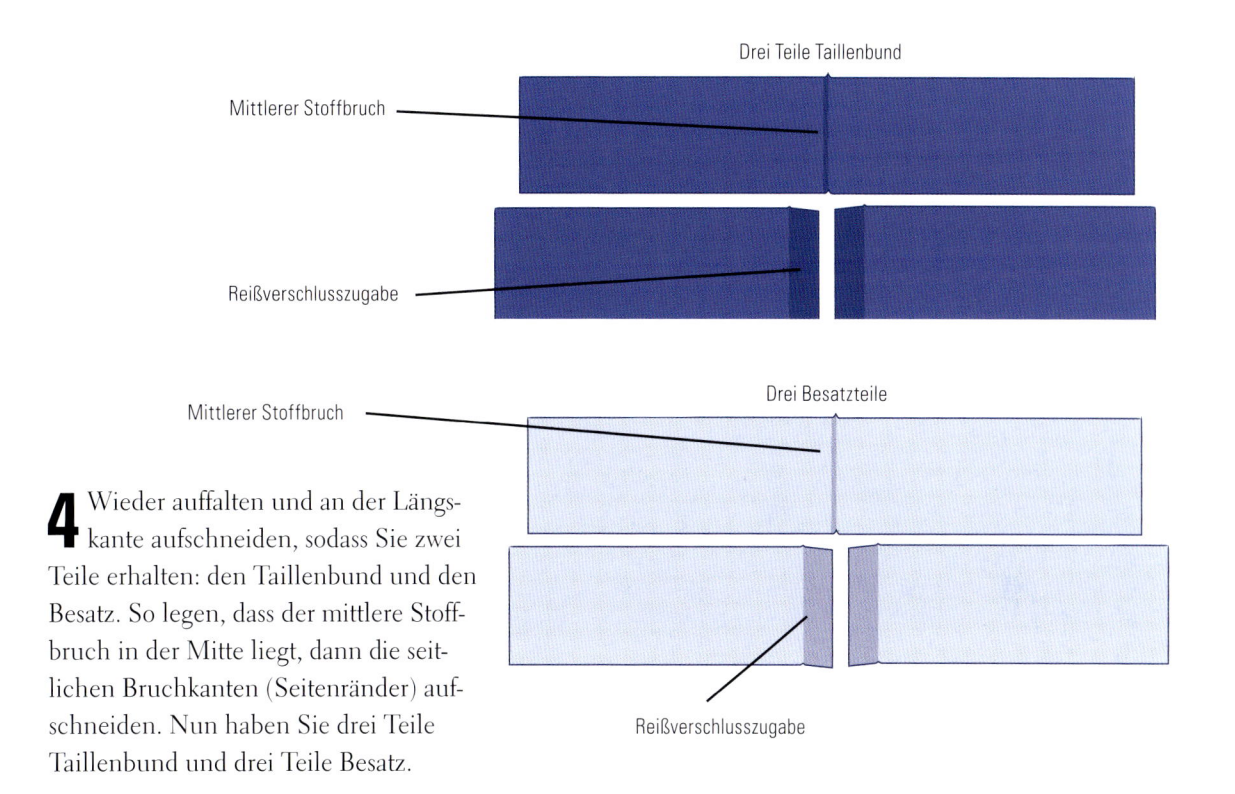

Drei Teile Taillenbund

Mittlerer Stoffbruch

Reißverschlusszugabe

Drei Besatzteile

Mittlerer Stoffbruch

4 Wieder auffalten und an der Längskante aufschneiden, sodass Sie zwei Teile erhalten: den Taillenbund und den Besatz. So legen, dass der mittlere Stoffbruch in der Mitte liegt, dann die seitlichen Bruchkanten (Seitenränder) aufschneiden. Nun haben Sie drei Teile Taillenbund und drei Teile Besatz.

Reißverschlusszugabe

5 Die Besatzteile als Schablone verwenden, um die gleichen Formen aus der aufbügelbaren Einlage zuzuschneiden, dabei jedoch die Reißverschlusszugaben in der hinteren Mitte weglassen. Die Bügeleinlage auf die linke Seite der Besatzteile bügeln, die Reißverschlusszugaben frei lassen.

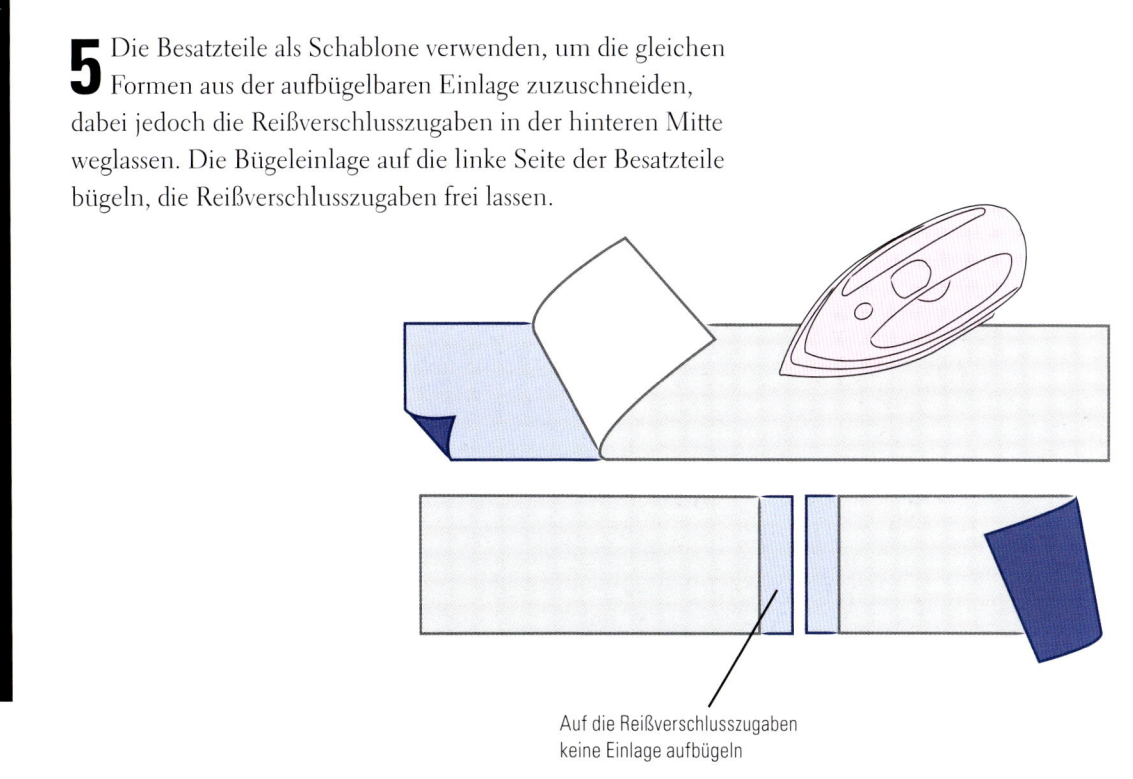

Auf die Reißverschlusszugaben keine Einlage aufbügeln

Die Projekte: Maxirock | **69**

6 Den vorderen Besatz an der oberen Kante rechts auf rechts so auf den vorderen Taillenbund nähen, dass die mittleren Bruchkanten übereinanderliegen. Den hinteren Besatz rechts auf rechts auf den hinteren Taillenbund nähen, aber nur bis 2,5 cm vor der Bruchkante der Reißverschlusszugabe. Bei allen Teilen die Nahtzugaben zum Besatz hin untersteppen (siehe Seite 12).

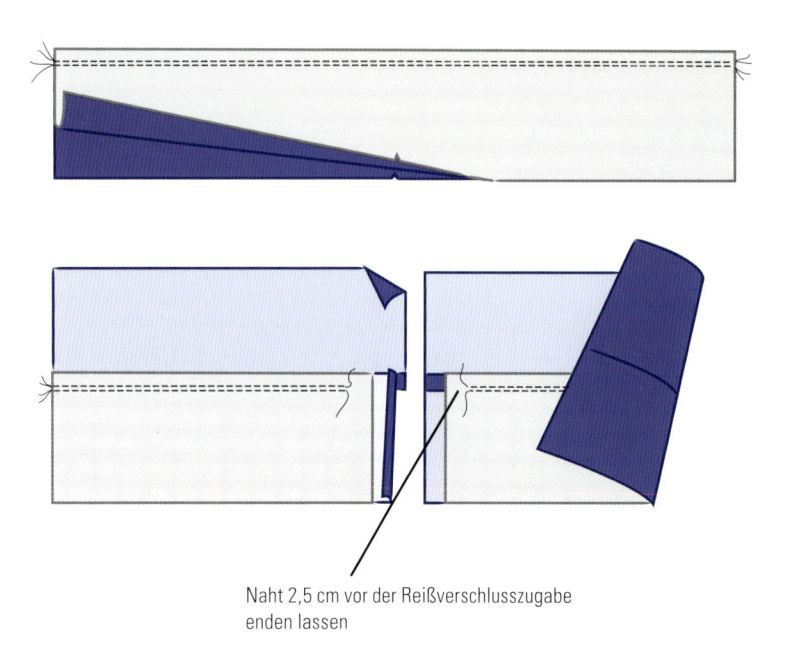

Naht 2,5 cm vor der Reißverschlusszugabe enden lassen

7 Das Rockvorderteil rechts auf rechts so an den vorderen Taillenbund nähen, dass die mittleren Bruchkanten übereinanderliegen. Die Rückenteile des Rocks rechts auf rechts an die hinteren Taillenbundteile nähen.

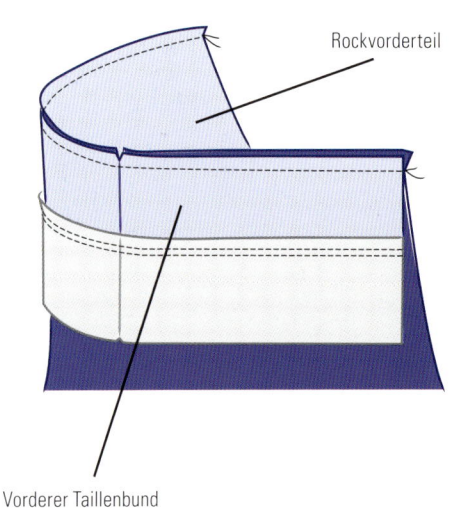

Rockvorderteil

Vorderer Taillenbund

8 Die Rückenteile rechts auf rechts an der Bruchkante der Reißverschlusszugabe zusammennähen, dabei 18 cm unter dem Taillenbund beginnen und am Saum enden.

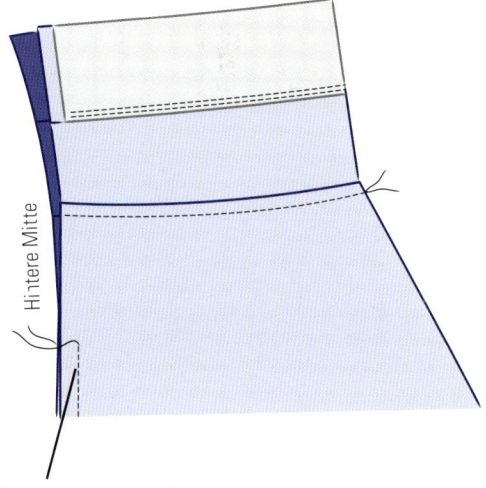

Hintere Mitte

Entlang der Bruchkante nähen

9 Hinten in den Rock einen nahtverdeckten Reißverschluss einnähen (siehe Seite 15) und zwar vom oberen Ende der Naht zum oberen Ende des Taillenbundes nähen. An jeder unversäuberten Besatz-Oberkante einen Saum von 1,2 cm umschlagen und bügeln.

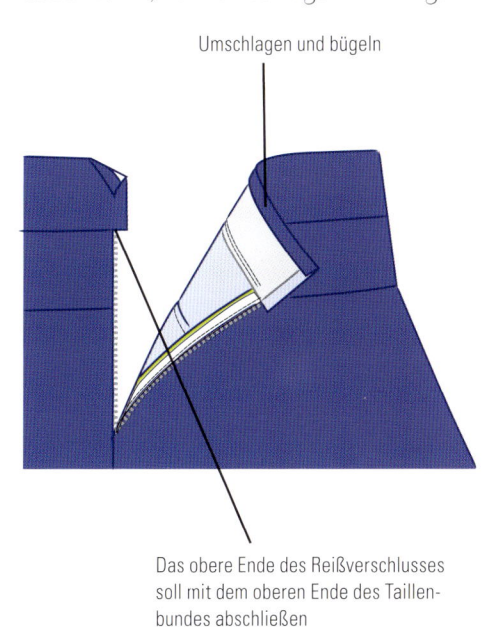

Umschlagen und bügeln

Das obere Ende des Reißverschlusses soll mit dem oberen Ende des Taillenbundes abschließen

10 Den Saum an den Besatz-Oberkanten wieder auffalten. Das Vorderteil rechts auf rechts mit dem Rückenteil zusammennähen, hierzu die Seitennähte jeweils vom unversäuberten Rand des Besatzes bis hinunter zum Rocksaum nähen. Darauf achten, dass die Nahtzugaben alle nach oben zeigen. Nun die Passform probieren und notwendige Änderungen vornehmen, dann die Nahtzugaben des Rocks beketteln oder im Zickzackstich versäubern.

Seitennaht

Die Ecken am Besatz abschneiden

11 Die Ecken am Besatz wie abgebildet abschneiden (siehe auch Seite 12), damit nichts wulstig wird. Anschließend die Nahtzugaben auseinanderbügeln.

Die Projekte: Maxirock | 71

12 Die offenen Seiten von Taillenbund und Besatz an der langen Oberkante bis zur Bruchkante der Reißverschlusszugabe zusammennähen, dann die kurzen Enden nach unten nähen. Überschüssiges Reißverschlussband und die Ecken abschneiden.

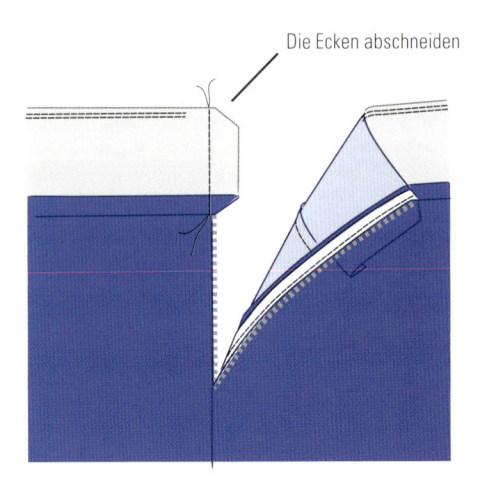

Die Ecken abschneiden

13 Taillenbund auf rechts umschlagen, die Ecken fein säuberlich nach außen stülpen.

14 Den Saum beim Besatz nach unten umschlagen und direkt über der Naht im Saumstich an die Nahtzugaben des Taillenbundes nähen.

15 Den Rock mit der maschinengenähten Rollsaumtechnik säumen (siehe Seite 14).

VARIANTEN

Der blaue Rock ist aus einem fließenden, locker fallenden Stoff genäht. Die schwarzweiße Variante (rechts) wurde aus einem schwereren Druckstoff genäht. Damit ein anderer Look entsteht, wurde er zudem ohne Taillenbund genäht. Beim Doppeltellerrock auf Seite 102 finden Sie die Anleitung für einen Rock ohne Taillenbund.

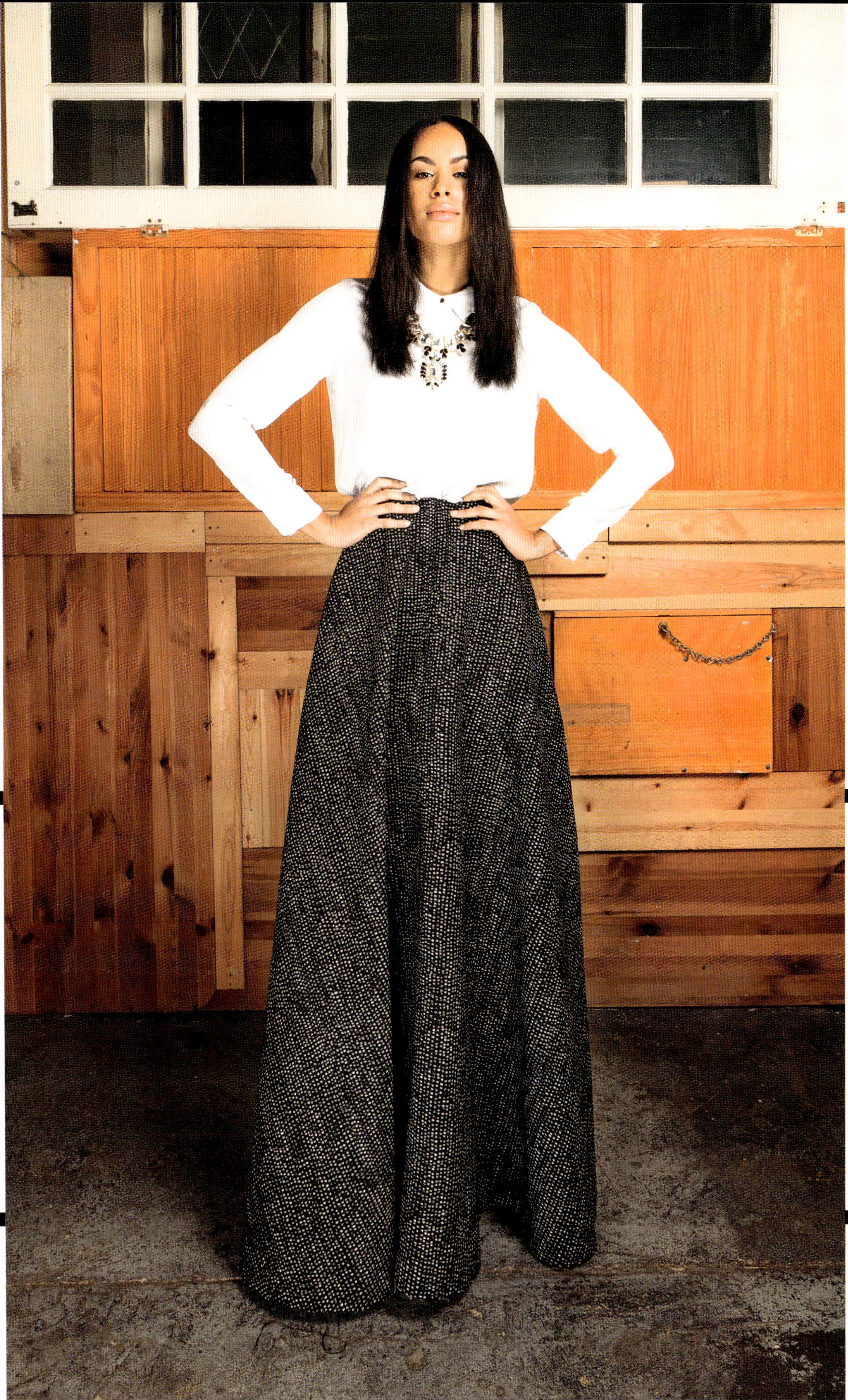

FLEDERMAUS OBERTEIL

Ich liebe Schnellgenähtes – Projekte, die in ein paar Stunden fertiggestellt sind und die man durch einen raffinierten Stoff wie Samt aufpeppen oder für einen Faulenztag aus einem lässigeren Stoff nähen kann. Dieses Fledermaus-Oberteil ist sehr vielseitig und sehr schnell zu nähen; einfach ideal, um Ihnen ein gutes Verhältnis zu einem Stretchstoff zu verschaffen. Ich empfehle einen Stretchstoff, der einfach zu verarbeiten und hinsichtlich der Passform berechenbarer ist. Folgen Sie den Angaben zum waagerechten und senkrechten Maßnehmen beim Grundmodell für ein ärmelloses Oberteil mit den angegebenen Anpassungen. Aus diesem Schnitt lassen sich auch eine Tunika oder ein Kleid nähen.

ANMERKUNGEN

Legen Sie den Stoff immer rechts auf rechts, soweit nicht anders angegeben. Es ist wichtig, jede Bruchkante gut zu bügeln, um einen deutlichen Kniff zu erhalten. Immer 1,2 cm Nahtzugabe dazugeben, soweit nicht anders angegeben.

BENÖTIGTE MASSE

WAAGERECHTE MASSE (SIEHE SEITE 18)
Nacken bis Ärmelsaum • Brustumfang • Taillenumfang • Hüftumfang

SENKRECHTE MASSE (SIEHE SEITE 19)
Vordere Taillenlänge • Schulter bis Hüfte

BENÖTIGTES GRUNDMODELL
Ärmelloses Oberteil (siehe Seite 24)

BENÖTIGTE STOFFMENGE
Für dieses Projekt brauchen Sie einen bi-elastischen Stoff (bei dem die Stoffbreite in Richtung der Stoffdehnung liegt).
Breite = Nacken bis Ärmelsaum x 4 + 5 cm
Länge = Schulter bis Saum + 2,5 cm

BENÖTIGTES ARBEITSMATERIAL
Stoff • Stecknadeln • Stoffschere
Nadel und Nähgarn in Kontrastfarbe
Maßband • Stoffmarker • Overlock-Nähmaschine (optional) • Nähmaschine • Zwillingsnadel • Passendes Nähgarn • Bügeleisen und Bügelbrett

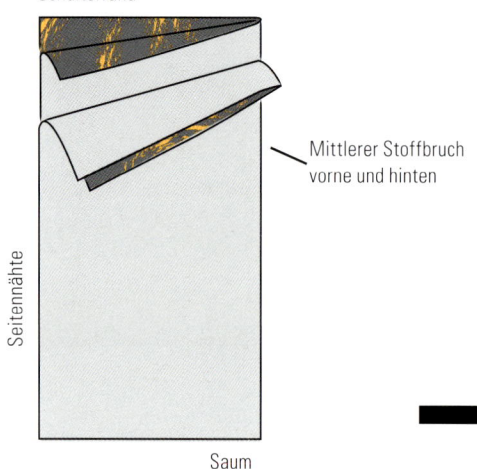

1 Den Stoff der Breite nach in der Mitte falten und an der Bruchkante aufschneiden. Jedes Teil der Breite nach in der Mitte falten, die Bruchkanten bügeln, ein Teil so auf das andere legen, dass alle Kanten übereinstimmen. Oben ist der Schulterrand, unten der Saum; die Bruchkanten sind vordere und hintere Mitte. Die offenen Ränder gegenüber den Bruchkanten sind die Seitenränder.

2 Von der oberen Ecke der mittleren Bruchkante am Schulterrand 9 cm abmessen und markieren und auf der Bruchkante 7,5 cm nach unten. Beide Markierungen mit einer geschwungenen Linie verbinden, das ist der Halsausschnitt.

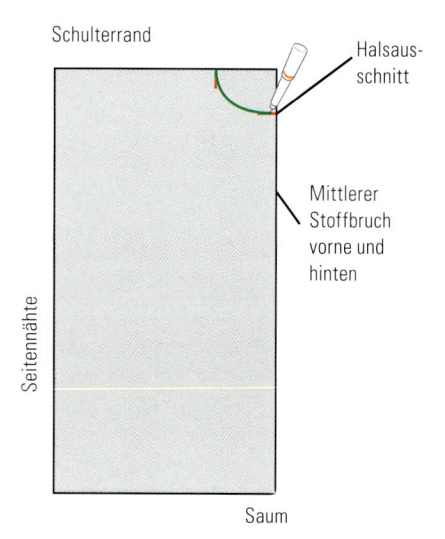

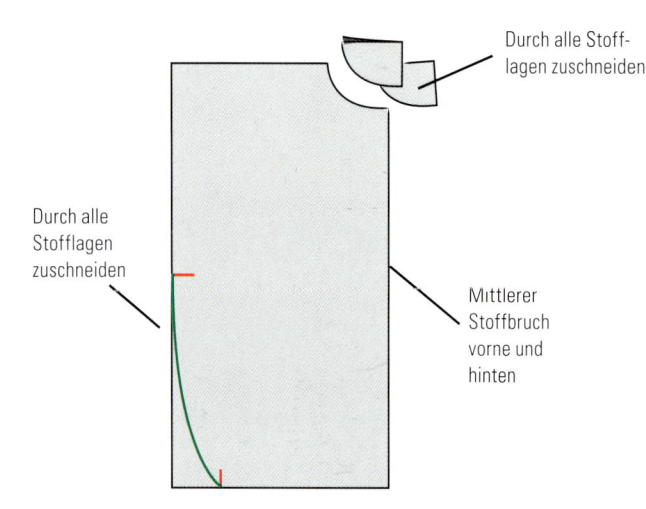

3 An der Halsausschnittlinie durch alle Stofflagen zuschneiden. Von der unteren Ecke (gegenüber den mittleren Bruchkanten) 9 cm am Saum abmessen und markieren. Am Seitenrand die Mitte markieren. Beide Markierungen mit einer geschwungenen Linie verbinden, wie auf der Abbildung zu sehen. An dieser Linie durch alle Stofflagen zuschneiden.

4 Die Teile auffalten und rechts auf rechts so aufeinanderlegen, dass alle Kanten genau übereinanderliegen. Die Schulternähte schließen.

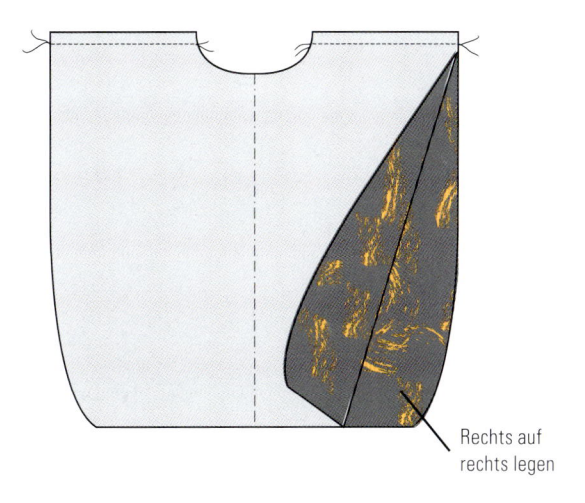

Rechts auf rechts legen

5 Die an den Schultern zusammengenähten Teile flach hinlegen. Den äußeren Rand und den Halsausschnitt beketteln oder im Zickzackstich versäubern. Bei allen beketteten oder im Zickzackstich genähten Rändern einen einfachen Saum nach links umschlagen und mit einer Zwillingsnadel nähen. So entstehen zwei Stichreihen, was bei dehnbaren Stoffen am besten ist.

Einen Saum umschlagen und nähen

VARIANTEN

Das Oberteil in Petrol (siehe Seite 75) ist aus einem mittelschweren Jersey genäht, das Maß vom Nacken bis zum Ärmelsaum wurde hier länger gewählt.

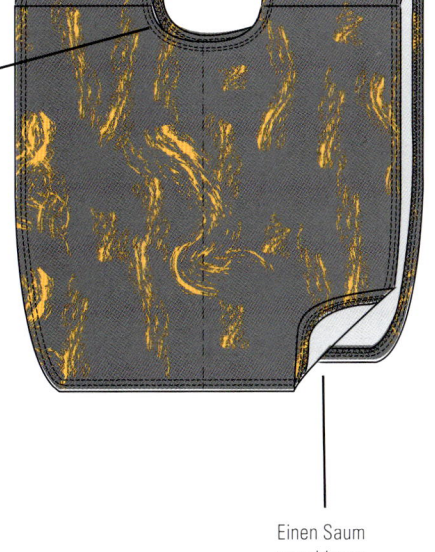

Einen Saum umschlagen und nähen

Die Projekte: Fledermaus-Oberteil | **77**

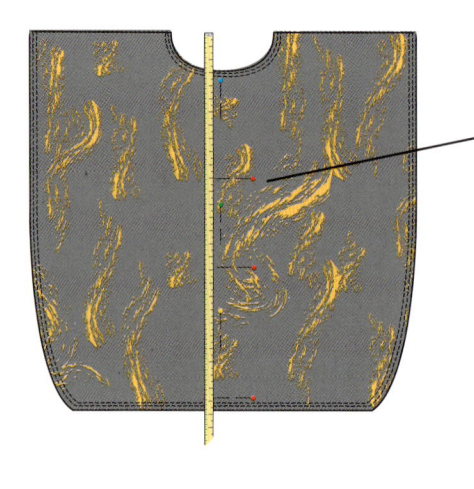

6 Die Teile an den Schulternähten links auf links so zusammenlegen, dass die mittleren Bruchkanten von Vorder- und Rückenteil übereinanderliegen. Beide Lagen auf der Mittellinie mit mehreren Stecknadeln zusammenstecken. Das Maßband an der gesteckten Linie so anlegen, dass das obere Ende mit den Schulternähten abschließt. 28 cm abmessen. Mit einer waagerecht eingesteckten Stecknadel markieren, dann auch die restlichen senkrechten Maße markieren. Stellen Sie sich bei diesen markierten senkrechten Maßen gerade Linien vor, die waagerecht über den Stoff verlaufen. Die Markierung bei 28 cm dient als Brustlinie und die Saummarkierung als Hüftlinie.

Vorder- und Rückenteil zusammenstecken

7 Teilen Sie alle waagerechten Maße durch 4. Messen Sie nun rechts von der Mittellinie die geteilten waagerechten Maße ab. Markieren Sie sie mit einer Stecknadel auf dem entsprechenden senkrechten Maß. Verbinden Sie die Markierungen mit einer Reihe von Heftstichen in einer Kontrastfarbe, nähen Sie dabei durch beide Stofflagen.

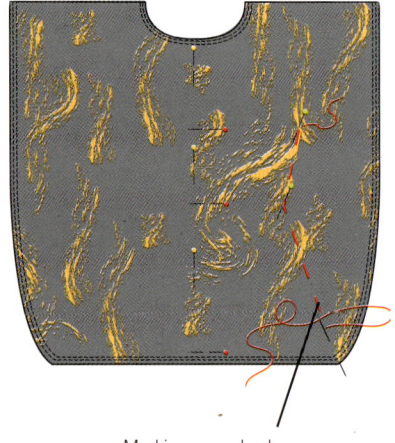

Markierungen durch Heftstiche miteinander verbinden

8 Links von der Mittellinie das Abmessen, Markieren und Heften entsprechend wiederholen. Alle Stecknadeln herausnehmen. In diesem Stadium können Sie die Passform gut testen und eventuell nötige Änderungen vornehmen. Mit der Maschine entlang der Linien nähen, 8 cm über dem Saum aufhören zu nähen. Heftstiche auftrennen.

Die Projekte: Fledermaus-Oberteil | 79

EINFACHES CHIFFON CHASUBLE

VARIANTEN
Machen Sie das Chasuble länger (siehe rechte Seite oben), indem Sie das Maß Schulter bis Boden (siehe Seite 19) als Längenmaß nehmen.

ANMERKUNGEN

Legen Sie den Stoff immer rechts auf rechts, soweit nicht anders angegeben. Es ist wichtig, jede Bruchkante gut zu bügeln, um einen deutlichen Kniff zu erhalten. Immer 1,2 cm Nahtzugabe dazugeben, soweit nicht anders angegeben.

BENÖTIGTE MASSE

Die Breite ist Ihr Maß von Ellenbogen zu Ellenbogen (mit seitlich ausgestreckten Armen von einem Ellenbogen über den Rücken zum anderen Ellenbogen gemessen) • Die Länge ist das Maß von der Schulter bis zur gewünschten Gesamtlänge • Der Saumumfang ergibt sich aus dem locker gemessenen Umfang zwischen Ihrer natürlichen Taille und Ihren Knien

BENÖTIGTE STOFFMENGE

Breite = 140–152 cm breiter Stoff (Webkante zu Webkante); Länge = Schulter bis Saum x 2 + 5 cm

BENÖTIGTES ARBEITSMATERIAL

Stoff • Passendes Nähgarn • Stoffschere • Gerades Lineal • Maßband Bügeleisen und Bügelbrett • Stoffmarker • Nähmaschine

---

Chiffon ist kein ganz einfach zu handhabender Stoff, und wer noch nie damit gearbeitet hat, beginnt am besten mit einem so leichten Projekt wie diesem hier. Dabei zeigt sich, dass ein so schöner Stoff wie Chiffon in auffallenden Farben oder mit schönem Muster auch dann eine erstaunliche Wirkung erzielt, wenn das Projekt an sich eher schlicht gearbeitet ist. Stellen Sie sich vor, Sie sind an einem exotischen Strand und tragen dieses wunderbar fließende Chasuable zu Ihrem Badeanzug. Das Oberteil ist so einfach zu nähen, dass Sie sich noch nicht einmal auf eines der Grundmodelle beziehen müssen! Also legen Sie einfach los – Sie werden sehen, wie rasch das freihändig zu nähen ist und wie viel Freude Sie daran haben werden!

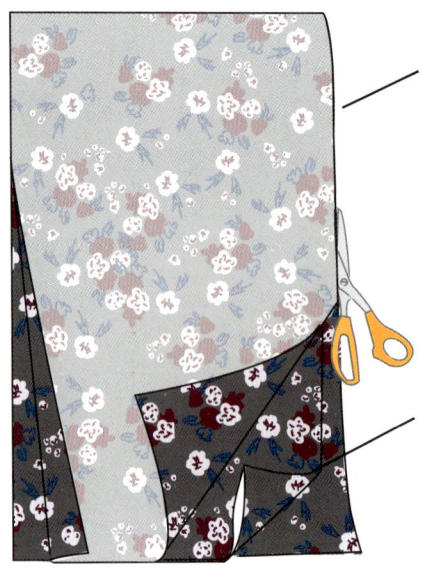

Nur den Stoffbruch der äußeren Lage aufschneiden

1 Den Stoff erst der Länge nach in der Mitte falten, dann der Breite nach (Stoffbruch jeweils auf der rechten Seite). Am unteren Rand eine Klinge der Schere zwischen die beiden Lagen der zweiten Faltung schieben. Den äußeren Stoffbruch bis zur Ecke hin aufschneiden, der innere Stoffbruch wird nicht aufgeschnitten. Die Schnittkanten sind die vordere Mitte, die offenen Ränder gegenüber der vorderen Mitte die Seitenränder.

Der innere Stoffbruch wird nicht aufgeschnitten

2 Die erforderliche Breite durch 2 teilen. Dieses Maß plus 2,5 cm bei weiterhin gefaltetem Stoff an der Oberkante von der vorderen Mitte aus abmessen und markieren. Den Saumumfang durch 4 teilen und dieses Maß plus 20 cm an der Unterkante von der vorderen Mitte aus abmessen und markieren. Beide Markierungen mit einer geraden diagonalen Linie verbinden. Den Stoff entlang der gezeichneten Linie durch alle Stofflagen zuschneiden.

Vordere Mitte

An der Oberkante markieren

Markierungen durch eine Diagonale verbinden

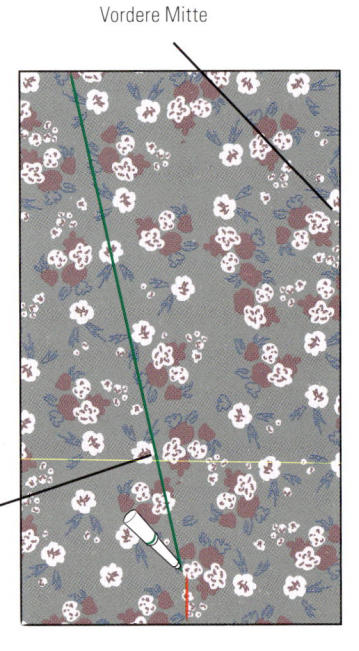

3 Von der Außenkante aus 24 cm an der Oberkante abmessen und markieren. An der Markierung einen kleinen Einschnitt im Stoff machen.

4 An der oberen Bruchkante durch alle Stofflagen von der Ecke bis zur Kerbe zuschneiden, das ergibt die Armlöcher.

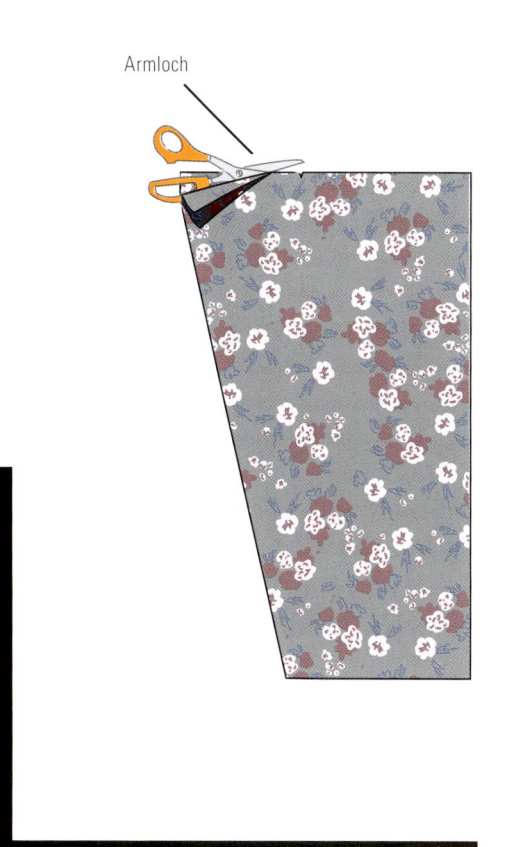

Armloch

5 Den Stoff auffalten. Jedes Armloch auffalten, sodass die Kanten in einer geraden Linie liegen. Das gesamte Armloch mit einem Rollsaum säumen (siehe Seite 14).

Armloch

Armloch

Vordere Mitte

6 Beide Seitenränder von der Armlochkante bis zum Saum mit einer französischen Naht (siehe Seite 10) nähen. Die Ränder der Vorderteilmitte und dann den unteren Rand des Oberteils mit einem Rollsaum säumen.

Französische Nähte an den Seitenrändern

Rollsaum in der Vorderteilmitte und am unteren Rand

Die Projekte: Einfaches Chiffon-Chasuable | **83**

ANMERKUNGEN

Legen Sie den Stoff immer rechts auf rechts, so nicht anders angegeben. Es ist wichtig, jede Bruchkante gut zu bügeln, um einen deutlichen Kniff zu erhalten. Stets 1,2 cm Nahtzugabe dazugeben, so nicht anders angegeben.

HI-LOW TOP

Wer kennt das nicht? Der Sommer ist da, und die überflüssigen Pfunde von Weihnachten sind immer noch nicht verschwunden … Kein Problem: Dieses mega-hübsche Top versteckt alle winterlichen Sünden. Es trägt sich leger und chic zugleich – und sollte in keinem Kleiderschrank einer modebewussten Frau fehlen. Je nachdem, was für einen Stoff und welche Accessoires Sie dafür wählen, können Sie ein Top für ein gemütliches Mittagessen mit Ihren Mädels daraus machen oder es so aufpeppen, dass Sie es auch gut tragen können, wenn Sie abends in der Stadt ausgehen. Sie können sich sogar ein Kleid daraus machen, das vorn über dem Knie endet und hinten nahezu Maxilänge hat! Am besten eignet sich dafür ein schön fallender Stoff wie Viscose oder eine sehr leichte Baumwolle.

BENÖTIGTE MASSE

WAAGERECHTE MASSE (SIEHE SEITE 18)
Schulterbreite • Rückenbreite • Brustbreite • Brustumfang • Hüftumfang

SENKRECHTE MASSE (SIEHE SEITE 19)
Schulter bis Endpunkt Rückenbreite • Schulter bis Endpunkt Brustbreite Brusttiefe • Schulter bis vorderer Saum • Schulter bis hinterer Saum (am Rücken gemessen)

BENÖTIGTES GRUNDMODELL
Ärmelloses Oberteil (siehe Seite 24)

BENÖTIGTE STOFFMENGE
Breite (entlang der Webkante) = Maß Schulter bis hinterer Saum x 2 + 91,5 cm
Länge (Webkante zu Webkante) = mindestens das Maß Schulter bis hinterer Saum + 25,5 cm
Ich empfehle dringend, einen Stoff mit einer Breite zwischen 140 und 152 cm von Webkante zu Webkante zu wählen

Für dieses Modell fertigen wir eine Vorlage an. Ich verwende dafür immer ein Baumwoll-Polyester-Mischgewebe, Sie können die Vorlage aber auch aus Papier anfertigen. Die Maße für den Stoff oder das Papier für die Vorlage sind:
Breite = Hüftumfang + 30,5 cm ÷ 2
Länge = Schulter bis vorderer Saum + 11,5 cm

BENÖTIGTES ARBEITSMATERIAL
Baumwoll-Polyester-Mischgewebe für die Vorlage • Stoff • Bügeleinlage • Maßband • Stecknadeln • Stoffschere • Zickzackschere • Lineal • Stoffmarker • Nähmaschine • Passendes Nähgarn • Bügeleisen und Bügelbrett

1 Das Material für die Vorlage der Breite nach in der Mitte falten und die Bruchkante bügeln, dies ist der Seitenrand. Von den offenen Rändern gegenüber der Bruchkante ist die obere Lage die vordere Mitte und die untere Lage die hintere Mitte. Die Oberkante des gefalteten Stoffs ist der Schulterrand, die Unterkante der Saum. Das Maßband oben am Schulterrand und seitlich an der Bruchkante anlagen. Mit dem Stoffmarker die senkrechten Maße markieren. Eine Markierung bei 16,5 cm für die Brustlinie machen. Dies gilt für das ärmellose Top, das wir hier nähen – wenn Sie es mit Ärmeln nähen möchten, machen Sie diese Markierung bei 20 cm. Markieren Sie die Maße für die Länge Schulter bis Endpunkt Brustbreite vorne minus 2,5 cm und Schulter bis Endpunkt Rückenbreite plus 2,5 cm.

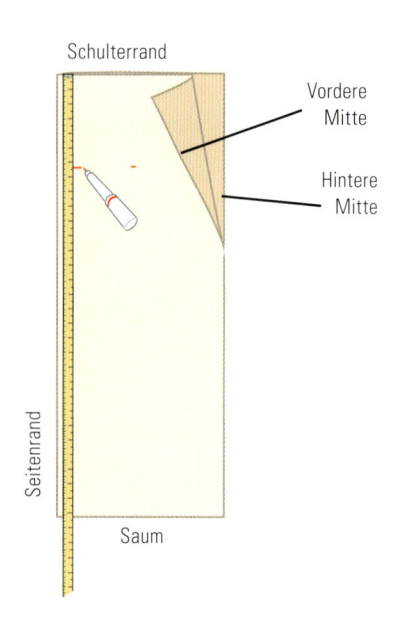

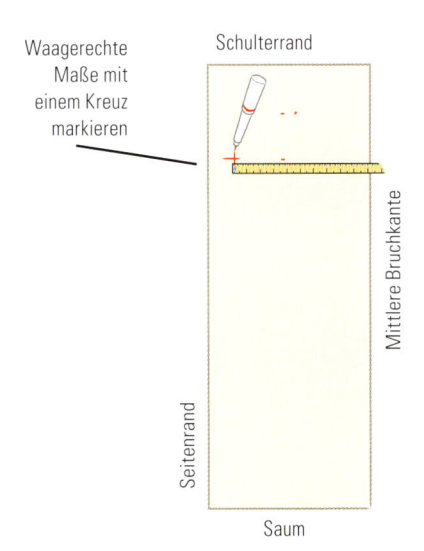

2 Stellen Sie sich an den senkrecht markierten Maßen gerade Linien vor, die waagerecht über den Stoff verlaufen. Zu jeder Linie gehört ein entsprechendes waagerechtes Maß, das von der mittleren Bruchkante aus auf dieser Linie abgemessen wird. Teilen Sie Ihr Maß für die Brustbreite durch 2. Fügen Sie 1,2 cm hinzu, markieren Sie dieses Maß mit einem Punkt auf der Linie der Länge Schulter bis Endpunkt Brustbreite. Teilen Sie Ihr Maß für die Rückenbreite durch 2. Geben Sie 1,2 cm dazu, markieren Sie dieses Maß mit einem Punkt auf der Linie der Länge Schulter bis Endpunkt Rückenbreite. Teilen Sie Ihr Maß für den Brustumfang durch 4 und fügen Sie 5 cm hinzu. Markieren Sie dieses Maß mit einem Kreuzchen auf der Brustlinie.

3 Teilen Sie Ihr Maß für den Hüftumfang durch 4. Fügen Sie 7,5 cm hinzu, markieren Sie dieses Maß mit einem Kreuzchen am unteren Rand. Beide Kreuzchen durch eine gerade Linie miteinander verbinden.

4 Von der oberen Ecke an der mittleren Bruchkante am Schulterrand 9 cm abmessen und markieren. Teilen Sie nun Ihr Maß für die Rückenbreite durch 2. Fügen Sie 1,2 cm hinzu, markieren Sie dieses Maß am Schulterrand. Von derselben Ecke aus an der mittleren Bruchkante 5 cm und 10 cm nach unten abmessen und markieren. Von der Markierung bei 9 cm am Schulterrand eine gerundete Linie zu der Markierung bei 10 cm an der mittleren Bruchkante zeichnen, das ist der vordere Halsausschnitt. Vom selben Punkt am Schulterrand aus eine zweite gerundete Linie zeichnen, die 1,2 cm der ersten Linie folgt und dann zur Markierung bei 5 cm verläuft, dies ist der hintere Halsausschnitt.

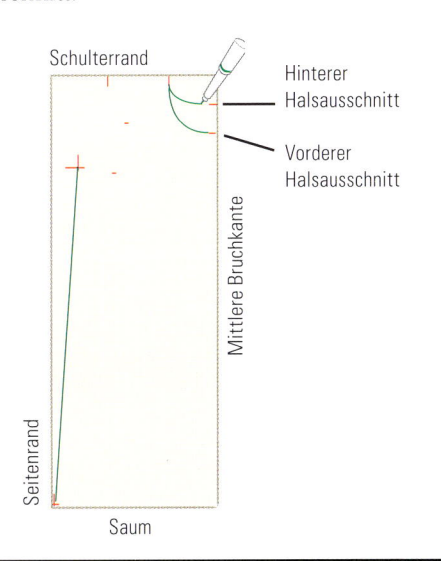

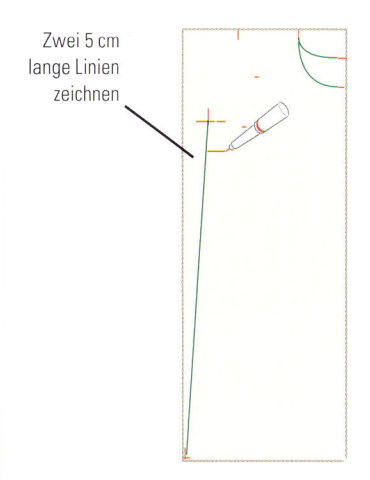

5 Vom Kreuz auf der Brustlinie eine 5 cm lange gerade Linie Richtung mittlere Bruchkante zeichnen. Genau 5 cm unter der ersten Linie eine weitere 5 cm lange Linie zeichnen.

6 Für das vordere Armloch eine geschwungene Linie zeichnen, die an der zweiten Markierung am Schulterrand beginnt, durch den Punkt für das Maß der Brustbreite führt und in die 5 cm lange Linie auf Höhe der Brustlinie übergeht. Für das hintere Armloch eine zweite Linie zeichnen, die am selben Punkt beginnt wie die erste Linie und dieser 3 cm folgt, dann durch den Punkt für das Maß der Rückenbreite führt und in die untere 5 cm lange Linie übergeht. Für die Schulterschräge 2 cm an der Armlochlinie nach unten abmessen und markieren. Von dieser Markierung aus eine diagonale Linie nach oben an den Rand des Halsausschnitts zeichnen.

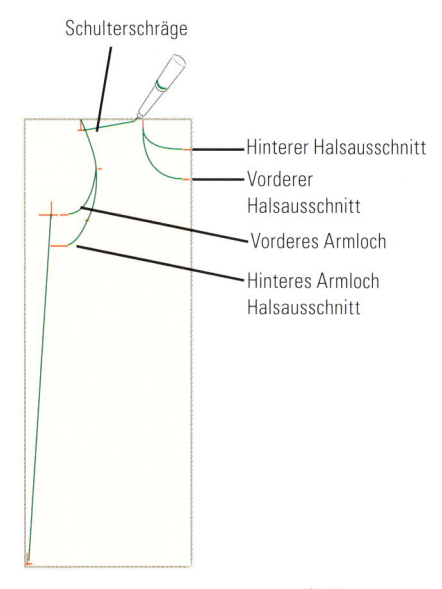

Die Projekte: Hi-Low Top

7 Von der oberen Ecke der mittleren Bruchkante das Maß Schulter bis vorderer Saum plus 2,5 cm an der mittleren Bruchkante nach unten abmessen und markieren. Von da aus eine geschwungene Linie zeichnen, die 1,2 cm vor dem Seitenrand am Saum endet.

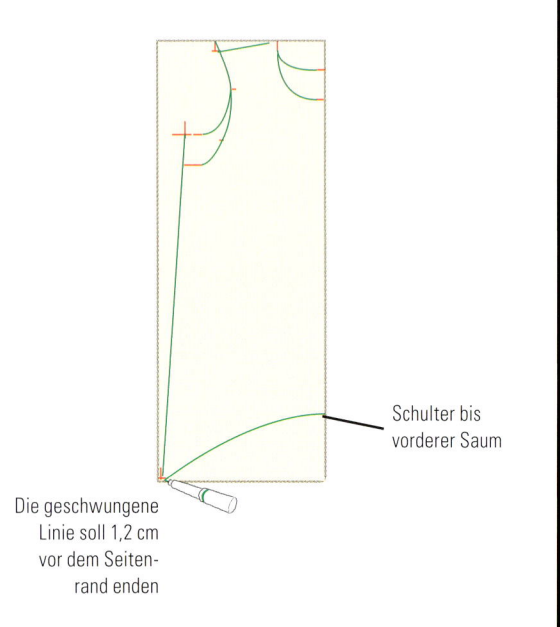

Schulter bis vorderer Saum

Die geschwungene Linie soll 1,2 cm vor dem Seitenrand enden

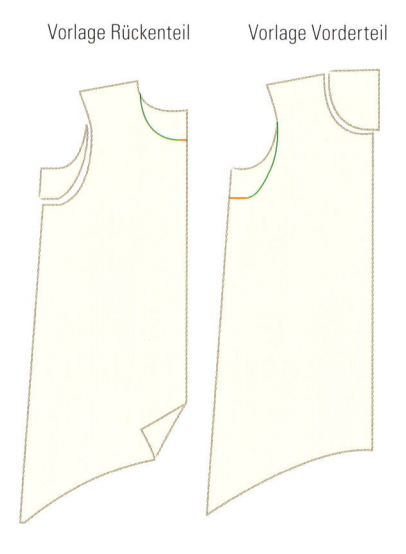

Vorlage Rückenteil   Vorlage Vorderteil

8 An allen gezeichneten Linien durch alle Stofflagen zuschneiden. Darauf achten, nur an den äußeren Markierungslinien für Arm- und Halsausschnitt zu schneiden. Den restlichen Teil des hinteren Armausschnitts vom Vorderteil auf das Rückenteil übertragen und ausschneiden. Dann den tieferen vorderen Halsausschnitt und die restlichen Teile des vorderen Armausschnitts ausschneiden.

9 Dieses Kleidungsstück hat nur seitliche Brustabnäher. Bei der Vorlage für das Vorderteil am Seitenrand ab der Brustlinie 10 cm nach unten abmessen und markieren (A). Vom höchsten Punkt am Schulterrand aus das Maß für die Brusttiefe etwa 10 cm von der mittleren Bruchkante entfernt markieren (B). Den Stoff zwischen beiden Punkten falten und die Knickfalte bügeln.

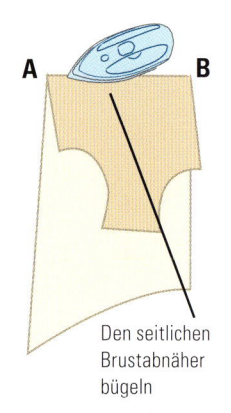

A   B

Den seitlichen Brustabnäher bügeln

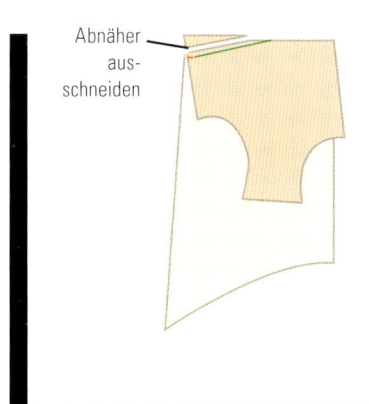

Abnäher ausschneiden

10 Auf der Vorlage, die an der gebügelten Linie gefaltet ist, den Abnäher markieren. Am Seitenrand 3 cm nach unten abmessen und eine schräge, 14 cm lange Linie nach oben bis zu der Knickfalte zeichnen. Den Abnäher ausschneiden, dabei 1 cm von der gezeichneten Abnäherlinie entfernt schneiden (Sie nähen den Abnäher mit 1 cm Nahtzugabe von der Spitze zum Rand).

11 Nun können Sie die Vorlagen zum Zuschneiden der eigentlichen Stoffteile verwenden. Teilen Sie Ihr Maß für den Hüftumfang plus 30,5 cm durch 2. Messen Sie diese Länge an der Webkante des Stoffes ab und schneiden Sie den Stoff dort ab. Falten Sie den geschnittenen Stoff der Länge nach in der Mitte, sodass die Webkanten übereinanderliegen. Stecken Sie die Vorlage für das Vorderteil so auf den Stoff, dass der Stoffbruch und die Knickfalte der Vorderteilmitte übereinanderliegen. Um die Vorlage herum zuschneiden, dabei auch den Abnäher ausschneiden.

Stoffbruch
Webkanten des Nähstoffs
Vorlage Vorderteil
Vorlage am Stoffbruch anlegen und feststecken

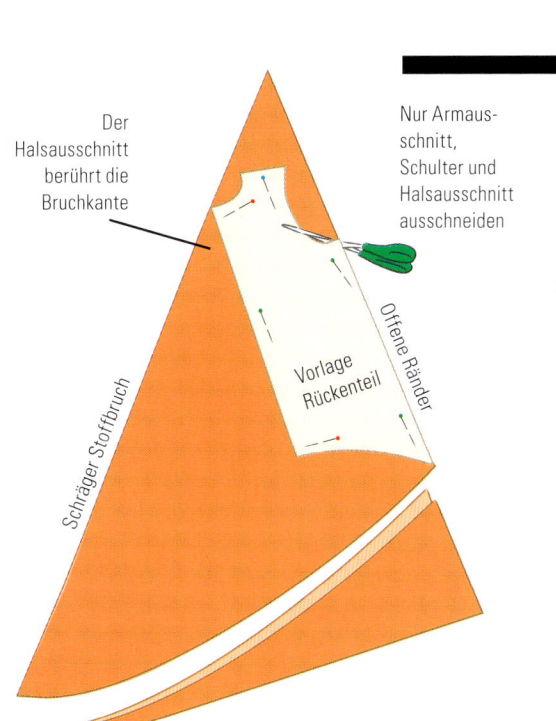

Der Halsausschnitt berührt die Bruchkante

Nur Armausschnitt, Schulter und Halsausschnitt ausschneiden

Schräger Stoffbruch
Vorlage Rückenteil
Offene Ränder

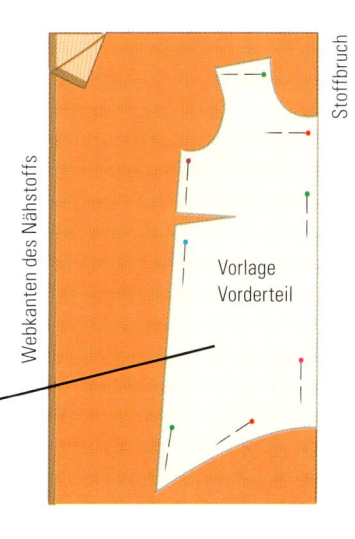

12 Restlichen Stoff flach ausbreiten, Schnittkante über die Webkante bringen. So entsteht eine schräge Bruchkante. Vorlage für das Rückenteil so in die spitze Ecke einpassen, dass der Seitenrand mit den offenen Kanten übereinanderliegt. Die Mitte des Halsausschnitts berührt die schräge Bruchkante. Vorlage feststecken. Vom höchsten Punkt am Schulterrand aus das Maß Schulter bis hinterer Saum an der diagonalen Bruchkante abmessen, markieren. Vom Seitenrand am Saum der Vorlage eine geschwungene Linie zur Markierung auf der diagonalen Bruchkante zeichnen. Entlang der geschwungenen Linie sowie um Armausschnitt, Schulter, Halsausschnitt der Vorlage schneiden.

Die Projekte: Hi-Low Top | **89**

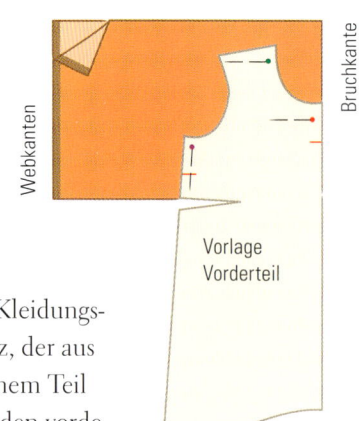

13 Die Hals-Armausschnitte dieses Kleidungsstücks haben jeweils einen Besatz, der aus einem Teil für das Vorderteil und aus einem Teil für das Rückenteil angefertigt wird. Für den vorderen Besatz an der Vorlage für das Vorderteil 6,25 cm vom Halsausschnitt an der Mittellinie nach unten abmessen und markieren sowie 6,25 cm von der Brustlinie am Seitenrand nach unten abmessen und markieren. Die Vorlage so auf den gefalteten Stoff platzieren, dass die Mittellinie auf der Bruchkante des Stoffs liegt. Bei der 6,25 cm-Markierung auf der Mittellinie eine Kerbe in den Stoff knipsen, dann um Halsausschnitt, Schulterrand, Armausschnitt und hinunter zur 6,25 cm-Markierung am Seitenrand schneiden.

14 Vorlage abheben und eine Rundung schneiden von der Kerbe zur Markierung am Seitenrand. Für das Rückenteil auf die gleiche Weise einen Besatz zuschneiden.

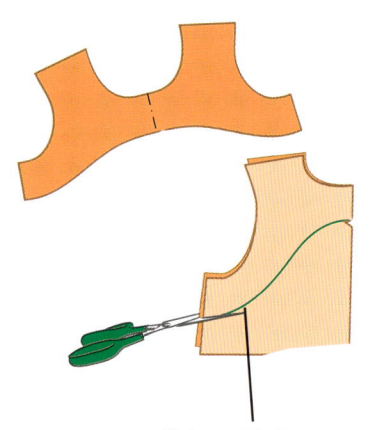

15 Diese Besätze als Vorlagen verwenden, um entsprechende Teile aus der Bügeleinlage zuzuschneiden. Die Einlagen jeweils auf die linke Seite der Besatzteile aufbügeln. Den unteren Rand mit einer Zickzackschere versäubern, anschließend mit der Maschine 6 mm vom Zickzackrand eine gerade Naht nähen.

Kerbe und Markierung durch eine geschwungene Linie verbinden und an der Linie ausschneiden

16 Beim Vorderteil die seitlichen Brustabnäher mit 1 cm Nahtzugabe nähen.

17 Vorderen Besatz rechts auf rechts so auf das Vorderteil platzieren, dass der Halsausschnitt übereinanderliegt. Um den Halsausschnitt nähen. Nahtzugabe des Halsausschnitts einschneiden (siehe Seite 12), Nahtzugabe zum Besatz untersteppen (siehe Seite 12). Die Armausschnitte von Vorderteil und Besatz auf die gleiche Weise nähen und die Nahtzugaben einschneiden und untersteppen.

Einschneiden und untersteppen

Halsausschnitt von Besatz und Vorderteil genau übereinanderlegen

Rechte Seite des Vorderteils

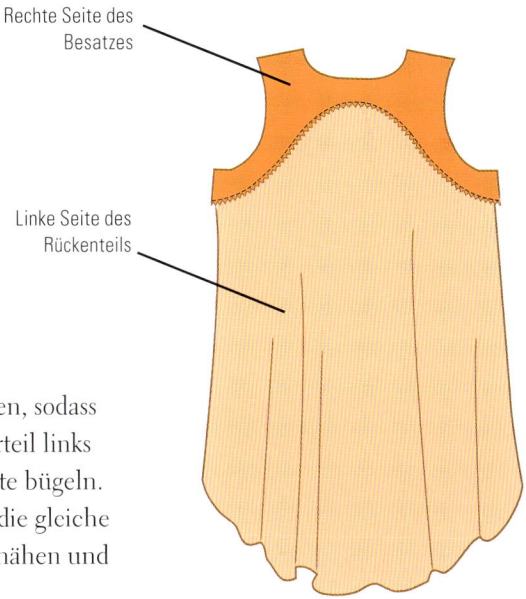

Rechte Seite des Besatzes

Linke Seite des Rückenteils

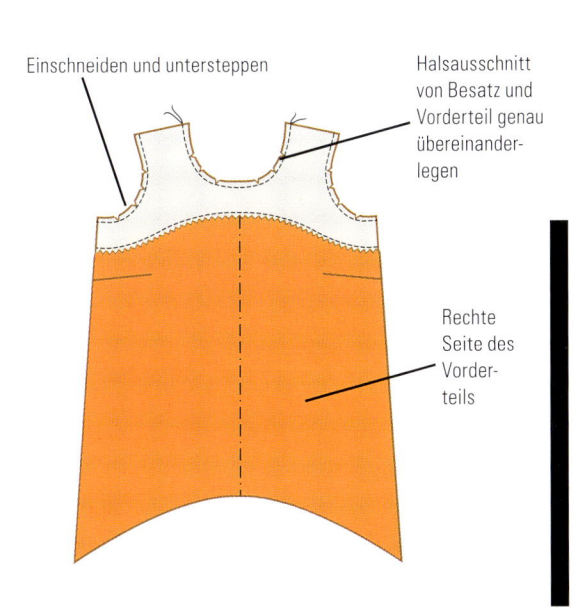

18 Den Besatz wenden, sodass Besatz und Vorderteil links auf links liegen. Die Nähte bügeln. Den hinteren Besatz auf die gleiche Weise an das Rückenteil nähen und wenden.

19 Vorderteil und Rückenteil rechts auf rechts aufeinanderlegen. Besätze anheben, sodass sie an den Seitenrändern rechts auf rechts liegen und die Ränder des Armausschnittbesatzes von Vorder- und Rückenteil sorgfältig passend aufeinanderlegen. Beginnend am Zickzackrand des Besatzes die Seitennaht bis zum Saum des Kleidungsstücks nähen.

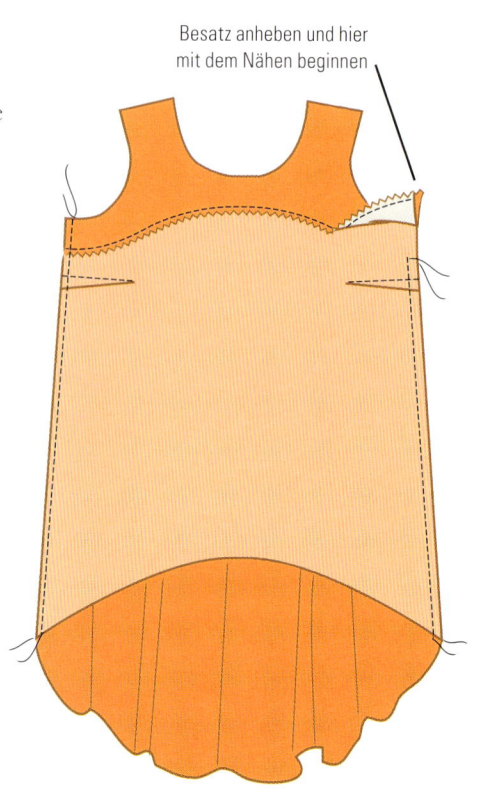

Besatz anheben und hier mit dem Nähen beginnen

20 Bevor Sie die Schulternähte nähen, stecken Sie sie zusammen und probieren die Passform. Jede Frau hat ihre bevorzugte Passform: Ich mag es, wenn der Armausschnitt weit nach oben reicht, andere möchten ihn lieber tiefer reichend. Wenn Sie sehen, dass die Nahtzugabe an den Schultern größer als 1,2 cm ist, schneiden Sie sie auf 1,2 cm zurück. Stecken Sie die Schulter und den Besatz des Vorderteils in die Schulter und den Besatz des Rückenteils. Schulternähte nähen, dann das Top auf rechts wenden.

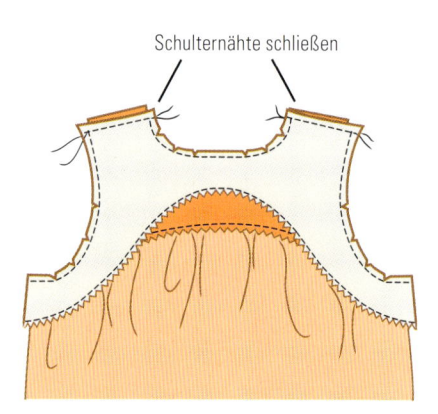

Schulternähte schließen

VARIANTEN

Ich habe auch ein Hi-Low Kleid mit langen Ärmeln genäht. Verwenden Sie auch hierfür einen schön fallenden Stoff. Folgen Sie in Schritt 1 der Variante mit Ärmel (Seite 86) und nähen Sie einen langen Ärmel mit Standard-Armkugel anhand des Grundmodells (Seite 56). Sie können das Maß Schulter bis vorderer Saum und Schulter bis hinterer Saum so lang oder kurz halten wie Sie möchten. Hier reicht das Vorderteil gerade bis zum Knie, das Rückenteil hat Maxilänge.

21 Das Top mit einem Rollsaum säumen (siehe Seite 14).

Die Projekte: Hi-Low Top | 93

BOX TOP

ANMERKUNGEN

Legen Sie den Stoff immer rechts auf rechts, soweit nicht anders angegeben. Es ist wichtig, jede Bruchkante gut zu bügeln, um einen deutlichen Kniff zu erhalten. Immer 1,2 cm Nahtzugabe dazugeben, soweit nicht anders angegeben.

BENÖTIGTE MASSE

WAAGERECHTE MASSE (SIEHE SEITE 18)
Schulterbreite • Brustbreite • Rückenbreite • Brustumfang • Unterbrustumfang • Taillenumfang • Hüftumfang

SENKRECHTE MASSE (SIEHE SEITE 19)
Schulter bis Endpunkt Brustbreite • Schulter bis Endpunkt Rückenbreite • Brusttiefe • Schulter bis Unterbrust • Vordere Taillenlänge • Schulter bis Saum • Innenarmlänge

SONSTIGE MASSE (SIEHE SEITE 19)
Brustabstand • Ärmellänge • Ärmelumfang

BENÖTIGTES GRUNDMODELL
Kleid (siehe Seite 34)
Ärmel (siehe Seite 56)

BENÖTIGTE STOFFMENGE

FÜR DAS OBERTEIL OHNE ÄRMEL
In Oberstoff und Futterstoff
Breite = Hüftumfang + 35 cm
Länge = Schulter bis Saum + 4 cm

FÜR DIE ÄRMEL
In Oberstoff und Futterstoff
Breite = Ärmelumfang x 2 + 5 cm
Länge = Ärmellänge + 4 cm

BENÖTIGTES ARBEITSMATERIAL
Oberstoff • Futterstoff • Nahtverdeckter Reißverschluss (siehe Seite 15) • Passendes Nähgarn • Stoffschere • Gerades Lineal • Maßband • Bügeleisen und Bügelbrett • Stoffmarker • Nähmaschine • Handnähnadel

Mir gefällt an einem Kastenoberteil (Box Top) vor allem die Vielseitigkeit. Sie können es lässig oder elegant gestalten, ins Büro damit gehen oder – mit ein paar zusätzlichen Accessoires – darin ausgehen. Es trägt sich wirklich sehr gut und steht für mühelosen Chic. Entscheidend ist die Stoffwahl: Je steifer der Stoff (wie Jacquard zum Beispiel), desto deutlicher die Kastenform. So oder so aber wird es zu einem bezaubernden Style-Statement für Ihre individuelle Garderobe.

Das hier vorgestellte Modell kann in jeder beliebigen Länge genäht werden, vom kurzen bauchfreien Oberteil bis zur Kleidlänge. Sie brauchen auf jeden Fall das Grundmodell für ein Kleid und kürzen es nach Bedarf. Auch die Ärmel können Sie beliebig lang nähen – später kürzen Sie diese ebenfalls ganz nach Bedarf.

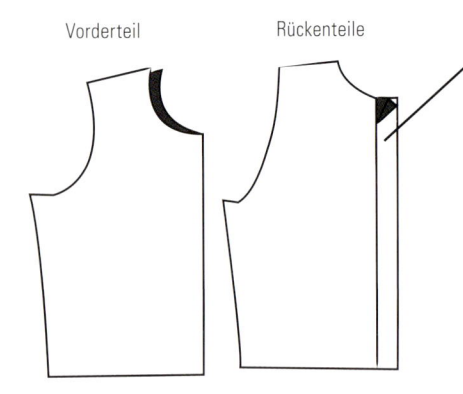

1 Mit einer 2,5 cm tiefer angesetzten Brustlinie den Schritten 1–14 beim Grundmodell für ein Kleid folgen, um die Teile für das Oberteil ohne Ärmel aus dem Oberstoff zuzuschneiden.

2 Den Futterstoff der Breite nach in der Mitte zusammenlegen. Mit beiden Stofflagen zusammen an der gegenüberliegenden Seite eine 2 cm breite Reißverschlusszugabe umschlagen und bügeln. Die Bruchkante der Reißverschlusszugabe eines Rückenteils darüberlegen und als Vorlage zum Zuschneiden der beiden Rückenteile aus dem Futterstoff verwenden. In den Futterstoff eine Knickfalte bügeln. Die mittlere Bruchkante des Vorderteils über die Knickfalte legen und als Vorlage verwenden, um das Vorderteil aus dem Futterstoff zuzuschneiden.

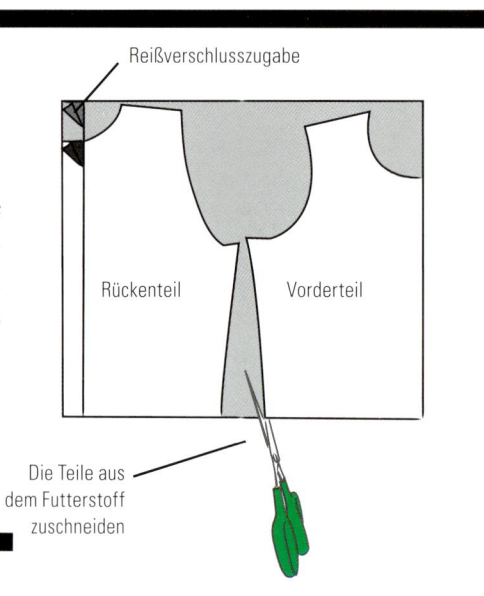

3 Beim Grundmodell für ein Kleid nur der Anleitung für die seitlichen Brustabnäher folgen, alle anderen Abnäher weglassen. Die seitlichen Brustabnäher in den Oberstoff und Futterstoff des Vorderteils einarbeiten.

4 Vom Halsausschnittrand eines Rückenteils 7,5 cm an der Bruchkante der Reißverschlusszugabe nach unten abmessen und markieren. Die beiden Rückenteile rechts auf rechts an der Bruchkante zusammennähen, dabei vom Halsausschnittrand bis zu der Markierung bei 7,5 cm nähen. Diesen Arbeitsschritt bei den Rückenteilen im Futterstoff wiederholen.

96 | Freehand Fashion

5 Einen nahtverdeckten Reißverschluss (siehe Seite 15) in den offenen Teil des Rückenteils im Oberstoff einsetzen – auf dem Kopf, sodass sich der Schiebergriff beim geschlossenen Reißverschluss am unteren Stoffrand befindet. Die zusammengenähten Rückenteile aus dem Futterstoff rechts auf rechts auf die Rückenteile aus dem Oberstoff legen. Bei allen Teilen die Reißverschlusszugaben auffalten, Bruchkanten des Futterstoffs direkt hinter die Reißverschlusszähne legen.

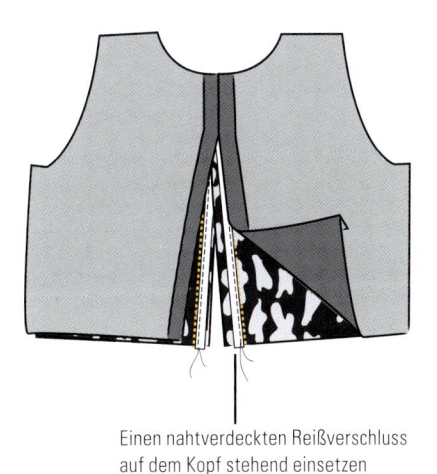

Einen nahtverdeckten Reißverschluss auf dem Kopf stehend einsetzen

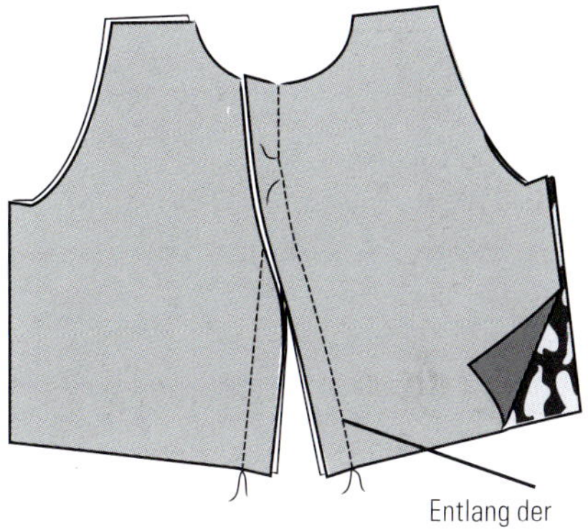

Entlang der Bruchkante nähen

6 Entlang dieser Bruchkante vom Saum bis zu dem Punkt nähen, bis zu dem Sie den Reißverschluss eingenäht haben. Die Naht im Futterstoff und Oberstoff über dem Reißverschluss fertignähen.

7 Oberstoff und Futterstoff rechts auf rechts legen, den Saum beidseits des Reißverschlusses nähen. Die Ecken, an denen sich die oberen Reißverschlussenden befinden, schräg abschneiden, damit sie nicht wulstig werden und damit Sie eine ordentlichere Ecke erhalten, wenn das Teil auf rechts gewendet wird.

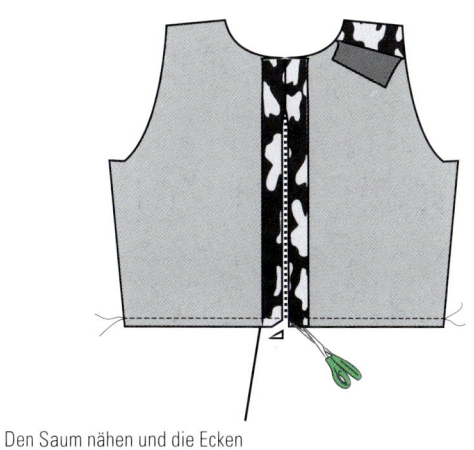

Den Saum nähen und die Ecken schräg abschneiden

8 Oberstoff und Futterstoff am Halsausschnitt zusammennähen, dann die Rundung einschneiden (siehe Seite 12). Die Nahtzugaben an Saum und Halsausschnitt zum Futter untersteppen (siehe Seite 12). Anschließend das Rückenteil auf rechts wenden, dabei die Ecken ordentlich nach außen schieben.

Am Halsausschnitt zusammennähen und die Rundung einschneiden

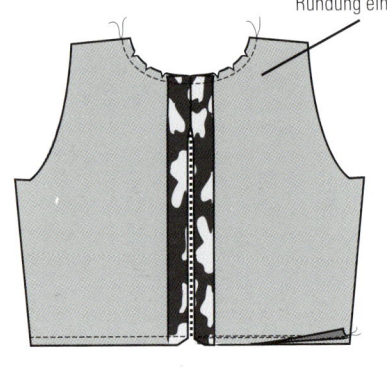

9 Das Vorderteil aus dem Futterstoff rechts auf rechts auf das Vorderteil aus dem Oberstoff legen. Um Halsausschnitt und Saum zusammennähen, die Rundung des Halsausschnitts einschneiden. Die Nahtzugaben an Halsausschnitt und Saum zum Futter untersteppen und das Vorderteil auf rechts wenden.

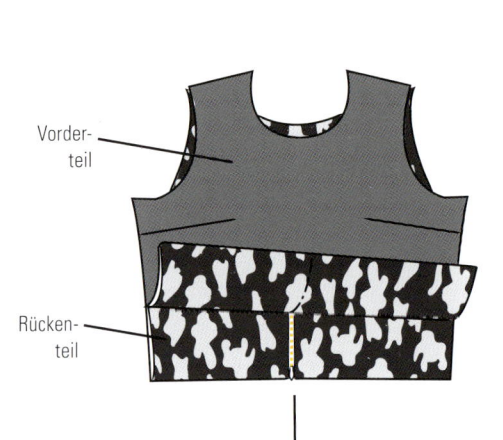

Vorderteil

Rückenteil

Bruchkante des Vorderteils und Reißverschlussnaht des Rückenteils liegen übereinander

10 Das Vorderteil rechts auf rechts auf das Rückenteil legen, dabei die mittlere Bruchkante des Vorderteils mit der Reißverschlussnaht am Rückenteil übereinanderlegen. Die Seitennähte im Oberstoff zusammennähen (aber nicht im Futterstoff).

98 | Freehand Fashion

11 Die Teile aus dem Oberstoff nach innen schlagen, sodass die Teile im Futterstoff rechts auf rechts liegen. Seitennähte im Futterstoff zusammennähen, dabei in einer Naht 12,5 cm offen lassen, um das Oberteil auf rechts wenden zu können, sobald die Ärmel eingesetzt sind.

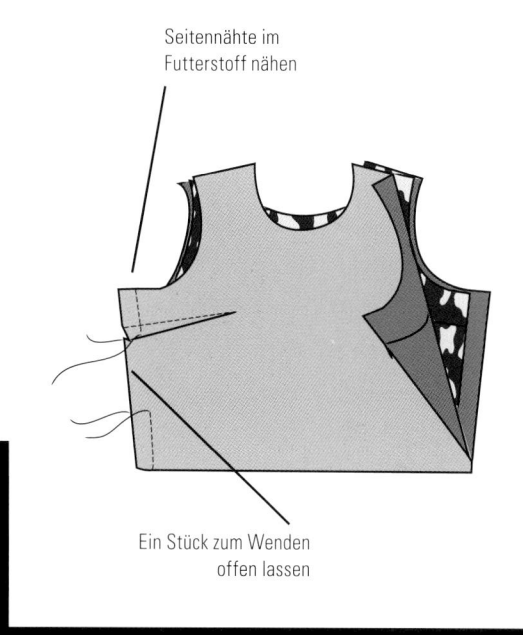

Seitennähte im Futterstoff nähen

Ein Stück zum Wenden offen lassen

12 Schulternaht im Oberstoff und direkt weiter im Futterstoff nähen. Die Nahtzugabe der Verbindungsnaht von Ober- und Futterstoff einschneiden, damit sie nicht wulstig wird.

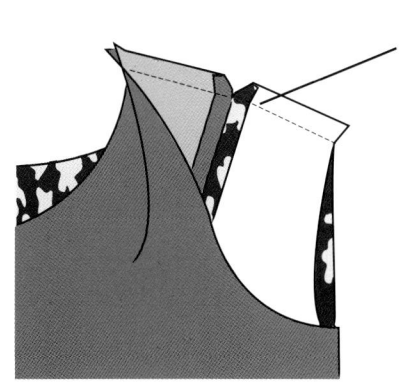

Vom Oberstoff weiter zum Futterstoff nähen

13 Den Oberstoff durch die Öffnung im Futterstoff ziehen, sodass beim Ober- und Futterstoff die linke Seite außen liegt. Beiseitelegen.

Die Projekte: Box Top | **99**

14 Anhand der Anleitung für einen Ärmel mit Standard-Armkugel (Seite 58) ein Paar Ärmel aus dem Oberstoff und aus dem Futterstoff zuschneiden. Die Ärmel anhand der Anleitung auf den Seiten 60–61 nähen und einsetzen – die Ärmel aus dem Futterstoff an das Oberteil aus Futterstoff und die Ärmel aus dem Oberstoff an das Oberteil aus Oberstoff nähen.

Ärmel aus dem Oberstoff

15 Weiterhin auf der linken Seite arbeitend, den Saum der Ärmel aus dem Futterstoff an den Saum der Ärmel aus dem Oberstoff nähen.

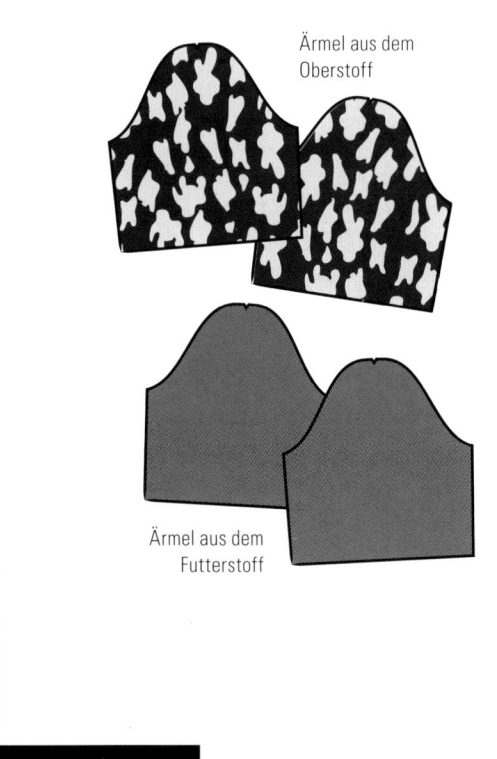

Ärmel aus dem Futterstoff

VARIANTEN

Das Kleidungsstück durch die Öffnung im Futterstoff auf rechts wenden und die Öffnung im Futterstoff im Saumstich schließen.

16 Die zweite Variante (rechts) ist weniger kastenförmig und lässiger. Die Ärmel sind kürzer, und das Hauptteil ist länger; ich habe dafür einen hübsch bedruckten Baumwollstoff verwendet.

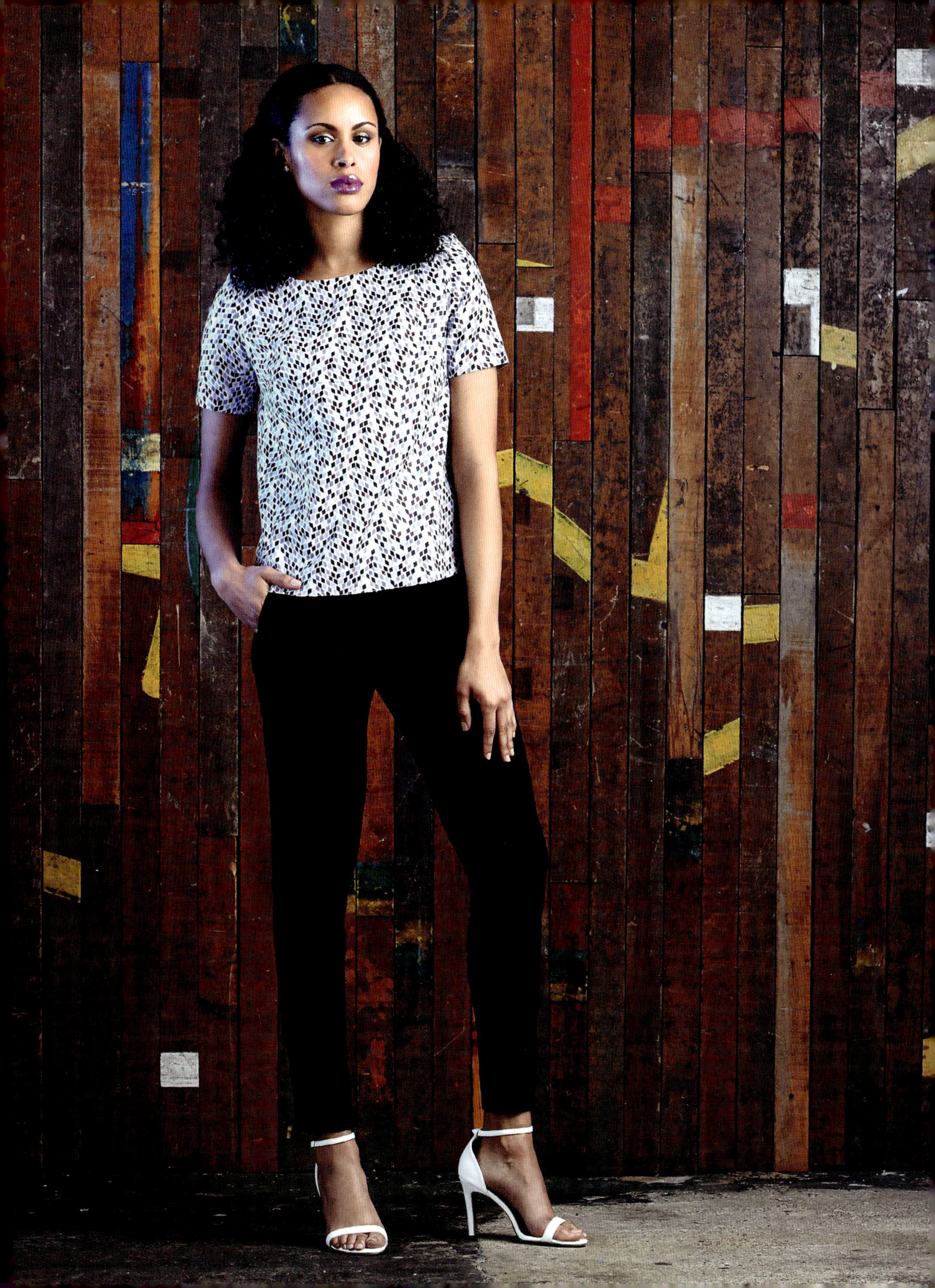

ANMERKUNGEN

Legen Sie den Stoff immer rechts auf rechts, so nicht anders angegeben. Es ist wichtig, jede Bruchkante gut zu bügeln, um einen deutlichen Kniff zu erhalten. Stets 1,2 cm Nahtzugabe dazugeben, so nicht anders angegeben.

DOPPELTER TELLER ROCK

BENÖTIGTE MASSE

WAAGERECHTE MASSE (SIEHE SEITE 18)
Taillenumfang • Hüftumfang

SENKRECHTE MASSE (SIEHE SEITE 19)
Taille bis Hüfte
Rocklänge (Schulter bis Saum minus Schulter bis Taille)

SONSTIGE MASSE
1. Radius = Taillenumfang ÷ 3,14, ÷ 4 + 6 mm
2. Radius = 1. Radius + Rocklänge

BENÖTIGTES GRUNDMODELL
Tellerrock (siehe Seite 48) für den äußeren Rock
Rock (siehe Seite 42) für das Futter

BENÖTIGTE STOFFMENGE

OBERSTOFF
Breite = 2. Radius x 4 + 12,5 cm
Länge = 2. Radius x 2 + 10 cm

FUTTERSTOFF
Breite = Hüftumfang + 35,5 cm
Länge = Taille bis Saum minus 2,5 cm

BENÖTIGTES ARBEITSMATERIAL
Oberstoff • Futterstoff • Aufbügelbare Leinwandeinlage • Nahtverdeckter Reißverschluss (siehe Seite 15) • Passendes Nähgarn • Stoffschere • Maßband • Bügeleisen und Bügelbrett • Stoffmarker • Nähmaschine • Stecknadeln

Ein weiter Rock mit hoher Taille schmeichelt jeder Figur. Der Schlüssel zum Erfolg liegt darin, für die jeweilige Körperform die richtige Weite hinzubekommen. Wenn Sie einen kräftigen Unterkörper haben so wie ich, verwenden Sie für dieses Projekt das Grundmodell für einen Tellerrock, das ebenfalls sehr schön ist.

Die Stoffwahl liegt ganz bei Ihnen. Für einen weicheren Look nehmen Sie einen leichter fallenden Stoff – beispielsweise Seidenchiffon oder Krepp. Für einen üppigeren Rock passt ein steiferer Baumwollstoff perfekt, während Sie mit einem schönen Jacquardstoff einen noch effektvolleren Rock anfertigen können, der in Kombination mit einem hübschen Oberteil sogar partytauglich ist.

Dieser Rock hat keinen Taillenbund, wodurch er meiner Meinung nach sehr viel modischer wirkt.

1 Den Oberstoff für den äußeren Rock der Breite nach in der Mitte falten und flach hinlegen, alle Falten glatt streichen. An der Bruchkante schneiden.

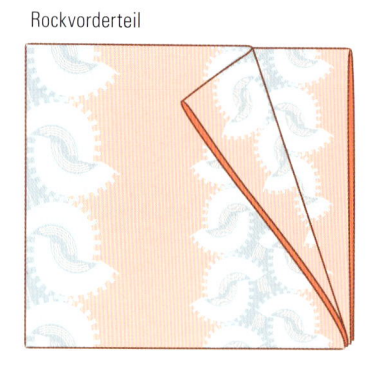

Rockvorderteil

Reißverschlusszugabe

2 Ein Teil der Breite nach in der Mitte falten, anschließend der Länge nach in der Mitte falten, dies ist das Vorderteil des Rocks. Das andere Teil der Breite nach in der Mitte falten. An der Bruchkante aus beiden Lagen gleichzeitig eine Reißverschlusszugabe von 2,5 cm umschlagen und bügeln.

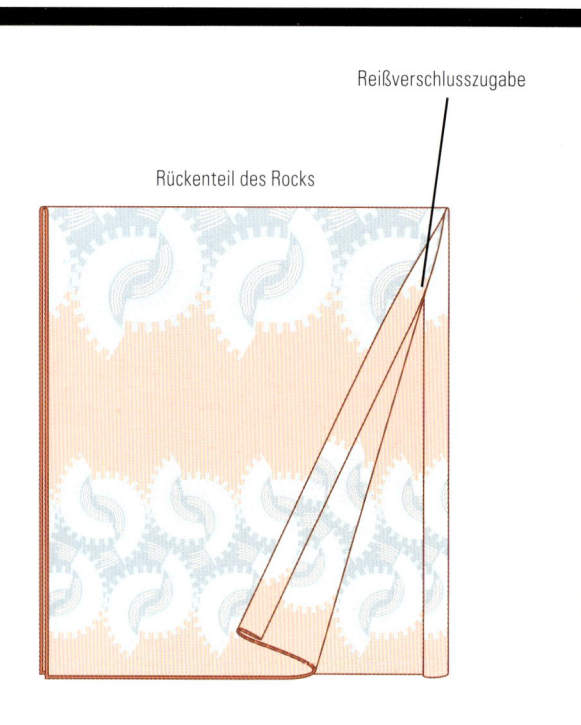

Rückenteil des Rocks

Reißverschlusszugabe

4 Das gefaltete Rückenteil über das gefaltete Vorderteil legen, darauf achten, dass die Ecken, die nur gefaltete Ränder haben, übereinander liegen. Sie können die Stofflagen zusammenstecken, damit Sie beim Markieren und Zuschneiden nicht verrutschen. Das Maßband oben an diesem Punkt anlegen und von der Ecke aus, die nur gefaltete Ränder hat, das Maßband schwenken und mit dem Stoffmarker erst den ersten Radius, dann den zweiten Radius zeichnen. Durch alle Stofflagen an den markierten Radiuslinien zuschneiden.

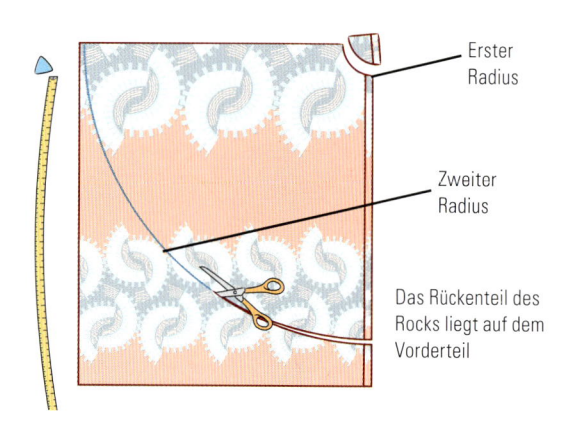

3 Dieses Teil anschließend der Länge nach in der Mitte falten. Dies ist das Rückenteil des Rocks.

Erster Radius

Zweiter Radius

Das Rückenteil des Rocks liegt auf dem Vorderteil

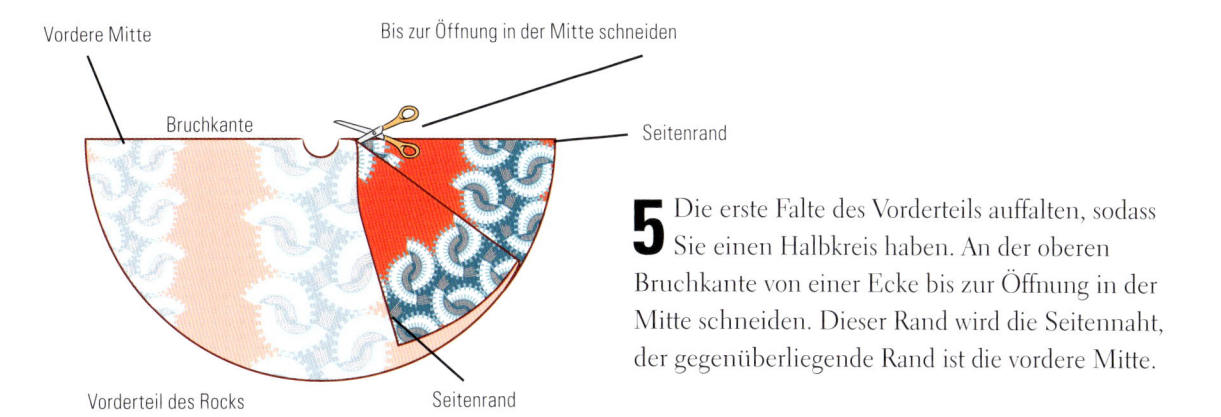

Vordere Mitte Bis zur Öffnung in der Mitte schneiden

Bruchkante Seitenrand

Vorderteil des Rocks Seitenrand

5 Die erste Falte des Vorderteils auffalten, sodass Sie einen Halbkreis haben. An der oberen Bruchkante von einer Ecke bis zur Öffnung in der Mitte schneiden. Dieser Rand wird die Seitennaht, der gegenüberliegende Rand ist die vordere Mitte.

6 Die erste Falte des Rückenteils öffnen, sodass Sie einen Halbkreis haben. Die Reißverschlusszugabe auf einer Seite der Öffnung in der Mitte wegschneiden, dieser Rand wird die Seitennaht. Auf der gegenüberliegenden Seite der mittleren Öffnung die Reißverschlusszugabe aufschneiden, dieser Rand ist die hintere Mitte. Sie haben nun zwei Rückenteile des Rocks.

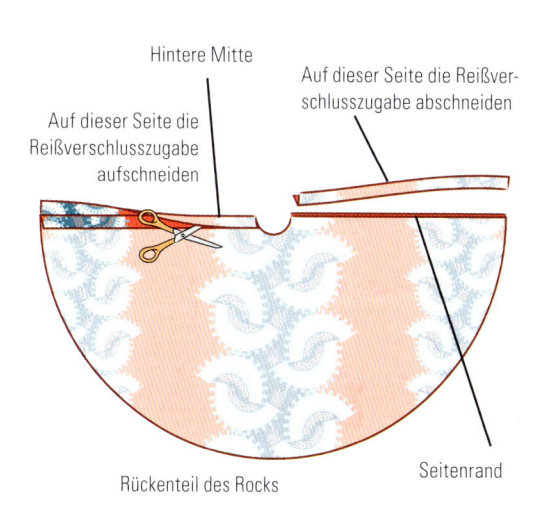

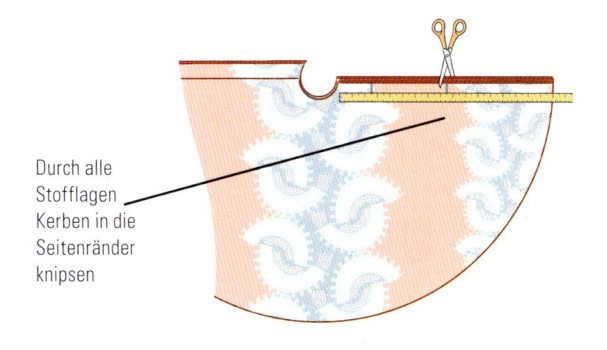

Hintere Mitte Auf dieser Seite die Reißverschlusszugabe abschneiden

Auf dieser Seite die Reißverschlusszugabe aufschneiden

Rückenteil des Rocks Seitenrand

Durch alle Stofflagen Kerben in die Seitenränder knipsen

7 Die beiden Rückenteile, immer noch als Halbkreis, rechts auf rechts aufeinanderlegen und den gefalteten Halbkreis des Vorderteils so platzieren, dass vordere und hintere Mitte übereinanderliegen. Von der Öffnung in der Mitte aus 6,5 cm und 21,5 cm am Seitenrand nach unten abmessen und markieren. Diese Markierungen zusätzlich durch kleine Knipse markieren, die höchstens 1 cm lang sind. Hier kommen die Taschen hin. Vorder- und Rückenteile beiseite legen.

Die Projekte: Doppelter Tellerrock | **105**

8 Mit dem Futterstoff die Schritte 1–7 des Grundmodells für einen Rock arbeiten (Seite 44–46) – beim Markieren des waagerechten Maßes am Saum jedoch das gleiche Maß wie beim Hüftmaß markieren (so wird gewährleistet, dass das Futter beim Gehen nicht zu eng ist, zwischen Taille und Hüfte jedoch gut sitzt). Die Teile ausschneiden. Sie haben nun ein in der Mitte gefaltetes Rockvorderteil und zwei Rockrückenteile.

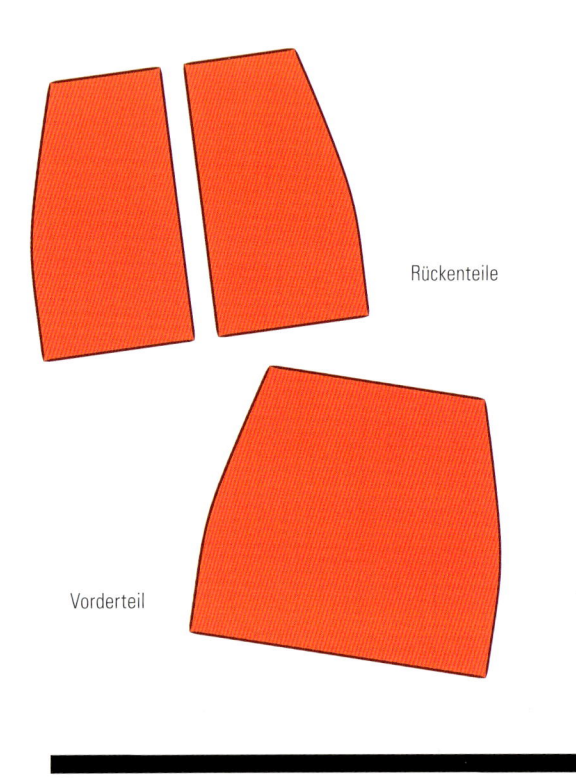

Rückenteile

Vorderteil

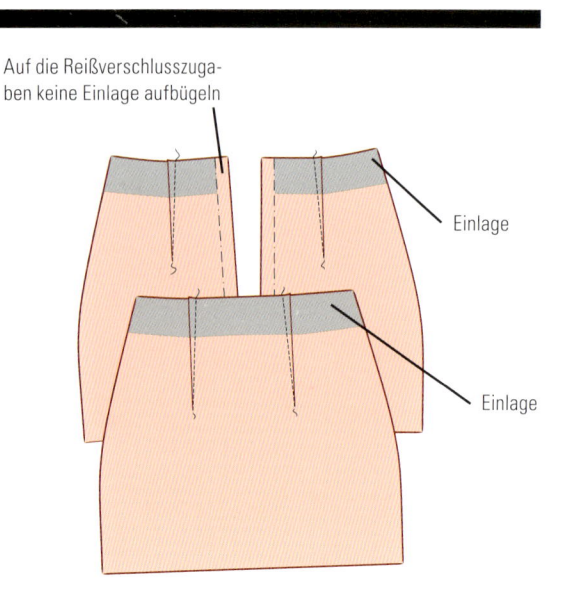

Auf die Reißverschlusszugaben keine Einlage aufbügeln

Einlage

Einlage

9 Aus der aufbügelbaren Leinwandeinlage Streifen zuschneiden, die 7,5 cm hoch und so breit wie die Taillenweite aus dem Futterstoff sind. Die Einlage auf die linke Seite der Futterstoffteile bügeln, dabei die Reißverschlusszugaben bei den Rückenteilen frei lassen. Anschließend überstehenden Belag an den Seitenrändern zurückschneiden. Die Abnäher wie in den Schritten 8 bis 11 des Grundmodells für einen Rock Seite 46 bis 47 markieren und nähen.

10 Die Vorderteile aus dem Futterstoff und aus dem Oberstoff rechts auf rechts in der Taille zusammenstecken, dabei die vorderen Mittellinien übereinanderlegen und von der Mitte nach außen arbeiten (überschüssiger Stoff wird mit in die Seitennähte gefasst). Mit 6 mm Nahtzugabe nähen. Die Nahtzugaben im Abstand von 2,5 cm einknipsen. Die Naht zum Futter untersteppen.

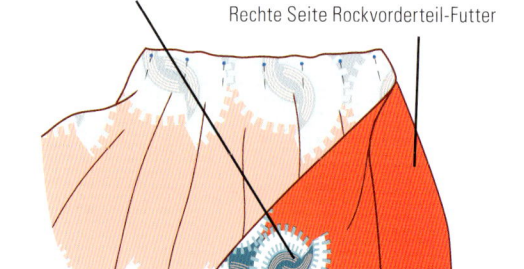

Rechte Seite Rockvorderteil

Rechte Seite Rockvorderteil-Futter

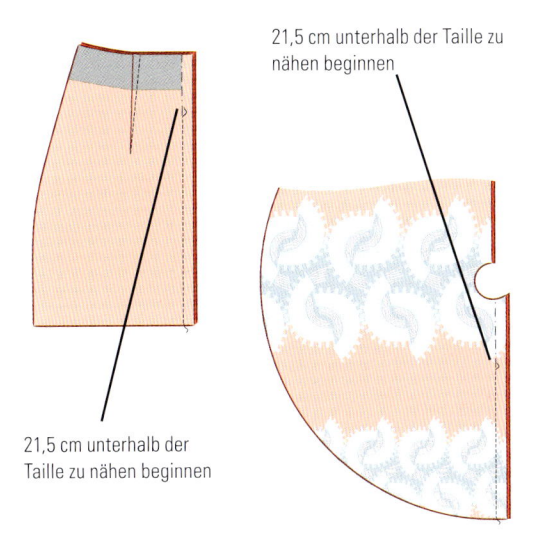

21,5 cm unterhalb der Taille zu nähen beginnen

21,5 cm unterhalb der Taille zu nähen beginnen

11 Die Rückenteile aus dem Futterstoff rechts auf rechts an der hinteren Mittellinie zusammenstecken. Vom Taillenrand an der Reißverschlusszugabe 21,5 cm nach unten abmessen, markieren. Von da aus die Rückenteile aus dem Futterstoff an der Bruchkante der Reißverschlusszugabe bis zum Saum zusammennähen. Den Arbeitsschritt mit den Rückenteilen aus dem Oberstoff wiederholen.

12 Einen nahtverdeckten Reißverschluss zwischen den Rückenteilen aus dem Oberstoff einsetzen (siehe Seite 15).

13 Die Rückseiten aus dem Futterstoff rechts auf rechts mit den Rückseiten aus dem Oberstoff aufeinanderlegen, dabei darauf achten, dass die Bruchkante der Reißverschlusszugabe des Futterstoffes über den Zähnen des Reißverschlusses liegt. Der Reißverschluss soll zwischen den Rückenteilen aus dem Futterstoff und aus dem Oberstoff liegen. 3 mm hinter der Bruchkante der Reißverschlusszugabe eine Naht nähen.

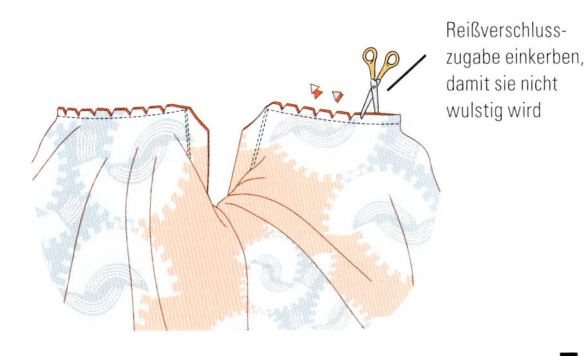

Reißverschlusszugabe einkerben, damit sie nicht wulstig wird

14 Das Rückenteil aus dem Futterstoff in der Taille mit dem Rückenteil aus dem Oberstoff verbinden wie in Schritt 10. Damit es nicht wulstig wird, in die Reißverschlusszugaben von Futterstoff und Oberstoff Kerben einschneiden, Ecken diagonal abschneiden. Naht zum Futter untersteppen. Auf rechts wenden.

Linke Seite Rückenteil aus dem Futterstoff

Rechte Seite Rückenteil aus dem Oberstoff

Die Projekte: Doppelter Tellerrock | 107

NAHTTASCHEN EINARBEITEN

15 Nahttaschen sind eine wirklich einfache Ergänzung. Erinnern Sie sich, dass wir in Schritt 10 im Abstand von 15 cm Kerben in die Seitenränder des Oberstoffs geknipst haben? Sie markieren die Länge der Taschenöffnung. Verwenden Sie Stoffreste vom Oberstoff, um die Taschen zu nähen. Vier Lagen Stoff (zwei Mal zwei Lagen, rechts auf rechts) so übereinanderlegen, dass die geraden Kanten übereinanderliegen. An der geraden Kante zwei 1,2 cm lange waagerechte Linien im Abstand von 15 cm abmessen und markieren. Nun von der einen Markierung zur anderen eine eiförmige Linie zeichnen, die nach unten gerichtet ist. Bevor Sie die Taschen ausschneiden, testen Sie die Passform, indem Sie eine Handfläche in diese Eiform schieben: Es sollte für Ihre Handfläche genügend Platz sein plus 1,2 cm Nahtzugabe rundherum.

Vier Stofflagen übereinanderlegen

Testen Sie die Passform, indem Sie Ihre Handfläche in die eingezeichnete eiförmige Form schieben.

Linke Seite der Tasche

Taschenteil zwischen die Einkerbungen legen

Rechte Seite des Rockvorderteils

Untersteppen

16 Die Taschen in zwei Paare aufteilen, immer noch rechts auf rechts liegend. Ein Teil eines Taschenpaars rechts auf rechts zwischen die Einkerbungen eines Seitenrandes des Vorderteils aus dem Oberstoff legen und nähen. Die Naht zu den Taschen untersteppen. Das andere Teil dieses Taschenpaars genauso an das entsprechende Rückenteil aus dem Oberstoff nähen. Anschließend die beiden Teile des anderen Taschenpaars an die anderen Seiten von Vorder- und Rückenteil nähen.

VARIANTEN

Sie können diesen Rock in jeder beliebigen Länge nähen. Bei der Variante auf Seite 103 habe ich ihn knielang gemacht. Aus einem klassischen schwarzen Stoff genäht, bereichert dieser Rock Ihre Business-Garderobe.

SEITENNÄHTE NÄHEN

17 Schlagen Sie die Teile des äußeren Rocks nach oben aus dem Weg. Legen Sie Vorder- und Rückenteile aus dem Futterstoff rechts auf rechts aufeinander. Achten Sie darauf, dass die Teile flach liegen. In der Taille, auf Hüft- und auf Saumhöhe mit Stecknadeln zusammenstecken. Von der mittleren Bruchkante den Taillenumfang geteilt durch 4 am Taillenrand abmessen und markieren. Vorgang für den Hüftumfang auf Hüft- und Saumhöhe wiederholen. Markierungen durch eine geschwungene Linie miteinander verbinden. Nahtzugabe auf die andere Seite übertragen und die Nähte nähen.

Den äußeren Rock nach oben aus dem Weg schlagen

Nahtzugaben markieren

Die Teile aus dem Futterstoff liegen rechts auf rechts

18 Die Teile des äußeren Rocks rechts auf rechts aufeinanderlegen. Von der Taillennaht des Futters eine Naht nähen, die nach 1,2 cm auf die Tasche trifft. Um die Rundung der Tasche und hinunter zum Saum eine fortlaufende Naht nähen, die Nahtzugabe dabei immer bei 1,2 cm belassen. Auf der anderen Seite wiederholen.

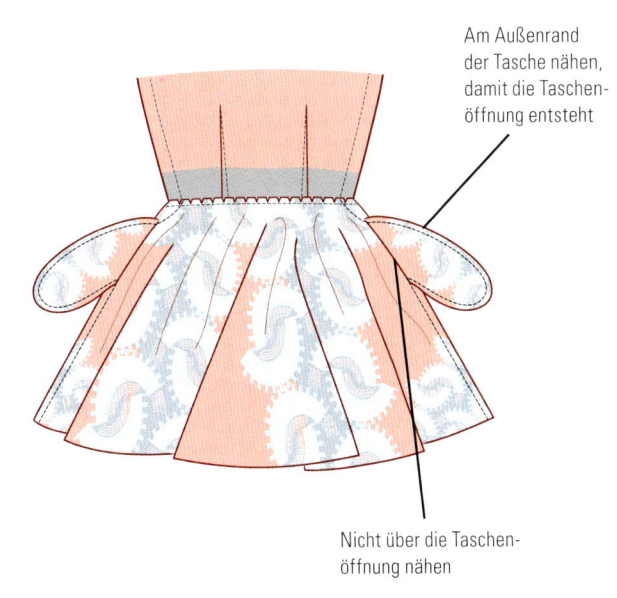

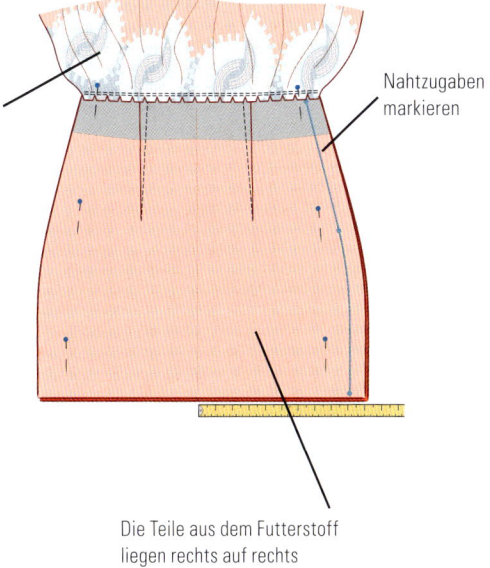

Am Außenrand der Tasche nähen, damit die Taschenöffnung entsteht

Nicht über die Taschenöffnung nähen

DEN ROCK SÄUMEN

19 Den Rock 24 Stunden hängen lassen, anschließend Rock und Futter säumen.

BLEISTIFT ROCK

BENÖTIGTE MASSE

WAAGERECHTE MASSE (SIEHE SEITE 18)
Taillenumfang • Hüftumfang

SENKRECHTE MASSE (SIEHE SEITE 19)
Taille bis Hüfte • Taille bis Saum

BENÖTIGTES GRUNDMODELL
Rock (siehe Seite 42)

BENÖTIGTE STOFFMENGE

OBER- UND FUTTERSTOFF
Breite = Hüftumfang + 35,5 cm
Länge = Maß von Taille bis Saum + 2,5 cm

BENÖTIGTES ARBEITSMATERIAL
Oberstoff • Futterstoff • Nahtverdeckter Reißverschluss (siehe Seite 15) • Passendes Nähgarn • Stoffschere • Maßband • Bügeleisen und Bügelbrett • Stoffmarker • Nähmaschine • Stecknadeln • Handnähnadel

ANMERKUNGEN
Legen Sie den Stoff immer rechts auf rechts, so nicht anders angegeben. Jede Bruchkante gut bügeln, um einen deutlichen Kniff zu erhalten. Stets 1,2 cm Nahtzugabe zugeben, so nicht anders angegeben.

Ein Bleistiftrock ist sehr schmeichelhaft und überaus feminin, er verleiht eine schöne Silhouette und feiert die weibliche Körperform. Dieser Rock kann in verschiedenen Längen und Stoffen angefertigt werden, was zu einer immer wieder anderen Wirkung führt. Zu leicht fallende oder zu weiche Stoffe wie Chiffon empfehlen sich nicht. Dieses Modell ist ohne Bund gearbeitet, weil ich es so für die meisten Körperformen schmeichelhafter finde. Die Gürtelschlaufen können Sie weglassen, wenn Sie den Rock nicht mit Gürtel tragen wollen.

ZUSCHNEIDEN

1 Folgen Sie den Schritten 1–5 beim Grundmodell für einen Rock auf den Seiten 44–45, falten Sie den Oberstoff für den Rock und markieren Sie Ihre senkrechten und waagerechten Maße bis zur Markierung der Hüftlinie. An der Unterkante – der Saumlinie – messen und markieren Sie Ihren Taillenumfang geteilt durch 4 plus 2,5 cm. Von der Markierung auf der Saumlinie eine gerade Linie zu dem Kreuz auf Hüfthöhe zeichnen, dabei die Linie abrunden, wenn Sie zu dem Kreuz kommen, um die natürliche Körperkontur nachzuahmen. Die Kurve nach oben bis zur Markierung auf Taillenhöhe fortführen. Das ist der Seitenrand.

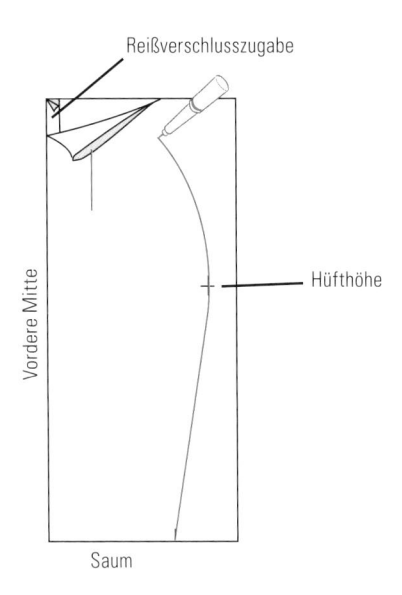

Reißverschlusszugabe

Vordere Mitte

Hüfthöhe

Saum

2 Durch alle Stofflagen an den Linien zuschneiden. Sie haben nun zwei Rückenteile und ein Vorderteil. Verwenden Sie diese Teile als Vorlagen zum Ausschneiden der Teile aus dem Futterstoff.

ABNÄHER NÄHEN

3 Wie in den Schritten 8–11 des Grundmodells für einen Rock (Seite 46–47) die Abnäher an den Teilen im Oberstoff und im Futterstoff markieren und nähen.

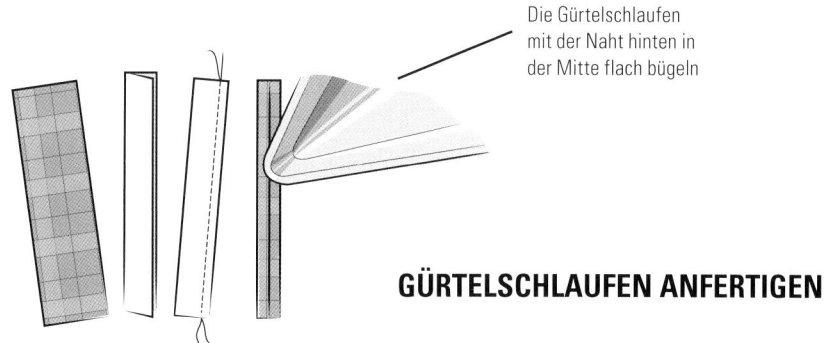

Die Gürtelschlaufen mit der Naht hinten in der Mitte flach bügeln

GÜRTELSCHLAUFEN ANFERTIGEN

4 Bevor Sie die Gürtelschlaufen anfertigen, entscheiden Sie, welche Gürtelbreite Sie zu dem Rock tragen möchten. Schneiden Sie vier Stoffstreifen in der Breite des Gürtels plus 4 cm mal 4 cm zu. Die Streifen der Länge nach rechts auf rechts in der Mitte falten und mit 1 cm Nahtzugabe zusammennähen. Die Streifen auf rechts wenden und so falten, dass die Naht in der Mitte liegt, dann flach bügeln. Wenn Sie die Naht in der Mitte platzieren anstatt am Rand, ist sie an der Gürtelschlaufe nicht sichtbar.

5 Auf der rechten Seite der Rockteile im Oberstoff von der Taillenlinie die Gürtelbreite plus 5 mm an jeder Abnäherlinie nach unten abmessen und dort eine Gürtelschlaufe mit der Nahtseite nach oben feststecken. 1,2 cm vom Rand jeweils über die taillennahen Schmalseite nähen. Den Streifen nach oben zur Taille umschlagen und 3 mm von der Bruchkante über die Schmalseite nähen. Oben quer über die Schlaufe nähen, um sie am Taillenrand zu fixieren.

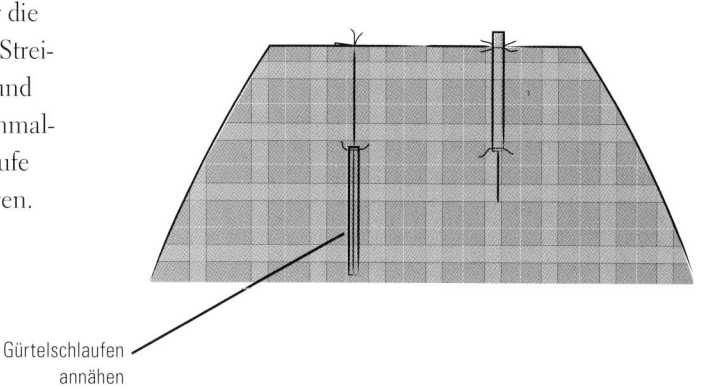

Gürtelschlaufen annähen

Die Projekte: Bleistiftrock | **113**

DEN ROCK ZUSAMMENNÄHEN

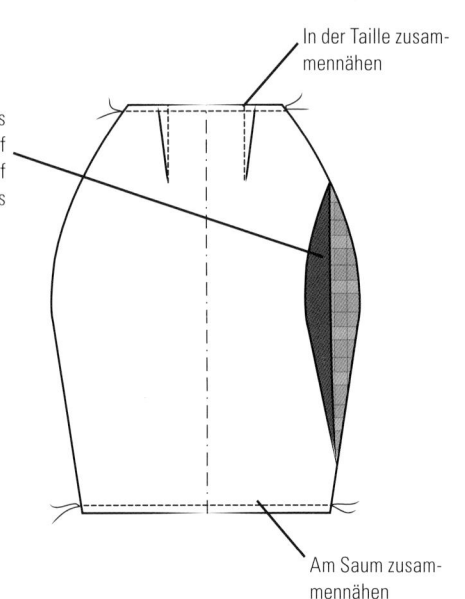

6 Das Vorderteil aus dem Futterstoff und das Vorderteil aus dem Oberstoff rechts auf rechts so zusammenlegen, dass die Bruckanten der vorderen Mitte übereinstimmen. An Taille und Saum zusammennähen. Die Naht auf Taillen- und Saumhöhe zum Futter untersteppen (siehe Seite 12).

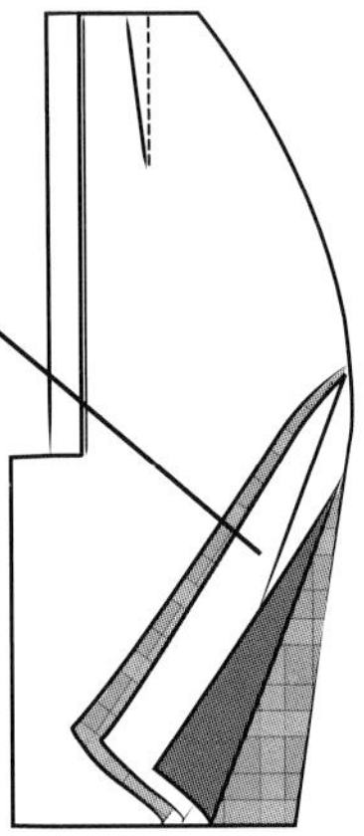

In der Taille zusammennähen

Die Vorderteile aus Futter- und Oberstoff liegen rechts auf rechts

Am Saum zusammennähen

Die Rückenteile aus dem Futterstoff liegen rechts auf rechts

7 Die Rückenteile aus dem Futterstoff rechts auf rechts und mit übereinanderliegenden Bruchkanten der Reißverschlusszugabe auf die entsprechenden Teile aus dem Oberstoff legen, anschließend alle vier Lagen so zusammenlegen, dass das Futter rechts auf rechts liegt. Entscheiden Sie, wie hoch der Schlitz vom Saum aus offen sein soll, markieren Sie diese Stelle und schneiden Sie dort einen waagerechten Schlitz in die Reißverschlusszugabe. Achten Sie aber darauf, nicht über die Bruchkante hinaus zu schneiden.

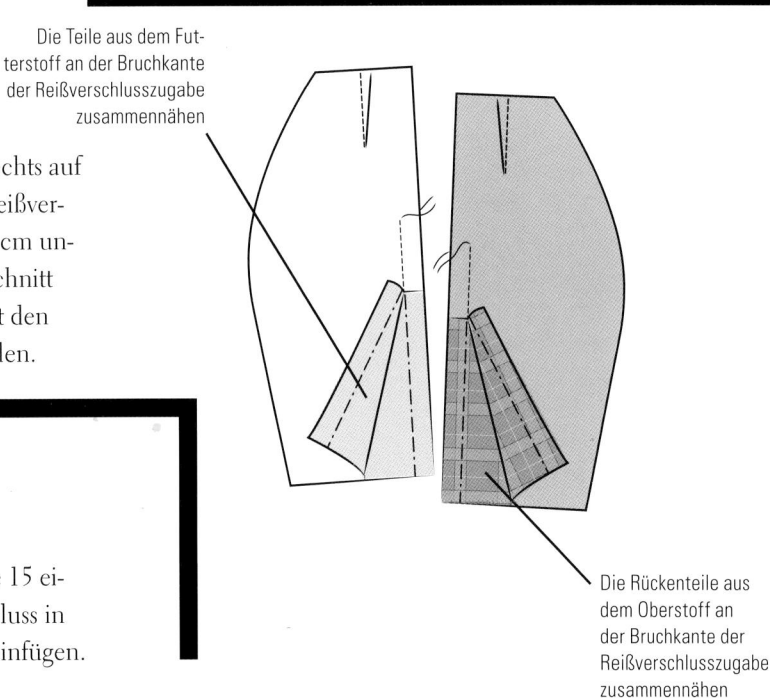

Die Teile aus dem Futterstoff an der Bruchkante der Reißverschlusszugabe zusammennähen

8 Die Teile aus dem Futterstoff rechts auf rechts an der Bruchkante der Reißverschlusszugabe ab Hüfthöhe (ca. 23 cm unterhalb der Taille) bis zu dem Einschnitt zusammennähen. Den Vorgang mit den Teilen aus dem Oberstoff wiederholen.

Die Rückenteile aus dem Oberstoff an der Bruchkante der Reißverschlusszugabe zusammennähen

9 Anhand der Anleitung auf Seite 15 einen nahtverdeckten Reißverschluss in das Rückenteil aus dem Oberstoff einfügen.

VARIANTEN

Diese Variante wurde aus einem Metallic-Druckstoff genäht. Mit einem passenden Kastenoberteil (siehe Seite 94) ergibt dies ein äußerst modisches Power-Outfit!

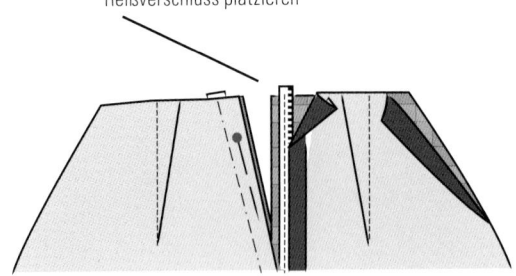

Das Rückenteilfutter über dem Reißverschluss platzieren

10 Beim Rückenteil aus Oberstoff den Reißverschluss öffnen und die Reißverschlusszugaben auffalten. Das Rückenteilfutter rechts auf rechts darüberlegen, dabei darauf achten, dass die Bruchkanten der Reißverschlusszugabe beidseits des Futters über den Reißverschlusszähnen liegen.

11 Die Teile aus Futter- und Oberstoff direkt hinter den Reißverschlusszähnen zusammennähen. Mit dem Nähen an derselben Stelle aufhören wie beim Einnähen des Reißverschlusses. Unten am Reißverschluss bleiben 2,5 cm ungenäht. Diesen Abschnitt mit der Hand heften, dann mit der Maschine mit einem Standard-Reißverschlussfuß über das Geheftete nähen.

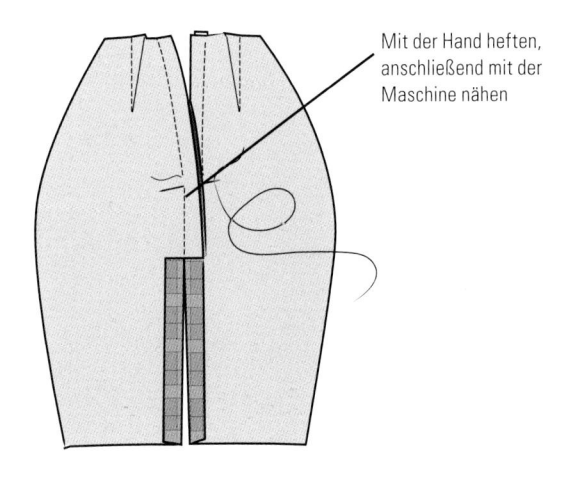

Mit der Hand heften, anschließend mit der Maschine nähen

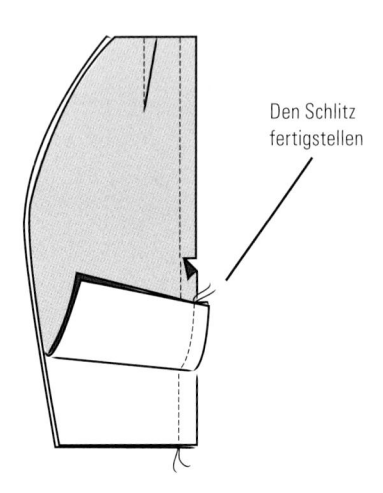

Den Schlitz fertigstellen

12 Zum Fertigstellen des Schlitzes das linke Rückenteil aus Futterstoff und aus Oberstoff an der Knickfalte der Reißverschlusszugabe vom Einschnitt bis zum Saum nähen. Mit dem rechten Rückenteil aus Futter- und Oberstoff wiederholen.

13 Das Rückenteil aus Futter- und Oberstoff am Saum und in der Taille zusammennähen. Oben am Reißverschluss die Ecken abschneiden, damit es nicht wulstig wird. Auf rechts wenden und bügeln. Die Naht zum Futter untersteppen.

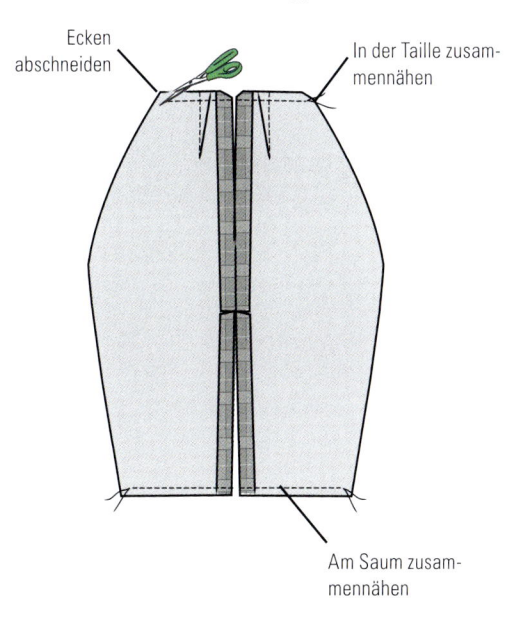

Ecken abschneiden

In der Taille zusammennähen

Am Saum zusammennähen

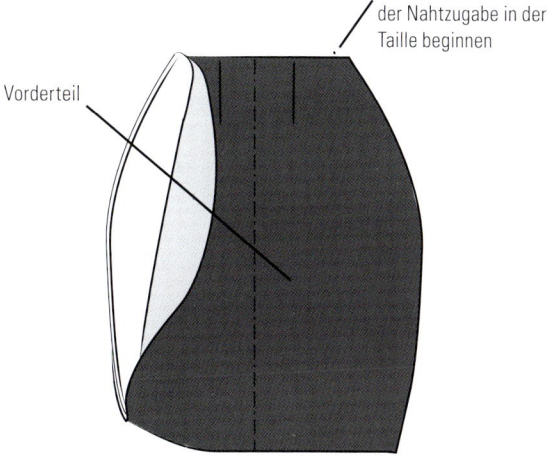

Mit dem Markieren der Nahtzugabe in der Taille beginnen

Vorderteil

14 Vorderteil und Rückenteil rechts auf rechts aufeinanderlegen. Das Futter aus dem Weg klappen und die Rockteile aus dem Oberstoff 5 cm von den Rändern zusammenstecken. Von der Mitte aus messen Sie Ihren Taillenumfang geteilt durch 4 ab und markieren die Maße mit einem kleinen Strich entlang der Taille. Das Gleiche machen Sie mit Ihren Hüft- und Saummaßen. Verbinden Sie die Punkte durch glatte Kurven, übertragen Sie dann die Nahtzugabe auf den Rand auf der anderen Seite. Die Seitennähte entlang dieser Linien schließen. Das Futter nicht an den Oberstoff nähen.

15 Nun das Kleidungsstück wenden, sodass Vorder- und Rückenteil aus dem Futterstoff rechts auf rechts liegen. Die Seitenlinie auf das Futter übertragen und nähen, dabei in einer der Seitennähte 15 cm offen lassen.

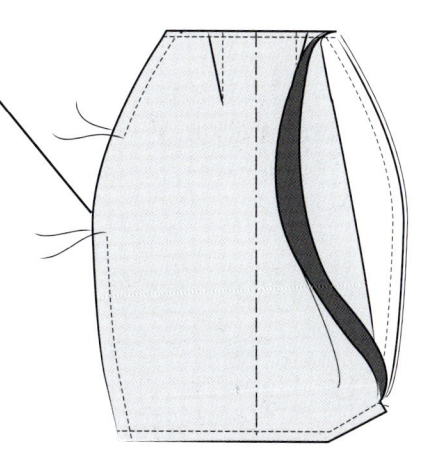

In einer Seitennaht eine Öffnung lassen

16 Das Kleidungsstück durch die offene Stelle auf rechts wenden und die Öffnung im Saumstich schließen.

Die Projekte: Bleistiftrock | **117**

ANMERKUNGEN

Legen Sie den Stoff immer rechts auf rechts, so nicht anders angegeben. Jede Bruchkante gut bügeln, um einen deutlichen Kniff zu erhalten. Immer 1,2 cm Nahtzugabe dazugeben, so nicht anders angegeben.

KLEID MIT SCHÖSSCHEN SAUM

Manchmal bringt die Mode einen Trend hervor, der einen nicht mehr loslässt! Das Schößchenkleid gehört dazu. Wie Sie wahrscheinlich bereits bemerkt haben, liebe ich Schnitte, die sich für Businesskleidung mit anschließender Einladung zum Abendessen oder für eine legere Tagesbekleidung bis zum Outfit fürs Nachtleben eignen. Dieses Kleid ist für jede Gelegenheit perfekt geeignet, entscheidend ist die Wahl des Stoffs. Verzichten Sie auf alle fließend fallenden Stoffe wie Seide – der Schößchensaum braucht etwas Stand, um seine Wirkung voll entfalten zu können. Ich habe meinen Schößchensaum aus demselben Stoff wie das Kleid genäht, Sie können als Kontrast aber auch einen anderen Stoff wählen. Deshalb habe ich die benötigten Stoffmengen für Schößchen und Besatz gesondert aufgeführt (siehe rechts).

BENÖTIGTE MASSE

WAAGERECHTE MASSE (SIEHE SEITE 18)
Schulterbreite • Brustbreite • Rückenbreite Brustumfang • Unterbrustumfang • Taillenumfang • Hüftumfang

SENKRECHTE MASSE (SIEHE SEITE 19)
Schulter bis Endpunkt Brustbreite • Schulter bis Endpunkt Rückenbreite Brusttiefe • Schulter bis Unterbrust • Vordere Taillenlänge • Schulter bis Hüfte • Schulter bis Saum

SONSTIGE MASSE (SIEHE SEITE 19)
Brustabstand

BENÖTIGTES GRUNDMODELL
Ärmelloses Oberteil (siehe Seite 24) • Kleid (siehe Seite 34) • Tellerrock (siehe Seite 48)

BENÖTIGTE STOFFMENGE
Breite = Hüftweite (oder breitestes waagerechtes Maß) + 35,5 cm
Länge = Schulter bis Saum + 5 cm

STOFF FÜR DAS KLEID
Länge = Maß von Schulter bis Saum minus 18 cm • Breite = Hüftumfang (oder das weiteste waagerechte Maß) + 35,5 cm

STOFF FÜR SCHÖSSCHEN UND BESATZ
Länge = 1,5–2 Meter

BENÖTIGTES ARBEITSMATERIAL
Oberstoff • Bügeleinlage • Reißverschluss (siehe Seite 17) • Passendes Nähgarn • Stoffschere • Maßband • Bügeleisen und Bügelbrett • Stoffmarker • Nähmaschine • Overlock-Maschine (optional) • Stecknadeln

DAS ÄRMELLOSE OBERTEIL VORBEREITEN

1 Arbeiten Sie mit der Anleitung beim Grundmodell für ein ärmelloses Oberteil Schritt 1–14 (Seite 26 bis 29). Falten Sie den Oberstoff und markieren Sie die senkrechten und waagerechten Maße mit folgenden Änderungen: Beim Markieren der senkrechten Maße verlängern Sie die Stofflänge auf die Länge des Kleides plus 2,5 cm. Bei den waagerechten Maßen am Saum markieren Sie Ihr Taillenmaß geteilt durch 4 plus 7,5 cm. Alle Teile für das Kleid zuschneiden.

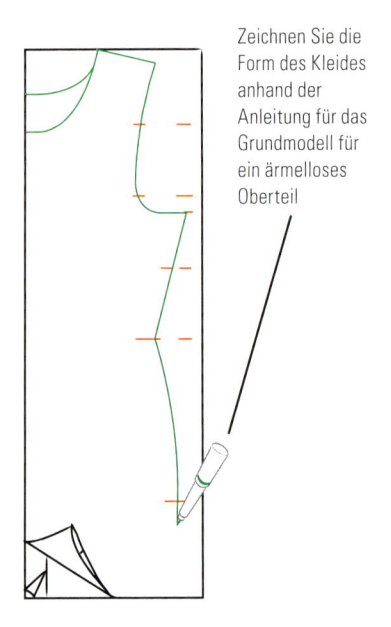

Zeichnen Sie die Form des Kleides anhand der Anleitung für das Grundmodell für ein ärmelloses Oberteil

2 Markieren und nähen Sie alle Abnäher wie in den Schritten 15–24 des Grundmodells für ein ärmelloses Oberteil.

DIE BESÄTZE ZUSCHNEIDEN

3 Halsausschnitt und Armausschnitte dieses Kleides haben jeweils einen Besatz, der beim Vorderteil aus einem Teil und beim Rückenteil aus zwei Teilen besteht. Für den Besatz des Vorderteils legen Sie das gefaltete Vorderteil des Kleides so auf den gefalteten Oberstoff, dass die Mittellinie auf dem Stoffbruch liegt. Unter der Brustlinie 7,5 cm abmessen und markieren. Um Halsausschnitt, Schulter und Armausschnitt bis zu der Markierung schneiden, die Sie unterhalb der Brustlinie gemacht haben.

Stoffbruch

Das Vorderteil des Kleides als Vorlage für die Besätze verwenden

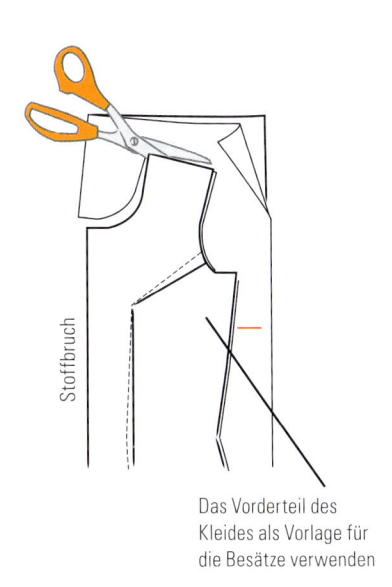

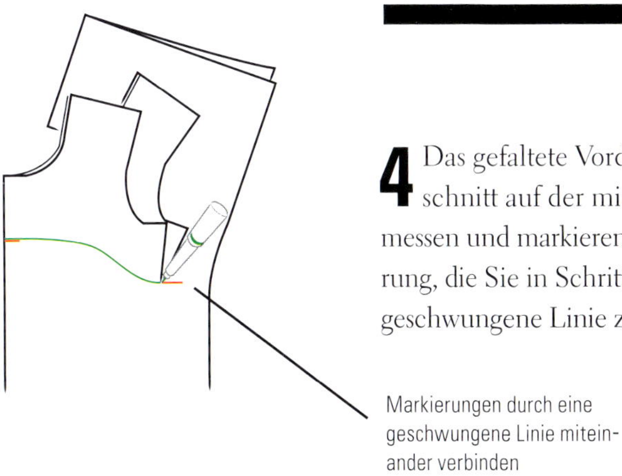

4 Das gefaltete Vorderteil anheben und unter dem Halsausschnitt auf der mittleren Faltkante des Besatzes 7,5 cm abmessen und markieren. Von diesem Punkt zu der 7,5 cm-Markierung, die Sie in Schritt 3 auf der Brustlinie gemacht haben, eine geschwungene Linie zeichnen. An dieser Linie zuschneiden.

Markierungen durch eine geschwungene Linie miteinander verbinden

Alle Besatzteile mit Bügeleinlage verstärken

5 Diesen Besatz als Vorlage zum Zuschneiden einer Bügeleinlage verwenden. Die Einlage auf die linke Seite des vorderen Besatzes aufbügeln, den unteren Rand beketteln oder im Zickzackstich versäubern. Die Besätze für das Rückenteil auf die gleiche Weise anfertigen, doch bevor Sie das Rückenteil auf den Besatzstoff legen, schlagen Sie wie bei dem Kleid an der hinteren mittleren Kante eine Reißverschlusszugabe von 2 cm um und bügeln sie. Auf die Reißverschlusszugaben keine Einlage aufbügeln.

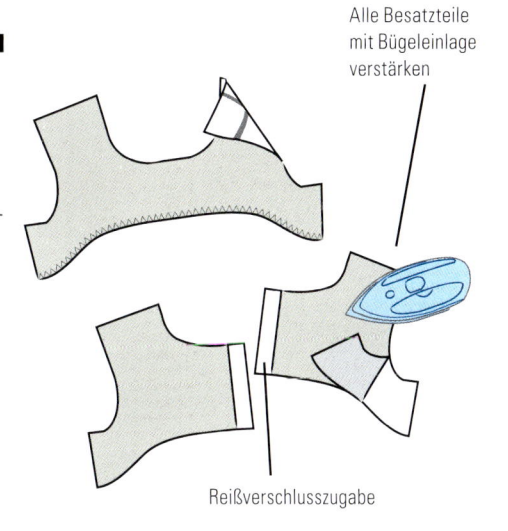

Reißverschlusszugabe

Die Projekte: Kleid mit Schößchensaum | **121**

DIE BESÄTZE AUFNÄHEN

6 Den Besatz des Oberteils rechts auf rechts so auf das Oberteil legen, dass die Halsausschnittränder genau übereinanderliegen. Um den Halsausschnitt nähen, die Nahtzugabe am Hals einschneiden (siehe Seite 12) und zum Besatz understeppen (siehe Seite 12). Die Armausschnitte von Vorderteil und Besatz genauso nähen, auch hier die Nahtzugaben einschneiden und understeppen. Das Teil wenden, sodass Besatz und Vorderteil nun links auf links liegen.

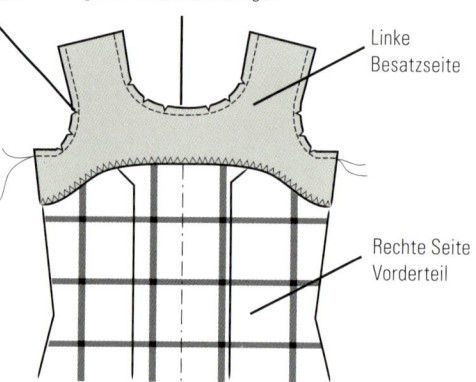

Nahtzugaben einschneiden und understeppen

Die Teile am Halsausschnitt genau übereinanderlegen

Linke Besatzseite

Rechte Seite Vorderteil

7 Die Besätze für das Rückenteil in der gleichen Weise auf die Rückenteile nähen, dabei auch über die umgeschlagene Reißverschlusszugabe nähen. Beim Einschneiden der Nahtzugabe am Halsausschnitt auch die Ecken in der Rückenteilmitte abschneiden, damit nichts wulstig wird. Dann die Naht zum Besatz understeppen. Die Teile wenden, sodass Besätze und Rückenteile nun links auf links liegen.

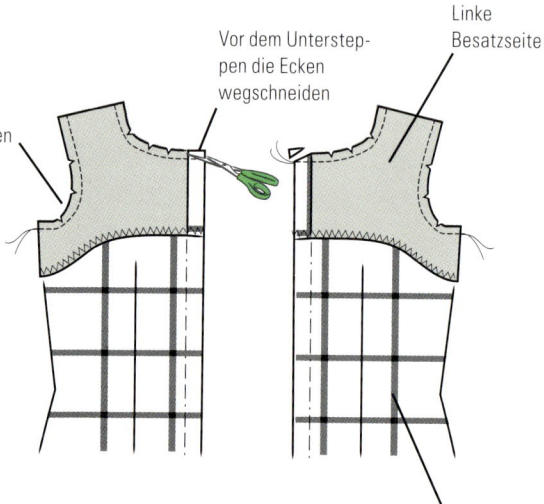

Nahtzugaben einschneiden und understeppen

Vor dem Understeppen die Ecken wegschneiden

Linke Besatzseite

Rechte Seite Kleidrückenteil

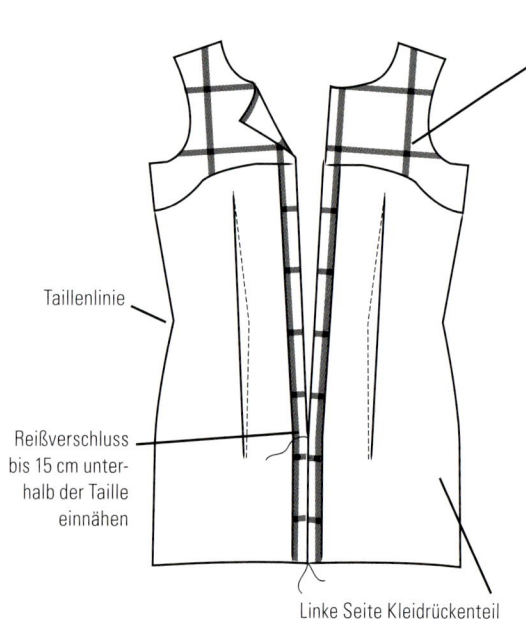

REISSVERSCHLUSS EINSETZEN

Rechte Besatzseite

Taillenlinie

Reißverschluss bis 15 cm unterhalb der Taille einnähen

Linke Seite Kleidrückenteil

8 Am Saum beginnend die Rückenteile an der Bruchkante der Nahtzugabe bis ca. 15 cm unterhalb der Taillenlinie zusammennähen. Beide Nahtzugaben zur linken Stoffseite bügeln.

9 In das Rückenteil einen überlappenden Reißverschluss einsetzen (siehe Seite 17).

DAS KLEID ZUSAMMENNÄHEN

10 Die Vorderseite des Kleides rechts auf rechts so auf das Rückenteil platzieren, dass die vordere Mitte über dem Reißverschluss liegt. Wie in den Schritten 23 bis 26 beim Grundmodell für ein Kleid (Seite 41) markieren Sie nun Ihre Maße für Brustumfang, Unterbrustumfang, Taillenumfang und Hüftumfang, jeweils geteilt durch 4, auf der jeweils entsprechenden waagerechten Höhe. Markierungen miteinander verbinden wie in Schritt 6 beim Grundmodell für ein Kleid. Dies ist die Seitenlinie. Für den Saum die Taillenweite geteilt durch 4 plus 5 cm von der Mittellinie aus markieren. Seitenränder der Besätze nach oben ziehen, sodass sie rechts auf rechts liegen.

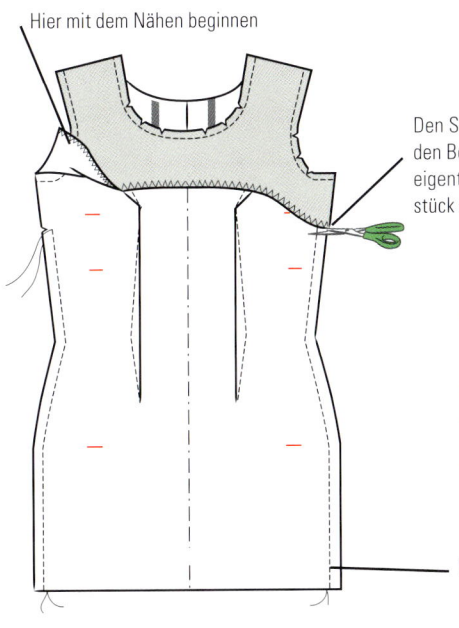

Vordere Mitte und Reißverschluss sollen genau übereinanderliegen

Die Besätze nach oben ziehen, sodass sie rechts auf rechts liegen

Brustumfang, Unterbrustumfang, Taillen- und Hüftumfang markieren

Die Teile liegen rechts auf rechts

Hier mit dem Nähen beginnen

Den Seitenrand zwischen den Besätzen und dem eigentlichen Kleidungsstück einschneiden

11 Am bekettelten oder im Zickzackstich versäuberten Rand des Besatzes beginnend die Seitennähte am Kleid nach unten nähen, anschließend die Passform prüfen. Wenn Sie zufrieden sind, den Seitenrand zwischen den Besätzen und dem eigentlichen Kleidungsstück einschneiden, den Rand anschließend beketteln oder im Zickzackstich versäubern.

Beide Seitennähte nähen

Rechte Seite des Rückenteils

Linke Besatzseite

12 Den Besatz verstürzen (linke Seite nach außen). Die Schulter des Vorderteils mit Besatz in die Schulter des Rückenteils mit Besatz stecken. Die Schulternaht nähen und die Ecken abschneiden, dann den Besatz des Rückenteils wieder stürzen (rechte Seite nach außen).

Die Schulter des Vorderteils wird in die Schulter des Rückenteils gesteckt

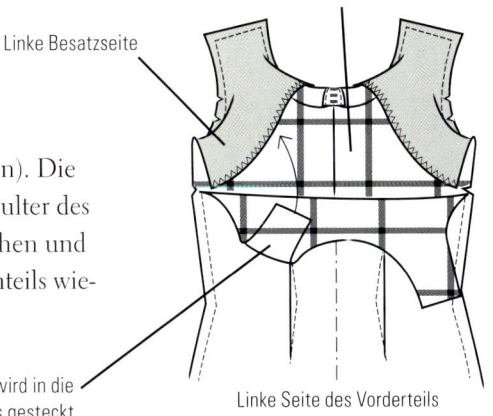

Linke Seite des Vorderteils

Die Projekte: Kleid mit Schößchensaum

DEN SCHÖSSCHENSAUM ANNÄHEN

13 Den Saumumfang des Kleides messen, durch 3,14 teilen und das Ergebnis durch 2. Sie erhalten eine Dezimalzahl. Runden Sie diese auf die nächste ganze oder halbe (x,5) Zahl ab. Dies ist der erste Radius. Der zweite Radius ist der erste Radius plus 23 cm. Mit diesen Radien arbeiten Sie die Schritte 1–3 des Grundmodells für einen ganzen Tellerrock (Seite 52–53) und schneiden den Stoff für den Schößchensaum zu.

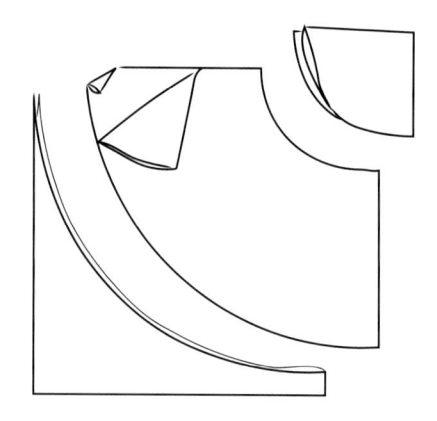

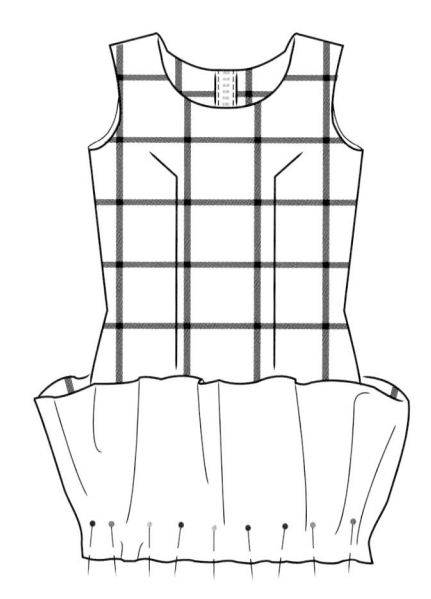

14 Nähen Sie das Schößchen mit dem kleineren Radius an den Saum des Kleides. Dann die Naht beketteln oder im Zickzackstich versäubern.

DAS KLEID SÄUMEN

15 Das Kleid 24 Stunden aufhängen, anschließend einen schmalen Doppelsaum umschlagen und nähen oder einen einfachen Saum beketteln, wenden und nähen.

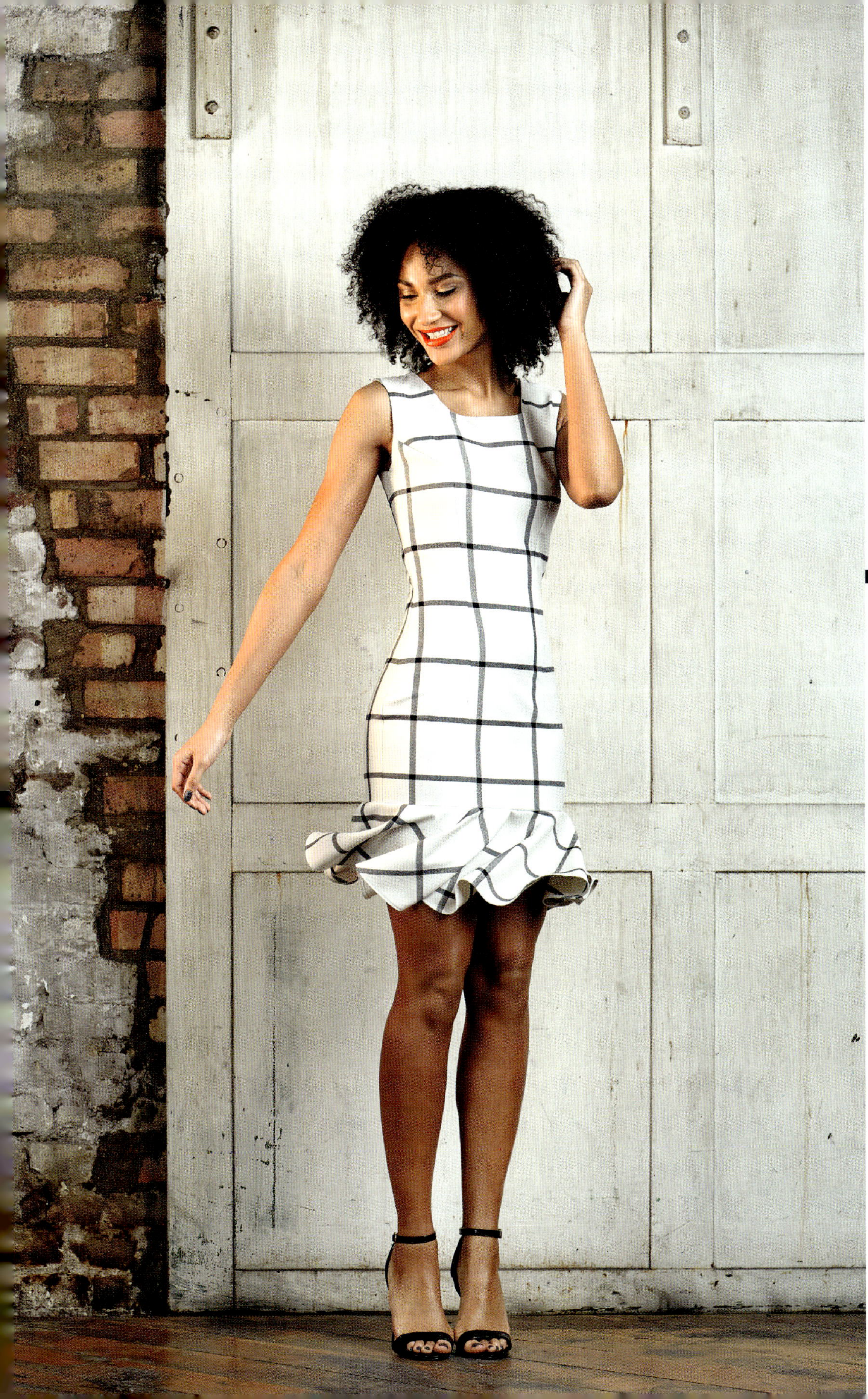

AUSGEH KLEID

Was könnte es für eine bessere Gelegenheit geben, Eindruck zu schinden, als bei einem ersten Date oder wenn Sie mit einem ganz besonderen Menschen ausgehen? Dieses klassische Spitzenkleid ist einfach, schlicht, elegant und sexy, ohne übertrieben zu sein. Mit Luftspitze bekommen Sie den perfekten Look. Wählen Sie eine Spitze ohne strengen Musterrapport, so wird der Halsausschnitt schöner, und Sie müssen sich auch nicht so sehr um diesen Rapport kümmern.

ANMERKUNGEN

Legen Sie den Stoff immer rechts auf rechts, so nicht anders angegeben. Es ist wichtig, jede Bruchkante gut zu bügeln, um einen deutlichen Kniff zu erhalten – zuvor aber die Bügeleisentemperatur mit einem Rest der Spitze testen! Immer 1,2 cm Nahtzugabe dazugeben, so nicht anders angegeben. Lassen Sie die dekorative Kante an einer Webkante der Spitze intakt, um sie als Saum zu verwenden. Für das erste Futter habe ich Acetatstoff genommen, für das zweite ein Baumwoll-Polyester-Mischgewebe. Ich mag den leichten Glanz des Acetats, der bei der Spitze durchschimmert – aber ich mag Acetat nicht auf meiner Haut. Als zweites Futter nehme ich ein Baumwoll-Polyester-Mischgewebe, weil es kräftig ist, wie eine figurformende Unterwäsche wirkt, die unter dem Kleid Rundungen ausgleicht, und weil es atmungsaktiv ist.

BENÖTIGTE MASSE

WAAGERECHTE MASSE (SIEHE SEITE 18)

Schulterbreite • Brustbreite • Rückenbreite • Brustumfang • Unterbrustumfang • Taillenumfang • Hüftumfang • Ärmelumfang • Ellenbogenumfang • Handgelenkumfang

SENKRECHTE MASSE (SIEHE SEITE 19)

Schulter bis Endpunkt Brustbreite • Schulter bis Endpunkt Rückenbreite • Brusttiefe • Schulter bis Unterbrust • Vordere Taillenlänge • Schulter bis Hüfte • Schulter bis Saum Ärmellänge • Innenarmlänge • Ellenbogenlänge

SONSTIGE MASSE (SIEHE SEITE 19)

Brustabstand • Halsgrube bis Halsausschnitt

BENÖTIGTES GRUNDMODELL

Kleid (siehe Seite 34) • Ärmel (siehe Seite 56)

BENÖTIGTE STOFFMENGE

SPITZENSTOFF FÜR DAS KLEID

Breite = das breiteste waagerechte Maß + 35,5 cm
Länge = Schulter bis Saum + 2,5 cm

SPITZENSTOFF FÜR DIE ÄRMEL

Breite = Ärmelumfang x 2 + 5 cm
Länge = Ärmellänge plus 4 cm
Anmerkung: Rechnen Sie zur Ärmellänge 13 cm dazu, wenn Sie einen Falten- oder Puffärmel nähen möchten

ERSTER UND ZWEITER FUTTERSTOFF

Breite = das breiteste waagerechte Maß + 35,5 cm
Länge = Schulter bis Saum

BENÖTIGTES ARBEITSMATERIAL

Luftspitze • Acetatfutter als erstes Futter • Baumwoll-Polyester-Mischgewebe als zweites Futter • Nahtverdeckter Reißverschluss (siehe Seite 15) • Passendes Nähgarn, plus Nähgarn in Kontrastfarbe zum Heften • Stoffschere • Maßband • Bügeleisen und Bügelbrett • Stoffmarker • Nähmaschine • Handnähnadel • Stecknadeln • Nahtverdeckter Reißverschlussfuß (optional)

ZUSCHNEIDEN

1 Den ersten Futterstoff wie in den Schritten 1–2 des Grundmodells für ein Kleid (Seite 36) falten. Bevor Sie Ihre Maße markieren, messen Sie die Länge Schulter bis Saum, und zwar vom Saum nach oben, so können Sie die Webkante des Spitzenstoffs als Saum nehmen. Markieren Sie Ihre Maße wie in den Schritten 3–12 beim Grundmodell für ein Kleid. Schneiden Sie die Teile zu, den Halsausschnitt allerdings noch nicht. Knipsen Sie stattdessen eine 1,2 cm große Kerbe an der Stelle in den Stoff, wo der innere Schulterrand auf den Halsausschnitt treffen wird.

2 Die Spitze der Breite nach in der Mitte falten, flach hinlegen und glattstreichen: Dieser Stoffbruch ist die vordere Mitte. Am gegenüberliegenden Rand 2,5 cm Reißverschlusszugabe umschlagen, dabei beide Stofflagen zusammen umschlagen. Diese Bruchkante ist die hintere Mitte. Der obere Rand ist der Schulterrand und der untere Rand der Saum.

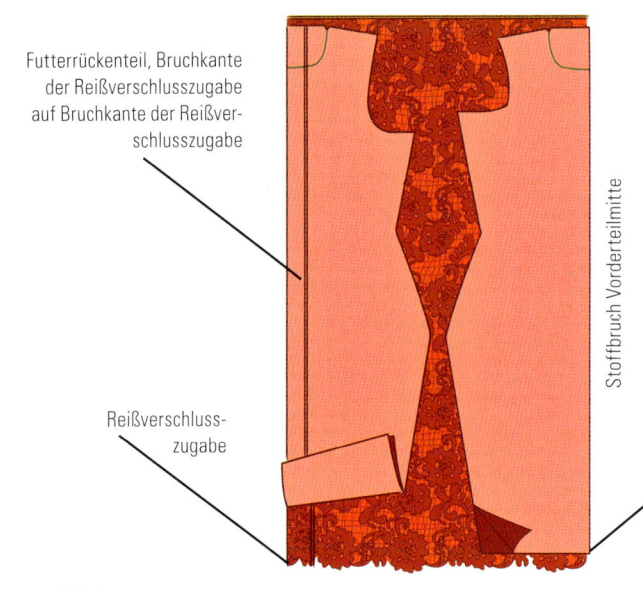

3 Das erste Futtervorderteil – Stoffbruch auf Stoffbruch – auf die Spitze legen, der Saum liegt 2,5 cm über dem Spitzenrand. Dasselbe mit dem Futterrückenteil machen, dieses von Bruchkante der Reißverschlusszugabe auf Bruchkante der Reißverschlusszugabe legen. Die Futterteile als Vorlage zum Ausschneiden der Spitzenteile verwenden.

Futterrückenteil, Bruchkante der Reißverschlusszugabe auf Bruchkante der Reißverschlusszugabe

Reißverschlusszugabe

Stoffbruch Vorderteilmitte

Das Futtervorderteil soll 2,5 cm über dem Spitzenrand liegen

4 Rücken- und Vorderteile im Spitzenstoff auffalten und den Halsausschnitt zuschneiden, dabei dem natürlichen Musterverlauf der Spitze folgen. Versuchen Sie, recht gleichmäßig zu arbeiten, auch wenn der Halsausschnitt – je nach Muster Ihrer Spitze – vielleicht nicht ganz symmetrisch werden kann; streben Sie einfach eine gute Balance an.

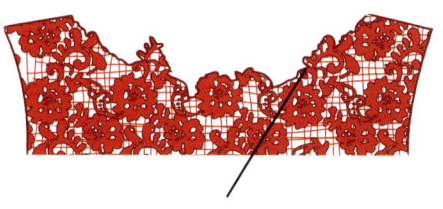

Folgen Sie dem Verlauf des Spitzenmusters am Halsausschnitt

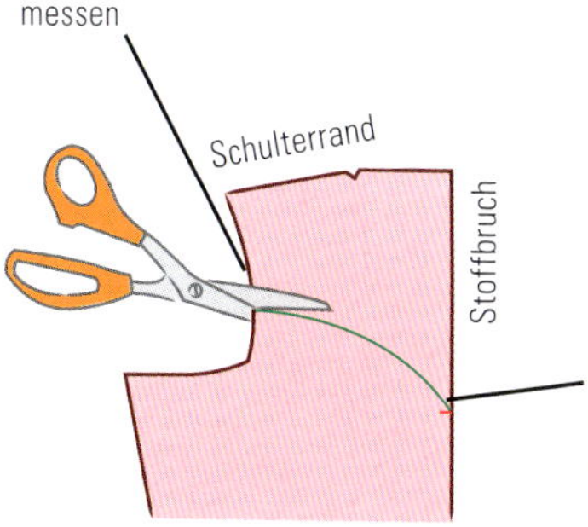

Vom Schulterrand 10 cm nach unten messen

Schulterrand

Stoffbruch

Maß von der Halsgrube bis zum Halsausschnitt

5 Entwerfen Sie im weiterhin am Stoffbruch in der Vorderteilmitte gefalteten Vorderteilfutter einen Sweetheart-Ausschnitt. Messen Sie vom Schulterrand am Armloch nach unten 10 cm ab und markieren Sie das Maß. Messen Sie vom oberen Rand der Vorderteilmitte Ihr Maß Halsgrube bis Halsausschnitt (siehe Seite 19) minus 1,2 cm ab und markieren Sie das Maß. Zeichnen Sie von der Markierung am Armloch eine Kurve zur Markierung auf dem Stoffbruch. Hier zuschneiden.

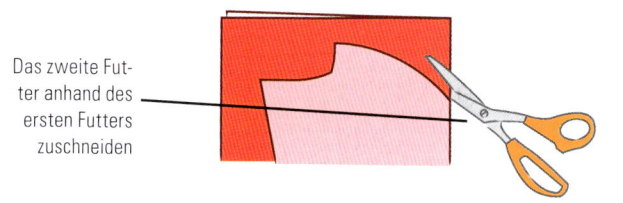

Das zweite Futter anhand des ersten Futters zuschneiden

6 Den zweiten Futterstoff wie in den Schritten 1–2 beim Grundmodell für ein Kleid (Seite 36) falten. Das erste Futterteil, das Sie in Schritt 5 zugeschnitten haben, Stoffbruch auf Stoffbruch legen und als Vorlage zum Zuschneiden des Vorderteils im zweiten Futterstoff verwenden.

Das zweite Futter genauso zuschneiden wie das erste Futter

7 Für das Rückenteilfutter 12,5 cm am Armausschnitt nach unten messen und eine gerade Linie zur hinteren Mitte zeichnen, dabei über die Reißverschlusszugabe zeichnen. An dieser Linie zuschneiden. Dieses Teil verwenden, um ein identisches Futterrückenteil aus dem zweiten Futterstoff zuzuschneiden.

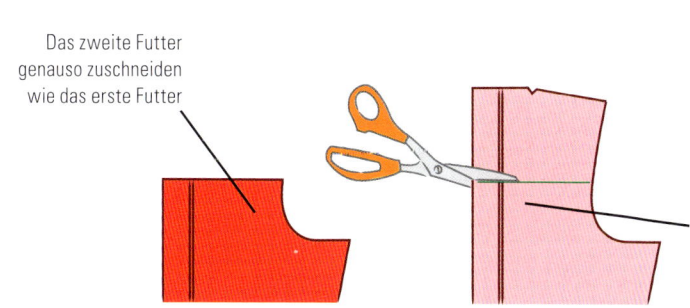

Vom Rückenteilfutter oben 10 cm abschneiden

Die Projekte: Ausgehkleid | **129**

DIE ABNÄHER ERSTELLEN

8 Die Vorderteile aus dem ersten und zweiten Futterstoff auf das Vorderteil im Spitzenstoff legen, alle Teile sollen in der Mitte gefaltet sein. Wie in den Schritten 15, 17 und 18 des Grundmodells für ein Kleid die senkrechten Abnäher und seitlichen Brustabnäher mit allen Lagen falten. Die Knickfalten, die zur falschen Seite zeigen, noch nicht umkehren!

9 Weiterhin am Vorderteil arbeiten. Den Spitzenstoff und das erste Futter auffalten. Das erste Futter mit der rechten Seite auf die linke Seite der Spitze legen. An den Abnäherfalten beide Lagen zusammenheften, um die Teile zusammenzuhalten. Anschließend die zur falschen Seite zeigenden Abnäherfalten so neu falten, dass alle zur linken Seite des Futters zeigen.

Linke Seite Spitze

Linke Seite erstes Futter

10 Die Abnäher beim gefütterten Spitzenstoff und dem zweiten Futter wie in den Schritten 20 bis 21 des Grundmodells für ein Kleid markieren.

11 Die Schritte 8–10 mit den Rückenteilen wiederholen, dabei der Anleitung für den hinteren Abnäher im Grundmodell für ein Kleid folgen, den Abnäher jedoch auf 23 cm über Taillenhöhe verlängern. Alle Abnäher nähen.

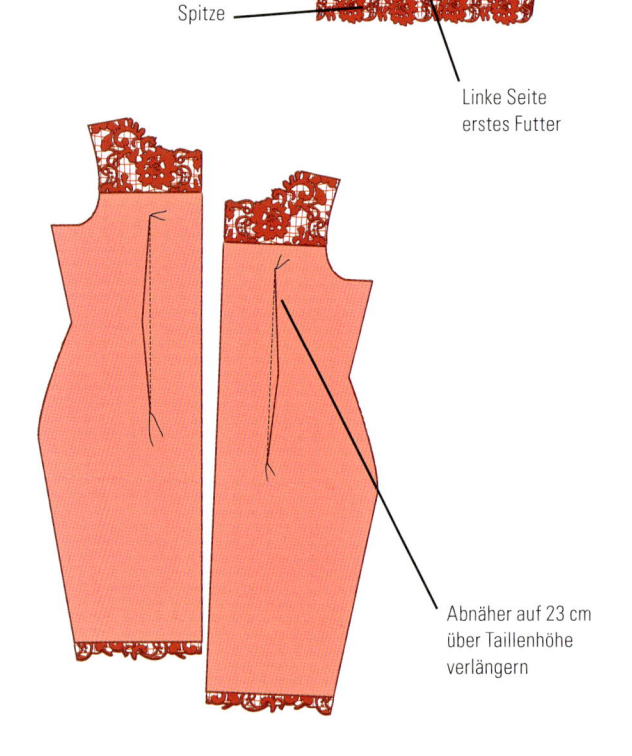

Abnäher auf 23 cm über Taillenhöhe verlängern

DAS KLEID ZUSAMMENNÄHEN

12 Das erste Futter von Vorder- und Rückenteilen mit einem maschinengenähten Rollsaum säumen (siehe Seite 14).

13 Das Vorderteil des Kleides mit der rechten Seite (Spitze) nach oben auf die Arbeitsfläche legen. Am Halsausschnitt die Spitze soweit herunterziehen, dass die rechte Seite des angehefteten Futters freiliegt, dann das zweite Futter rechts auf rechts darüberlegen. Nur den Sweetheart-Ausschnitt nähen, dann die Nahtzugabe einschneiden und die Naht zum zweiten Futter untersteppen.

Sweetheart-Ausschnitt nähen, Naht untersteppen

Spitzenstoff nach unten klappen

Rechte Seite oben

14 Die Schritte 13 und 14 mit den Rückenteilen am Halsausschnitt des Futters wiederholen, jedoch 2,5 cm vor der Bruchkante der Reißverschlusszugabe aufhören zu nähen.

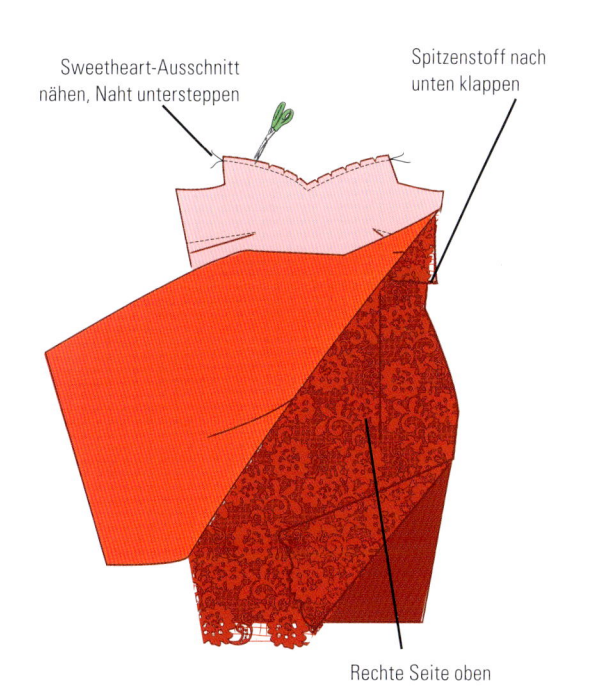

2,5 cm vor der Bruchkante der Reißverschlusszugabe aufhören zu nähen

15 Das zweite Futter von der Bruchkante der Reißverschlusszugabe zurückschlagen und das erste Futter an der Bruchkante der Reißverschlusszugabe mit der Spitze zusammennähen.

An der Reißverschlusszugabe heften

Zweites Futter

Erstes Futter

Die Projekte: Ausgehkleid

16 Einen nahtverdeckten Reißverschluss in Spitze und erstes Futter einsetzen, hierzu der Anleitung auf Seite 15 folgen. Das Rückenteil in der Mitte rechts auf rechts zusammenlegen. Auf Höhe des Futters die Reißverschlusszugabe der Spitze bis zur Bruchkante waagerecht einschneiden.

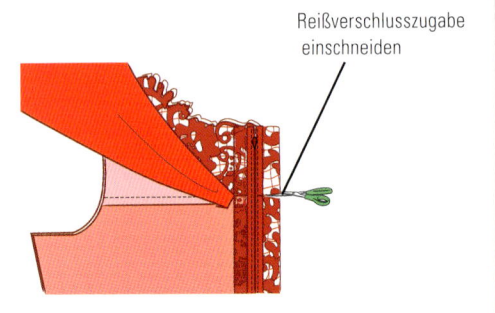

Reißverschlusszugabe einschneiden

17 Das zweite Futter rechts auf rechts auf die Spitze platzieren. Der Schulterbereich der Spitze liegt dabei zwischen erstem und zweitem Futter. Beachten Sie, dass die Nahtzugabe bei beiden Futterstoffen oben am Rand aufgefaltet sein soll. An der Bruchkante der Nahtzugabe bis zum Reißverschlussende nähen und das Teil wenden.

18 Die hintere Mitte des zweiten Futters an der Bruchkante der Reißverschlusszugabe zusammennähen.

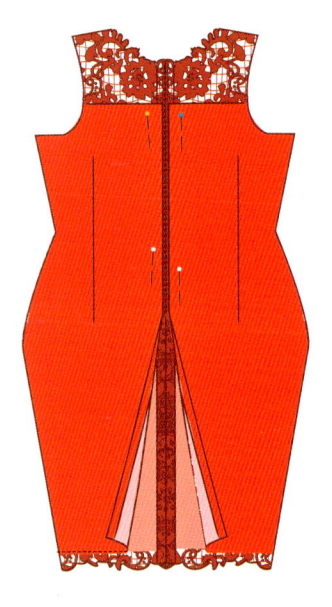

19 Das Kleidvorderteil rechts auf rechts auf das Rückenteil legen und sicherstellen, dass es (außer auf Brusthöhe) flach liegt. Das Vorderteil des zweiten Futters aus dem Weg klappen und die Seiten des Kleides auf Höhe Brust, Taille und Hüfte zusammenstecken.

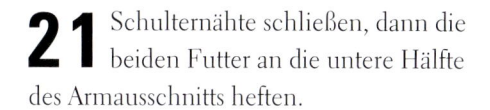

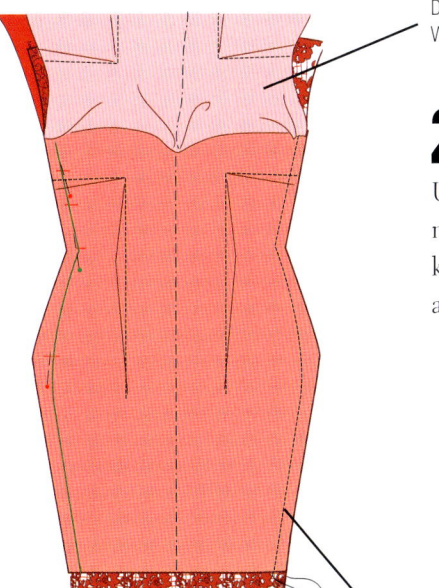

Das zweite Futter aus dem Weg klappen

20 Markieren Sie, von der Mitte aus gemessen, den Brustumfang geteilt durch 4 auf der Brustlinie. Für Unterbrust-, Taillen- und Hüftmaß wiederholen. Am Saum nur 2,5 cm von der Seitennaht nach innen messen und markieren. Die Markierungen verbinden und die Nahtzugabe auf alle Seitenränder übertragen. An diesen Linien nähen.

Nahtzugaben markieren, dann beide Seitennähte schließen

21 Schulternähte schließen, dann die beiden Futter an die untere Hälfte des Armausschnitts heften.

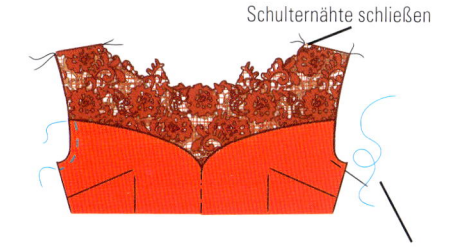

Schulternähte schließen

An den Armausschnitten Spitze und Futter zusammenheften

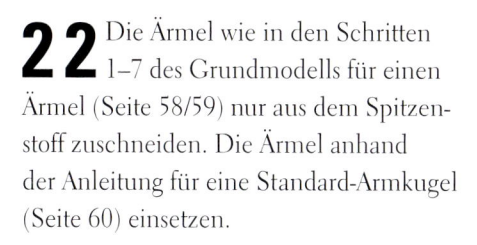

22 Die Ärmel wie in den Schritten 1–7 des Grundmodells für einen Ärmel (Seite 58/59) nur aus dem Spitzenstoff zuschneiden. Die Ärmel anhand der Anleitung für eine Standard-Armkugel (Seite 60) einsetzen.

23 Das zweite Futter mit einem maschinengenähten Rollsaum säumen (siehe Seite 14).

Die Projekte: Ausgehkleid

SAMT WICKEL KLEID

ANMERKUNGEN

Legen Sie den Stoff immer rechts auf rechts, soweit nicht anders angegeben. Es ist wichtig, jede Bruchkante gut zu bügeln, um einen deutlichen Kniff zu erhalten. Immer 1,2 cm Nahtzugabe dazugeben, wenn nichts anderes angegeben ist. Bei allen Einkerbungen dieses Projekts den Stoff kurz gerade einschneiden, statt kleine Keile herauszuschneiden.

BENÖTIGTE MASSE

WAAGERECHTE MASSE (SIEHE SEITE 18)

Schulterbreite • Brustbreite • Rückenbreite • Brustumfang • Unterbrustumfang • Taillenumfang • Hüftumfang • Armumfang • Ellenbogenumfang • Handgelenkumfang

SENKRECHTE MASSE (SIEHE SEITE 19)

Schulter bis Endpunkt Brustbreite • Schulter bis Endpunkt Rückenbreite • Brusttiefe • Schulter bis Unterbrust • Vordere Taillenlänge • Schulter bis Hüfte • Schulter bis Saum • Ärmellänge • Innenarmlänge • Ellenbogenlänge

SONSTIGE MASSE (SIEHE SEITE 19)

Brustabstand • Unterschied Taillenlänge (Unterschied zwischen vorderer und hinterer Taillenlänge)

BENÖTIGTE GRUNDMODELLE

Kleid (siehe Seite 34),
Ärmel (siehe Seite 56)

BENÖTIGTE STOFFMENGE

STOFF FÜR DEN ROCK

Breite = Hüftumfang + 25 cm
Länge = Schulter bis Saum minus Taillenlänge + 23 cm

STOFF FÜR DAS ÄRMELLOSE OBERTEIL

Breite = breitestes waagerechtes Maß zwischen Brust und Taille + 38 cm
Länge = Taillenlänge + 2,5 cm

STOFF FÜR DIE ÄRMEL

Breite = Armumfang x 2 + 5 cm
Länge = Ärmellänge + 4 cm

BENÖTIGTES ARBEITSMATERIAL

Mittelschwerer Stretch-Stoff • Weiche Bügeleinlage • Passendes Nähgarn • Stoffschere • Gerades Lineal • Maßband • Bügeleisen und Bügelbrett • Stoffmarker • Nähmaschine • Overlock-Maschine (optional) • Zwillingsnadel (optional) • Handnähnadel • Stecknadeln

---

Mit diesem samtenen Schmuckstück gewann ich in der BBC-Realityshow »The Great British Sewing Bee« den Preis »Kleidungsstück der Woche«. Es ist eine Kombination meiner Lieblingsdinge beim Nähen und in der Damenmode: Stil und Schnitt feiern die weibliche Körperform, denn das Kleid umhüllt den Körper, schmiegt sich ihm an und schmeichelt jeder Kontur; das Material suggeriert Luxus und Glamour (Samt ist mein ultimativer Lieblingsstoff). In der Show verwendete ich kleine Schulterpolster und etwas Verzierung an einer Schulter; beides habe ich hier weggelassen, da es auch ohne solches Beiwerk wunderschön ist.

Am besten wählen Sie einen mittleren bis mittelschweren Samt. Wenn der Stoff zu leicht ist, lässt er sich nicht gut drapieren, ein zu schwerer Stoff trägt viel zu sehr auf und verliert an Eleganz. Stretchsamt bzw. Velours ist optimal.

Haben Sie keine Scheu, selbst mit dem Stil zu spielen: Verändern Sie die Länge (ich habe das Kleid einmal knöchellang genäht, was erstaunlich gut aussah), verändern Sie die Ärmellänge, fügen Sie Verzierungen an oder probieren Sie es mit einem völlig anderen Stretchstoff. Möglichkeiten gibt es viele – wählen Sie Ihre eigene aus!

ZUSCHNEIDEN DES ROCKS

1 Den Stoff für den Rock der Breite nach in der Mitte falten. Der Stoffbruch ist die hintere Mitte, der obere Rand ist der Taillenrand, der offene Rand gegenüber dem Stoffbruch ist die vordere Mitte, die Unterkante ist der Saum. Von der hinteren Mitte aus den Taillenumfang geteilt durch 2 abmessen und markieren. Von dieser ersten Markierung aus 9 cm in Richtung hintere Mitte abmessen und markieren.

2 Von der Taille aus 18 cm auf der vorderen Mitte nach unten abmessen. Von der Markierung des halben Taillenumfangs eine Kurve nach unten zur 18 cm-Markierung der vorderen Mitte zeichnen. Am Saum von der hinteren Mitte aus 11,5 cm abmessen und markieren. Eine Kurve zeichnen, die diese Markierung mit der 18 cm-Markierung der vorderen Mitte verbindet.

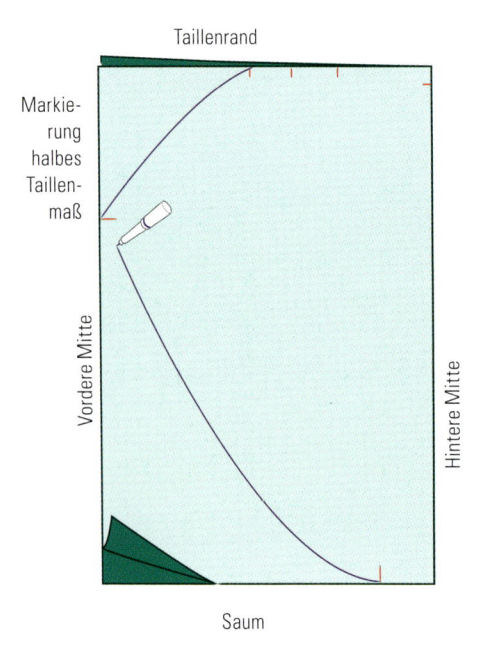

3 Wieder am Taillenrand von der hinteren Mitte aus den Taillenumfang geteilt durch 4 abmessen und markieren. Von der Taille nach unten die Taillendifferenz geteilt durch 2 an der hinteren Mitte abmessen und markieren. Eine Kurve von hier zum Punkt des Viertelmaßes der Taille zeichnen.

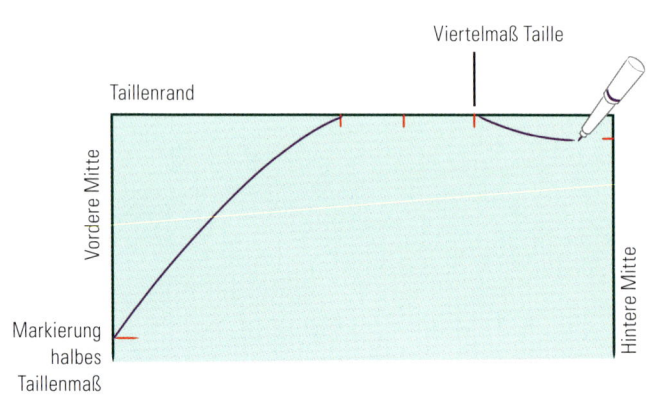

4 Entlang der Linien zuschneiden. Je einen Einschnitt in der hinteren Mitte sowie bei der zweiten und dritten Markierung am Taillenrand machen. Rock beiseite legen.

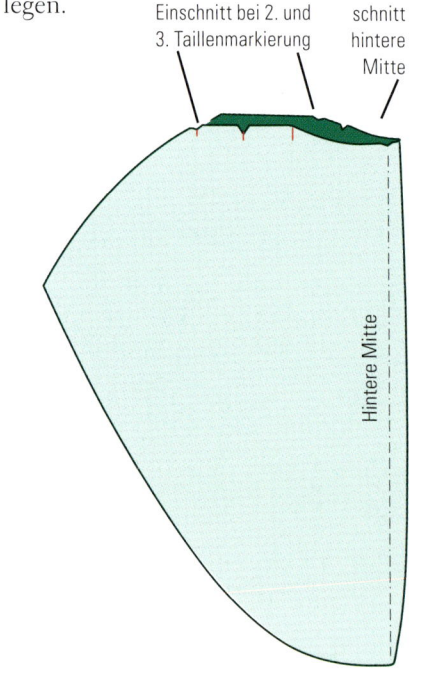

136 | Freehand Fashion

ZUSCHNEIDEN DES OBERTEILS OHNE ÄRMEL

5 Nun folgt das Oberteil ohne Ärmel. Zuerst wird das Rückenteil zugeschnitten und als Vorlage verwendet, um einen Teil des Vorderteils zuzuschneiden. Den Stoff für das Vorderteil der Breite nach in der Mitte falten. Dieser Stoffbruch ist die hintere Mitte, die untere Kante ist die Taillenlinie. Wie in den Schritten 3–12 der Anleitungen beim Grundmodell für ein Kleid auf Seite 34 die senkrechten und waagerechten Maße mit folgenden Änderungen abmessen: Beim Markieren der waagerechten Maße die 5 cm weglassen, die üblicherweise dazugerechnet werden, nachdem das Maß durch 4 geteilt wurde. Den Halsausschnitt 4 cm nach unten auf der hinteren Mitte markieren, da der Halsausschnitt bei diesem Stil hinten höher sein muss. Die 5 cm lange gerade Linie auf Brusthöhe weglassen. Bedenken Sie, dass dies das Rückenteil ist, daher ignorieren Sie beim Markieren der Armausschnitte die Markierungen für die Länge Schulter bis Endpunkt Brustbreite und Brustbreite.

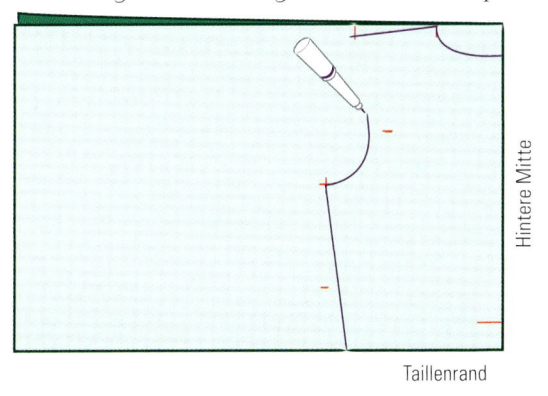

6 An der hinteren Mitte vom Taillenrand aus den Taillenunterschied geteilt durch 2 abmessen und markieren. Von diesem Punkt eine Kurve zum Seitenrand auf Taillenhöhe zeichnen. Rückenteil zuschneiden.

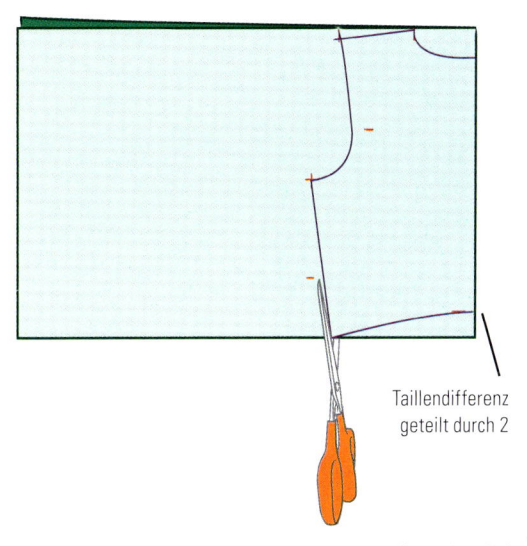

7 Von der gegenüberliegenden Kante des Stoffs für das ärmellose Oberteil eine gerade Linie parallel dazu im Abstand von 18 cm ziehen, dies ist die vordere Mitte. Parallel zum unteren Rand eine gerade Linie im Abstand von 6 cm zeichnen.

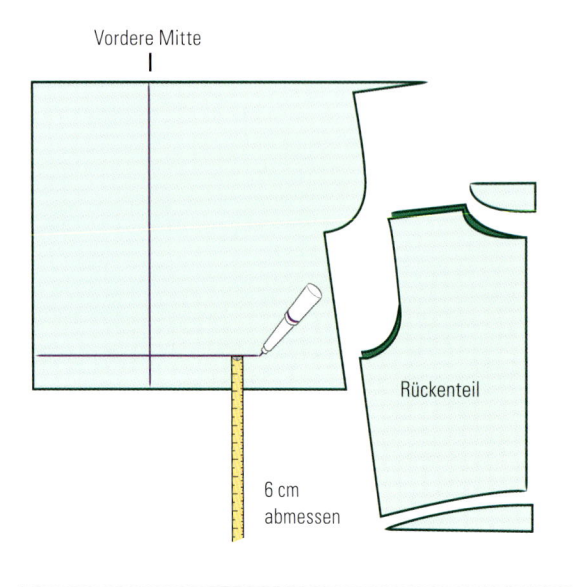

Vordere Mitte

Rückenteil

6 cm abmessen

8 Den Stoffbruch der hinteren Mitte auf die vordere Mittellinie legen. Ab der in 6 cm Höhe gezogenen Linie die Seitenränder und den Schulterrand zuschneiden.

Stoffbruch der hinteren Mitte auf die vordere Mittellinie legen

Bis zur inneren Schulterecke schneiden (hier stoppen)

Rückenteil

Bei der Linie in 6 cm Höhe mit dem Schneiden beginnen

9 Das Rückenteil abnehmen. Auf der senkrechten Linie, die in Schritt 7 gezogen wurde, die Länge Schulter bis Endpunkt Brustbreite markieren. Dann die Brustbreite durch 2 teilen, 1,2 cm zugeben und mit einem kleinen Kreuz auf der Linie der Länge Schulter bis Endpunkt Brustbreite markieren. Unten entlang der geraden Linie schneiden. Vorderen Armausschnitt markieren und ausschneiden.

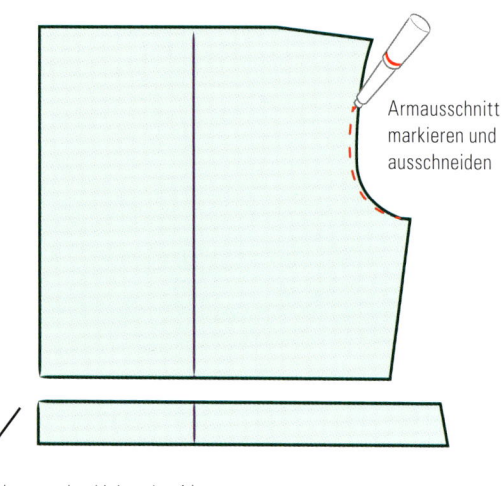

Armausschnitt markieren und ausschneiden

An der geraden Linie schneiden

138 | Freehand Fashion

10 Vom höchsten Punkt der Schulter die Länge gerade nach unten abmessen. Von diesem Punkt aus, der 9 cm von der vorderen Mittellinie entfernt sein sollte, das Lineal schwenken und die gleiche Länge in regelmäßigen Abständen bis zum Stoffrand markieren. Am unteren Rand von der vorderen Mittellinie 9 cm zum Seitenrand hin abmessen und markieren.

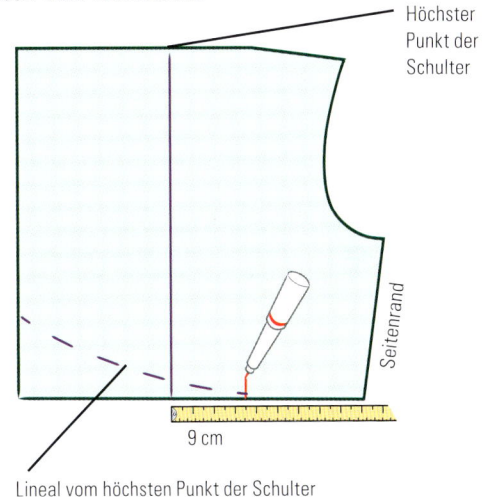

Höchster Punkt der Schulter

Seitenrand

9 cm

Lineal vom höchsten Punkt der Schulter schwenken und die Taillenhöhe markieren

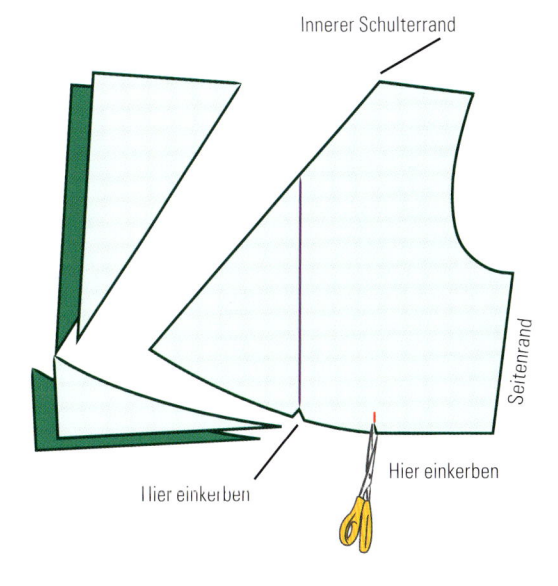

Innerer Schulterrand

Seitenrand

Hier einkerben

Hier einkerben

11 Vom inneren Schulterrand (9 cm von der vorderen Mittellinie) eine gerade Linie zum Ende der Kurve zeichnen, die in Schritt 10 markiert wurde. An dieser geraden Linie und der Kurve am unteren Rand zuschneiden. Die vordere Mittellinie einkerben, ebenso die Markierung 9 cm von der vorderen Mittellinie am unteren Rand.

Die Projekte: Samtwickelkleid | **139**

12 Für den Taillenbund einen Stoffstreifen zuschneiden in der Länge Ihres Taillenumfangs geteilt durch 2 plus 7,5 cm Der Taillenbund muss wegen der Kräuselung an beiden Enden verstärkt werden. Ein Stück Bügeleinlage in der gleichen Größe zuschneiden und auf die linke Seite des Taillenbundes bügeln. Den Taillenbund an beiden Längsseiten in der Mitte einkerben.

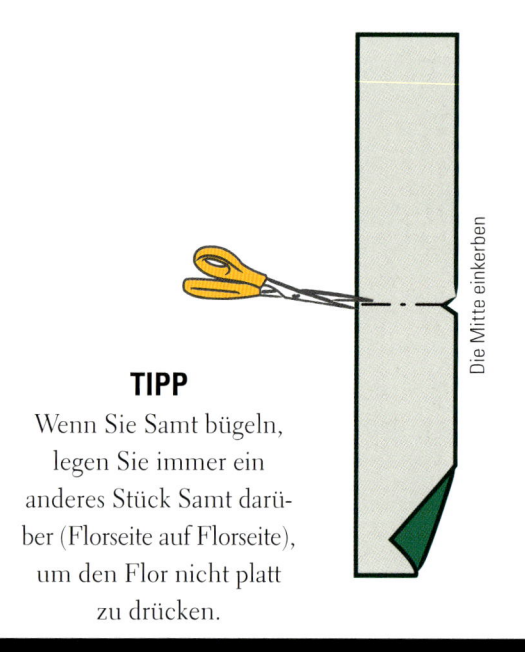

Die Mitte einkerben

TIPP
Wenn Sie Samt bügeln, legen Sie immer ein anderes Stück Samt darüber (Florseite auf Florseite), um den Flor nicht platt zu drücken.

13 Anhand der Anleitungen beim Grundmodell für einen Ärmel (Seite 56) zwei Ärmel mit Standard-Armkugel zuschneiden.

ZUSAMMENNÄHEN DES KLEIDES

14 Die Vorderteile des ärmellosen Oberteils rechts auf rechts auf das Rückenteil des ärmellosen Oberteils platzieren, sodass die Schultern übereinanderliegen. Dann die Schulternähte mit der Overlock- oder Nähmaschine zusammennähen.

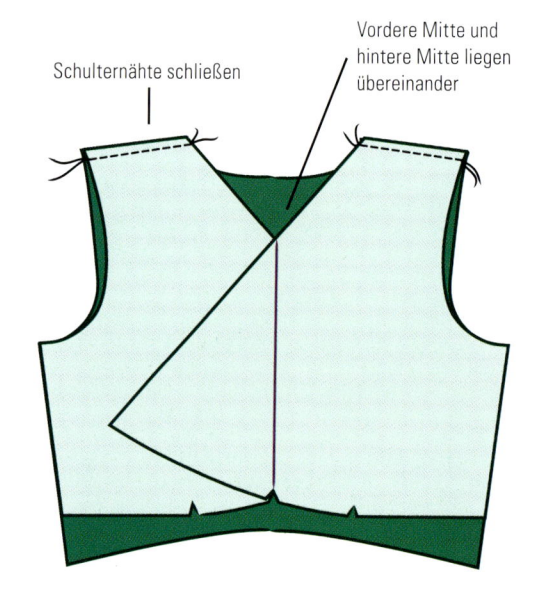

Schulternähte schließen

Vordere Mitte und hintere Mitte liegen übereinander

15 Den gesamten Halsausschnitt sowie Saum und Vorderteil des V-Rockteils beketteln oder im Zickzackstich versäubern. An den beketteltten oder im Zickzackstich versäuberten Rändern einen einfachen Saum umschlagen. Diesen können Sie entweder mit einer Zwillingsnadel mit der Maschine nähen, oder Sie nähen mit der Hand einen Blindsaum.

16 Stellen Sie bei Ihrer Nähmaschine die längste Stichlänge ein (bei den meisten Maschinen sind das 5 mm), und nähen Sie zwei Stichreihen im Abstand von 6 mm zwischen der Ecke und der ersten Kerbe an beiden Enden des Taillenrandes beim Rock sowie zwischen der Ecke und der ersten Kerbe an den Vorderteilen des Oberteils. Dies sind Kräuselstiche. Kräuseln Sie diese Abschnitte so, dass sie zwischen zwei Kerben passen.

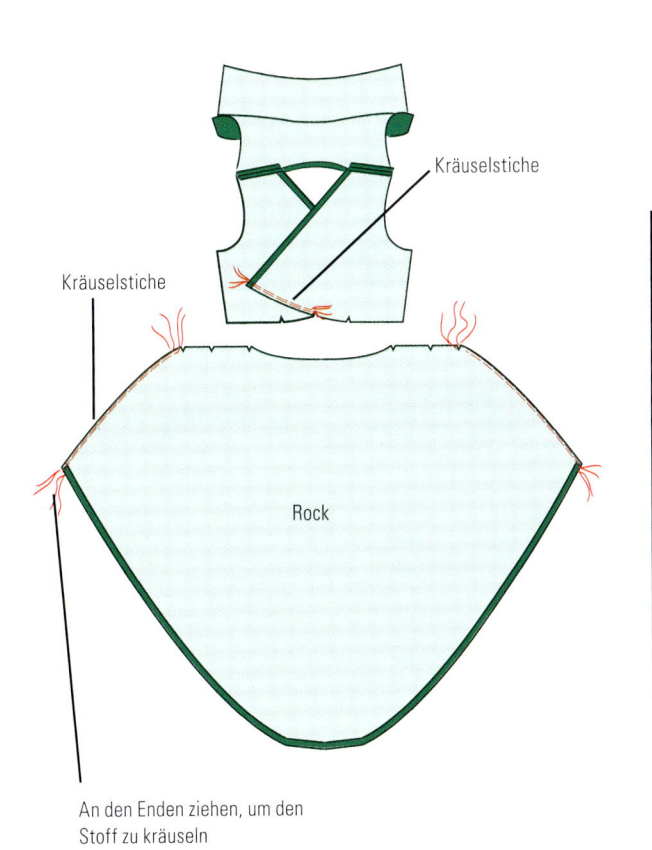

17 Beim Vorderteil des Oberteils die mittleren Kerben übereinanderlegen, das rechte Vorderteil liegt über dem linken Vorderteil. Die gekräuselten Abschnitte sollen zwischen die mittleren Kerben und die andere Kerbe an den Kanten passen, wenn die Vorderteile gekreuzt sind. Den Taillenbund rechts auf rechts so auflegen, dass die mittleren Kerben übereinander liegen. Feststecken. Mit der Nähmaschine oder Overlockmaschine nähen.

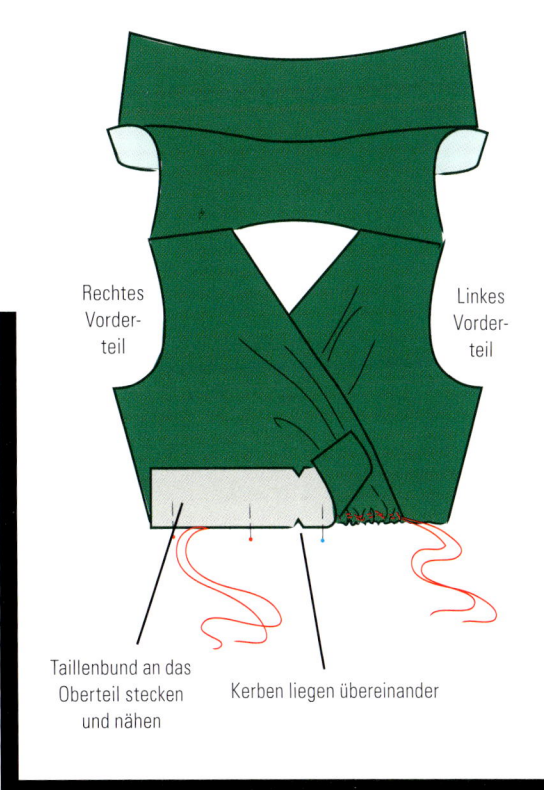

Kräuselstiche

Kräuselstiche

Rock

An den Enden ziehen, um den Stoff zu kräuseln

Rechtes Vorderteil

Linkes Vorderteil

Taillenbund an das Oberteil stecken und nähen

Kerben liegen übereinander

18 Die Seitennähte des Oberteils rechts auf rechts mit der Näh- oder Overlockmaschine mit 1 cm Nahtzugabe zusammennähen.

Die Projekte: Samtwickelkleid | **141**

20 Nun die Rockvorderteile so übereinanderschlagen, dass die mittleren Kerben mit der Kerbe in der Mitte des Taillenbundes übereinstimmen und das rechte vor dem linken Teil liegt. Feststecken.

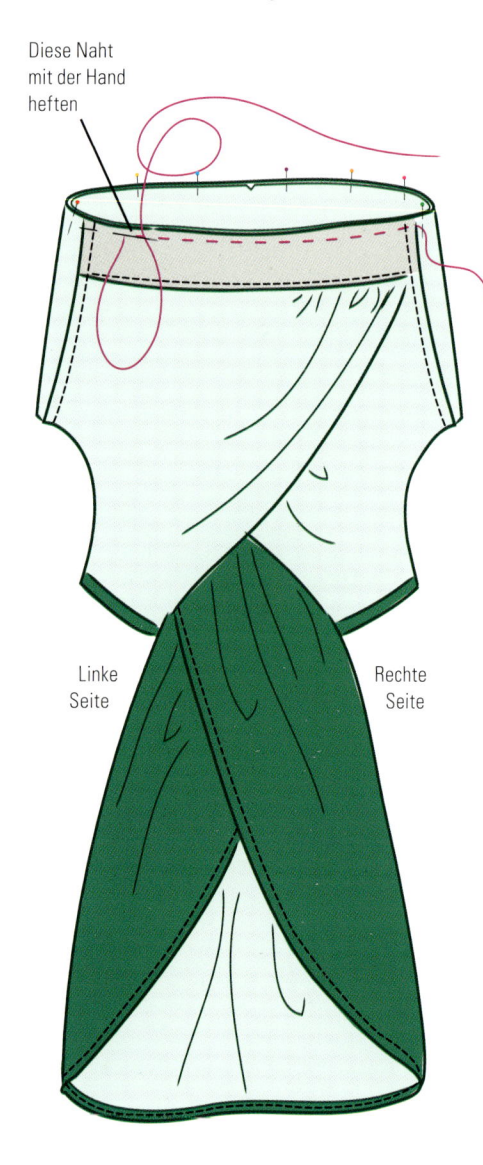

Diese Naht mit der Hand heften

Linke Seite

Rechte Seite

19 Die Kerben in der hinteren Mitte von Oberteil und Rock rechts auf rechts übereinanderlegen und feststecken.

21 Den restlichen Rock an den Taillenrand des Oberteils stecken und ihn dabei, falls nötig, etwas dehnen. Diese Naht mit 1 cm Nahtzugabe mit der Näh- oder Overlockmaschine nähen. Ich empfehle dringend, diese Naht zuerst zu heften.

22 Die Seitennaht der Ärmel mit der Näh- oder Overlockmaschine zusammennähen, dann den unteren Ärmelrand im Zickzackstich versäubern oder beketteln. Einen einfachen Saum umschlagen und mit einer Zwillingsnadel mit der Maschine oder im Blindstich mit der Hand nähen.

23 Das Einnähen eines Ärmels ins Oberteil ist mit Stretch-Stoff viel einfacher. Sie müssen nur die Seitennähte von Ärmel und Oberteil rechts auf rechts sowie die Kerbe in der Mitte der Armkugel mit der Schulternaht übereinanderbringen. An diesen Stellen mit Stecknadeln fixieren und beim Zusammennähen von Ärmel und Oberteil mit der Näh- oder Overlockmaschine Armausschnitt und Ärmel jeweils so dehnen, dass sie zusammenpassen.

Die Projekte: Samtwickelkleid

MAXI WICKEL KLEID

ANMERKUNGEN

Legen Sie den Stoff immer rechts auf rechts, soweit nicht anders angegeben. Es ist wichtig, jede Bruchkante gut zu bügeln, um einen deutlichen Kniff zu erhalten. Immer 1,2 cm Nahtzugabe dazugeben, soweit nicht anders angegeben.

Dieses Wickelkleid ist vom Frühjahr bis zum Herbst perfekt einsetzbar. Ich liebe Kleidungsstücke, die so vorteilhaft geschnitten sind wie dieses. Der gut sitzende Taillenbund, der tiefe Ausschnitt und der volle, aber leichte Rock werden Ihre Figur gut zur Geltung zu bringen. Relativ einfach zu nähen, kann das Kleid auch gut in den Urlaub mitgenommen werden. Ohne Futter und ohne Reißverschluss ist es entsprechend unkompliziert – aber ganz bestimmt ein Hit.

Sie können verschiedene Längen ausprobieren, indem Sie den zweiten Radius für ein kürzeres Maß »Schulter bis Saum« arbeiten. Wenn Sie das Kleid in Maxilänge nähen wollen, empfehle ich einen leichten Stoff mit schönem Fall wie Seidensatin.

BENÖTIGTE MASSE

WAAGERECHTE MASSE (SIEHE SEITE 18)

Schulterbreite • Brustbreite • Rückenbreite • Brustumfang • Unterbrustumfang • Taillenumfang • Hüftumfang • Armumfang • Ellenbogenumfang • Handgelenkumfang

SENKRECHTE MASSE (SIEHE SEITE 19)

Schulter bis Endpunkt Brustbreite • Schulter bis Endpunkt Rückenbreite • Brusttiefe • Schulter bis Unterbrust • Taillenlänge • Schulter bis Hüfte • Ärmellänge • Innenarmlänge • Ellenbogenlänge

SONSTIGE MASSE (SIEHE SEITE 19)

Brustabstand • Länge Tellerrock (siehe Seite 49)

BENÖTIGTE GRUNDMODELLE

Tellerrock (Seite 48) • Kleid (Seite 34) • Ärmel (siehe Seite 56)

BENÖTIGTE STOFFMENGE

Breite = zweiter Radius x 2
Länge = zweiter Radius + 2,5 cm

ROCK

Breite = zweiter Radius x 2
Länge = zweiter Radius + 2,5 cm

OBERTEIL OHNE ÄRMEL

Breite = Brustumfang + 50 cm
Länge = Taillenlänge + 2,5 cm

ÄRMEL

Breite = Armumfang x 2 + 5 cm
Länge = Ärmellänge + 4 cm

EXTRASTOFF FÜR DIE SCHLAUCHBÄNDER

1,5 m

BENÖTIGTES ARBEITSMATERIAL

Stoff (der Stoff muss von Webkante zu Webkante mindestens 150 cm breit sein, wenn Sie das Kleid in Maxilänge nähen wollen) • Bügeleinlage • Passendes Nähgarn • Stoffschere • Gerades Lineal • Maßband • Bügeleisen und Bügelbrett • Stoffmarker • Nähmaschine • Overlockmaschine (optional) • Stecknadeln • Große Nadel

VORBEREITUNG DES ROCKS

1 Um den ersten Radius zu berechnen, geben Sie zu Ihrem Taillenumfang 25 cm dazu, teilen die Zahl durch 3,14 und runden die Zahl auf die nächste ganze oder halbe (x,5) Zahl ab. Berechnen Sie den zweiten Radius anhand der Anleitungen für das Grundmodell für einen Tellerrock auf Seite 50. Wieder anhand dieser Anleitung falten Sie den Stoff und lassen dabei den Umschlag für die Reißverschlusszugabe weg. Den ersten und zweiten Radius markieren, an den gezeichneten Linien durch alle Stofflagen zuschneiden. An der schrägen Bruchkante nicht schneiden: Der Rock soll in einem Stück gearbeitet werden. Lassen Sie den überschüssigen Stoff gefaltet, Sie brauchen ihn für die Bindebänder (Schritt 15).

VORBEREITUNG DES OBERTEILS OHNE ÄRMEL

2 Den Stoff für das Oberteil ohne Ärmel der Breite nach in der Mitte falten. 12,5 cm von der offenen Seite eine gerade Linie nach unten ziehen. Die Bruchkante genau auf die gezeichnete Linie legen.

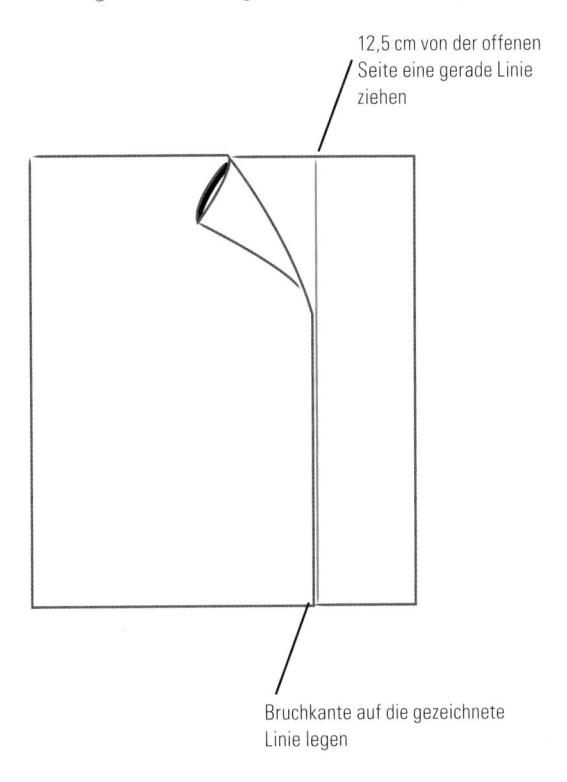

12,5 cm von der offenen Seite eine gerade Linie ziehen

Bruchkante auf die gezeichnete Linie legen

3 Wie in den Schritten 3–12 des Grundmodells für ein Kleid auf den Seiten 36–38 die senkrechten und waagerechten Maße markieren, dabei 2,5 cm von der Taillenlänge abziehen, wo sich die Naht zwischen Oberteil und Rock befinden wird. An den äußeren Linien entlang zuschneiden.

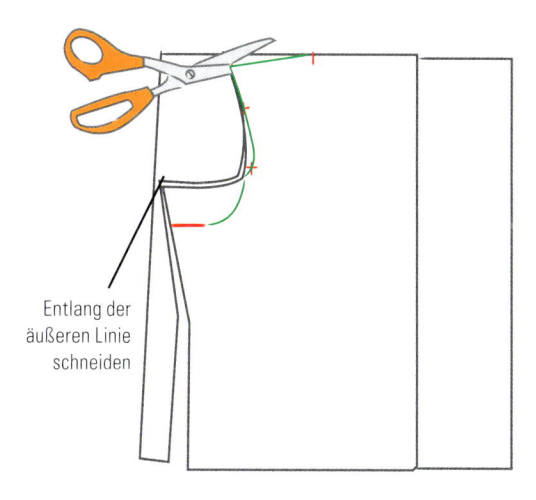

Entlang der äußeren Linie schneiden

4 Das Vorderteil vom Rückenteil trennen. Anhand von Schritt 14 des Grundmodells für ein Kleid die Markierungen für den vorderen Armausschnitt auf das Vorderteil übertragen und jedes Teil an den zutreffenden Linien zuschneiden.

Vorderer Armausschnitt

Hinterer Armausschnitt

5 Am Rückenteil einen flachen Halsausschnitt zuschneiden. (Ein Standard-Halsausschnitt misst 9 cm am Schulterrand und 9 cm in der hinteren Mitte nach unten. Für dieses Kleid empfehle ich 9 cm am Schulterrand und nur 4 cm nach unten.)

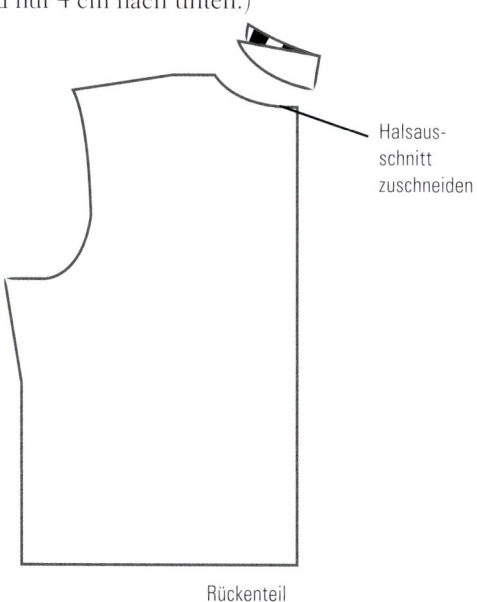

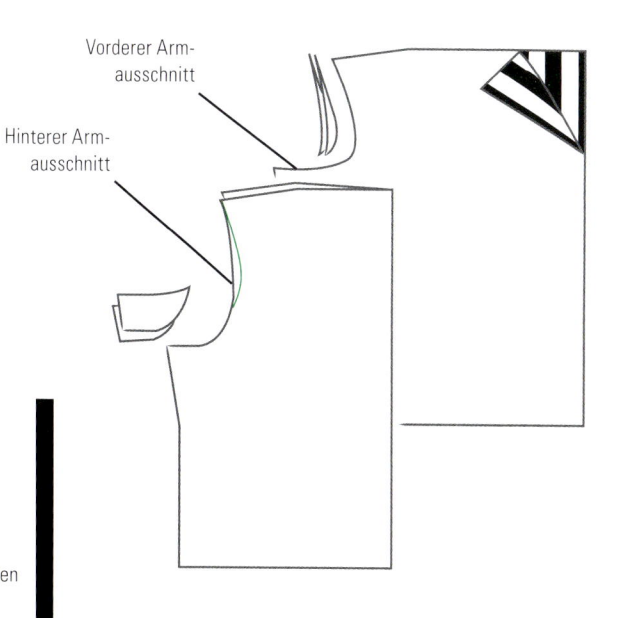

Halsausschnitt zuschneiden

Rückenteil

Die Projekte: Maxiwickelkleid | **147**

6 Am weiterhin gefalteten Vorderteil 2,5 cm vom inneren Schulterende nach unten abmessen. Von dieser 2,5 cm-Markierung aus die Länge vom inneren Schulterende bis zur Taille minus 2,5 cm senkrecht nach unten messen und markieren, dann das Lineal schwenken und diese vordere Taillenlänge in regelmäßigen Abständen bis zur geraden senkrechten Stoffkante markieren. Auf diese Weise entsteht eine geschwungene Linie. Zeichnen Sie nun eine gerade Linie vom Schwenkpunkt unterhalb des inneren Schulterendes bis zur letzten Markierung auf der geraden Stoffkante.

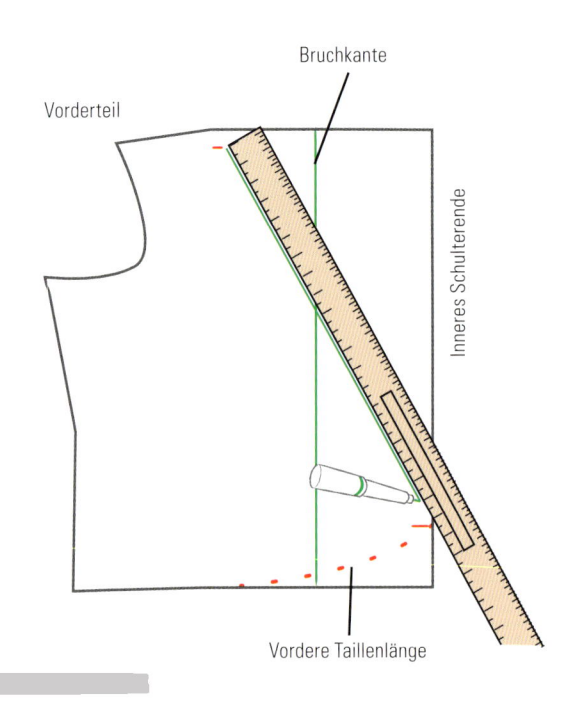

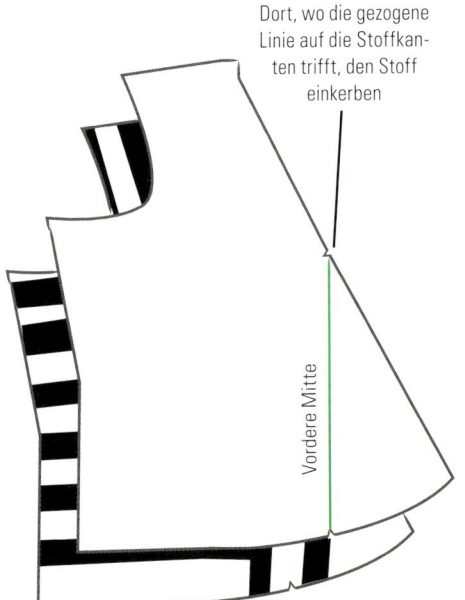

Bruchkante
Vorderteil
Inneres Schulterende
Vordere Taillenlänge

Dort, wo die gezogene Linie auf die Stoffkanten trifft, den Stoff einkerben

7 An diesen Linien zuschneiden. Am oberen und unteren Ende der in Schritt 2 gezogenen geraden Linie einkerben. Diese gerade Linie ist die vordere Mitte.

Vordere Mitte

8 Das weiterhin gefaltete Rückenteil so auf das Vorderteil legen, dass die Mittellinien übereinander liegen. Wie in den Schritten 15–22 des Grundmodells für ein Kleid auf den Seiten 39–40 die senkrechten Abnäher und die seitlichen Brustabnäher markieren und nähen sowie die vorderen Armausschnitte nachschneiden.

9 Für den Taillenbund aus dem Extrastoff einen 5 cm hohen Streifen in der Länge Ihres Taillenumfangs plus 25 cm zuschneiden. Einen Streifen Bügeleinlage in der gleichen Größe zuschneiden und auf die linke Stoffseite aufbügeln. An beiden Längsseiten in der Mitte des Streifens und 12,5 cm von jedem Ende entfernt den Stoff einkerben.

10 Die Vorderteile mit der rechten Seite nach oben so übereinanderlegen, dass die Kerben in der vorderen Mitte übereinstimmen. Von einer Kerbe zur anderen eine gerade Linie abstecken.

Eine gerade Linie von Kerbe zu Kerbe abstecken

Vorderteile

OBERTEIL OHNE ÄRMEL ZUSAMMENNÄHEN

11 Die Vorderteile rechts auf rechts auf das Rückenteil legen. Die Schulternähte mit 1,2 cm Nahtzugabe und die Seitennähte mit 2 cm Nahtzugabe zusammennähen. Nähte beketteln oder im Zickzackstich versäubern.

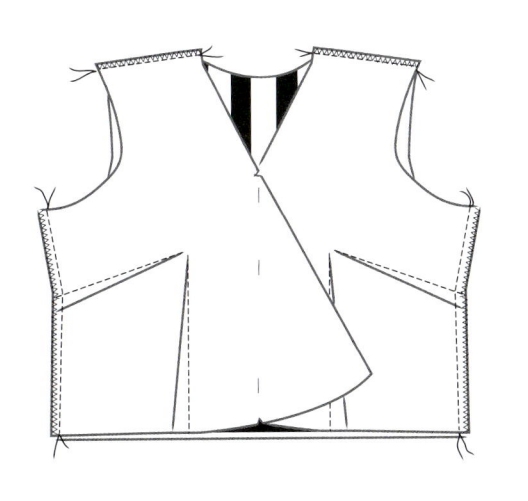

Oberteil an den Taillenbund nähen

Taillenbund an den Rock nähen

12 Stecknadeln vorn aus dem Vorderteil entfernen. Den Taillenbund rechts auf rechts und so an den Taillenrand des Oberteils stecken und dann nähen, dass die hintere Mitte und die Kerben übereinstimmen. Naht beketteln oder im Zickzackstich versäubern. Den Rock auf die gleiche Weise so unten an den Taillenbund stecken und dann nähen, dass die hintere mittlere Bruchkante wie die Kerbe hinten in der Mitte des Taillenbundes übereinstimmen. Naht beketteln oder im Zickzackstich versäubern.

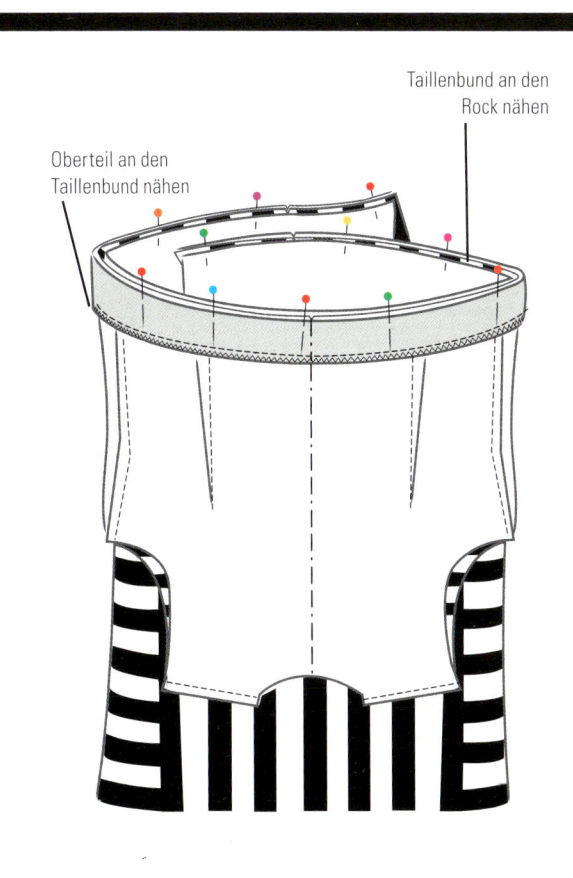

Die Projekte: Maxiwickelkleid

SCHLAUCHBÄNDER ANFERTIGEN

13 Nun müssen Sie einige Schlauchbänder zum Binden anfertigen. Jedes sollte ca. 70 cm lang sein. Nehmen Sie den einteiligen Stoffrest vom Rock und schneiden Sie ihn in der Mitte durch, um mit einem kürzeren Stück arbeiten zu können. Falten Sie den Streifen der Länge nach in der Mitte zusammen, sodass die geraden Ränder übereinander liegen. Bügeln. 4 cm von der Bruchkante eine parallele Linie zeichnen. An dieser Linie schneiden, anschließend an der Bruchkante schneiden.

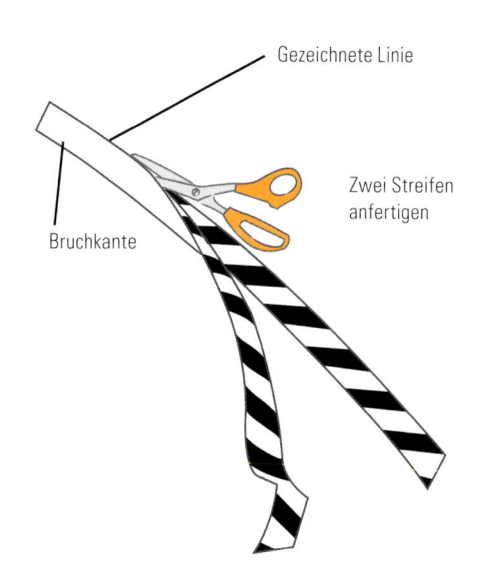

Gezeichnete Linie

Zwei Streifen anfertigen

Bruchkante

14 Jeden Streifen rechts auf rechts in der Mitte falten und mit 6 mm Nahtzugabe zusammennähen. Eine große Nadel einfädeln, am Ende einen Knoten machen, die Nadel durch ein schräges Ende des Schlauchstreifens ziehen, das stumpfe Ende der Nadel durch den gesamten Tunnel schieben. Vorsichtig an der Nadel ziehen, um die rechte Seite des Schlauchstreifens nach außen zu ziehen. Die geraden Enden des Schlauchbands zum Schluss verknoten.

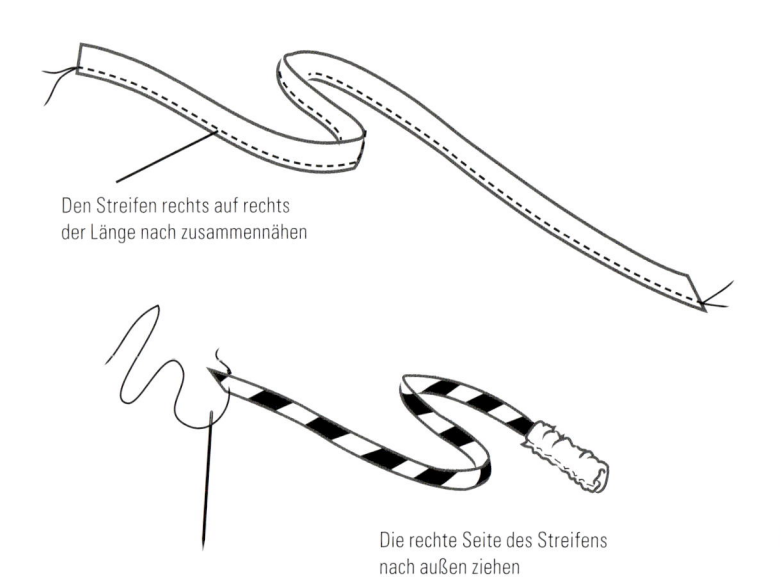

Den Streifen rechts auf rechts der Länge nach zusammennähen

Die rechte Seite des Streifens nach außen ziehen

ANMERKUNGEN

Manche bügeln die Schlauchstreifen so, dass die Naht hinten in der Mitte liegt und daher nicht zu sehen ist. Ich ziehe es vor, die Streifen nicht zu bügeln – ich finde, es sieht hübsch aus, wenn sie nicht völlig flach sind, sondern eher dreidimensional wie kleine Röhren aussehen.

15 Mit der anderen Hälfte des Stoffrests die Schritte 13–14 wiederholen, um zwei weitere Schlauchbänder zuzuschneiden; dieses Mal 10 cm breit und ca. 62 cm lang. Am schrägen Ende zunähen. Einen Stift verwenden, um die rechte Seite nach außen zu wenden. Diesen breiteren Streifen beiseitelegen. Die offenen Enden aller vier Schlauchbänder beketteln oder im Zickzackstich versäubern.

16 Das versäuberte Ende eines schmalen Schlauchbands direkt über dem Taillenbund innen an die Seitennaht des rechten Vorderteils stecken. Das andere schmale Schlauchband von rechts an die obere Ecke des Taillenbundes an das linke Vorderteil stecken. Über die Enden jedes Schlauchbands zwei Nahtreihen nähen, um sie gut zu fixieren.

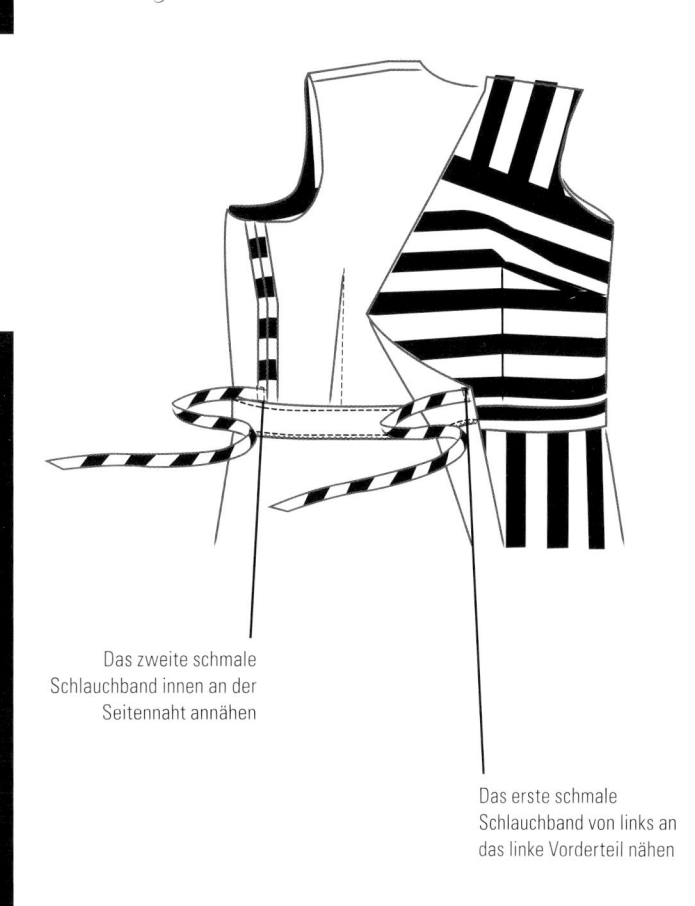

17 Ein breites Schlauchband auf Taillenhöhe von rechts an die Kante des rechten Vorderteils nähen. Die versäuberte Kante des anderen breiten Schlauchbands mit der Seitennaht des linken Vorderteils so ausrichten, dass es zum Rückenteil zeigt. 1,2 cm von der versäuberten Kante über das Band nähen.

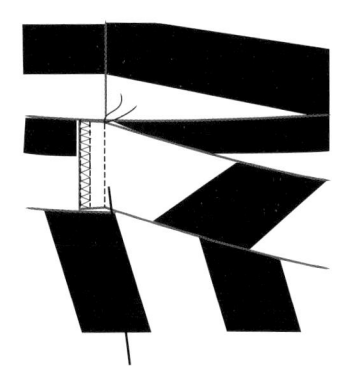

Das zweite schmale Schlauchband innen an der Seitennaht annähen

Das erste schmale Schlauchband von links an das linke Vorderteil nähen

Die versäuberte Kante mit der Seitennaht ausrichten

Die Projekte: Maxiwickelkleid | **151**

18 Das Schlauchband zum Vorderteil zurückschlagen und 1,2 cm von der ersten Naht entfernt erneut nähen, anschließend 3 mm von der ursprünglichen Naht eine parallele Naht nähen.

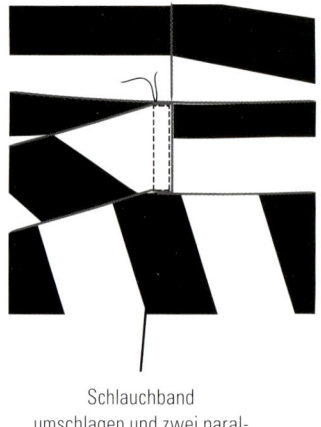

Schlauchband umschlagen und zwei parallele Nähte nähen

DAS KLEID SÄUMEN

19 Unten an einer Ecke eines Vorderteils beginnend alle Kanten in einem durchgängigen Arbeitsgang den Rockrand hinauf, um den Halsausschnitt und hinunter zum unteren Rand des anderen Vorderteils beketteln oder im Zickzackstich versäubern. Rundherum mit einem schmalen, mit der Maschine genähten Rollsaum säumen (siehe Seite 14).

ÄRMEL ANFERTIGEN UND EINSETZEN

20 Anhand der Anleitungen beim Grundmodell für einen Ärmel (Seite 56) zwei Ärmel mit Standardarmkugel zuschneiden, nähen und einsetzen.

Die Projekte: Maxiwickelkleid

OBERTEIL IN WICKEL OPTIK

ANMERKUNGEN

Legen Sie den Stoff immer rechts auf rechts, soweit nicht anders angegeben. Es ist wichtig, jede Bruchkante gut zu bügeln, um einen deutlichen Kniff zu erhalten. Immer 1,2 cm Nahtzugabe dazugeben, soweit nicht anders angegeben.

Manchmal möchte ich so richtig schick aussehen. Für dieses Nähprojekt habe ich einen weißen Baumwoll-Blusenstoff verwendet, eine spielerische Variante zur Standardbluse. Kombinieren Sie diesen Look mit einer nach unten schmal zulaufenden oder weiten Hose zu einem schicken Büro-Outfit. Und beschränken Sie sich nicht auf meine Stoffwahl – wie wäre es beispielsweise mit einem auffallenden Paillettenstoff, um eine völlig andere Wirkung zu erzielen?

BENÖTIGTE MASSE

WAAGERECHTE MASSE (SIEHE SEITE 18)

Schulterbreite • Brustbreite • Rückenbreite • Brustumfang • Unterbrustumfang • Taillenumfang • Hüftumfang • Armumfang • Ellenbogenumfang • Handgelenkumfang

SENKRECHTE MASSE (SIEHE SEITE 19)

Schulter bis Endpunkt Brustbreite • Schulter bis Endpunkt Rückenbreite • Brusttiefe • Schulter bis Unterbrust • Taillenlänge • Schulter bis Hüfte • Schulter bis Saum • Ärmellänge • Innenarmlänge • Ellenbogenlänge

SONSTIGE MASSE (SIEHE SEITE 19)

Brustabstand

BENÖTIGTES GRUNDMODELL

Kleid (siehe Seite 34), ärmelloses Oberteil (siehe Seite 28), Ärmel (siehe Seite 56),

BENÖTIGTE STOFFMENGE

STOFF FÜR DAS OBERTEIL OHNE ÄRMEL

Breite = breitestes waagerechtes Maß + 56 cm
Länge = Maß Schulter bis Saum + 5 cm

STOFF FÜR DIE ÄRMEL

Breite = Armumfang x 2 + 12,5 cm
Länge = Ärmellänge + 4 cm

BENÖTIGTES ARBEITSMATERIAL

Stoff • Schrägband • Nahtverdeckter Reißverschluss • Passendes Nähgarn • Stoffschere • Gerades Lineal • Maßband • Bügeleisen und Bügelbrett • Stoffmarker • Nähmaschine • Stecknadeln • Nahtverdeckter Reißverschlussfuß (optional)

1 Rücken- und Vorderteil werden gesondert zugeschnitten. Schneiden Sie den Stoff für das Oberteil ohne Ärmel der Breite nach in der Mitte durch. Falten Sie ein Teil erneut der Breite nach in der Mitte, schlagen Sie an der gegenüberliegenden Seite bei beiden Stofflagen 2,5 cm Reißverschlusszugabe um und bügeln sie. Diese Bruchkante ist die hintere Mitte, die Oberkante der Schulterrand, die Unterkante der Saum.

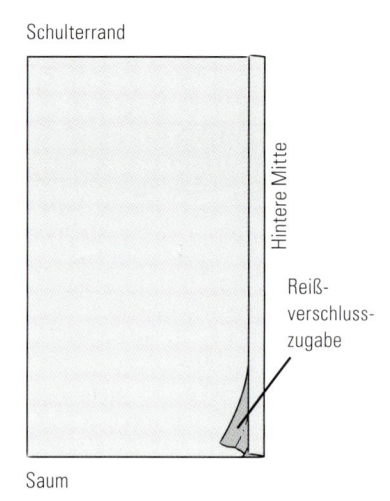

Schulterrand
Hintere Mitte
Reißverschlusszugabe
Saum

Rückenteil
Halsausschnitt

2 Wie in den Schritten 3–12 des Grundmodells für ein Kleid markieren Sie Ihre Maße auf diesem Rückenteil bis zur Hüftlinie (oder zur gewünschten Länge Schulter bis Saum), aber lassen Sie den vorderen Armausschnitt weg, und markieren Sie den Halsausschnitt 9 cm am Schulterrand sowie 4 cm nach unten auf der Bruchkante der Reißverschlusszugabe. Zeichnen Sie die geschwungene Saumlinie anhand Schritt 8 des Grundmodells für ein ärmelloses Oberteil (siehe Seite 28). Zuschneiden und beiseitelegen.

Rückenteil zuschneiden
Reißverschlusszugabe

3 Restlichen Stoff für das Oberteil ohne Ärmel der Breite nach in der Mitte falten. Das zugeschnittene Rückenteil so darüberlegen, dass die Bruchkante der Reißverschlusszugabe mit dem Stoffbruch übereinanderliegt. Das Rückenteil entlang der Taillenlinie umschlagen. Eine gerade Linie parallel zu der Taillenlinie ziehen, 1,2 cm über der gefalteten Taillenlinie. An dieser Linie schneiden.

Bruchkante
Rückenteil
Rückenteil entlang der Taillenlinie umschlagen
Parallel zum Taillenbund eine Linie ziehen und an der Linie schneiden

Aufgefaltetes Rückenteil

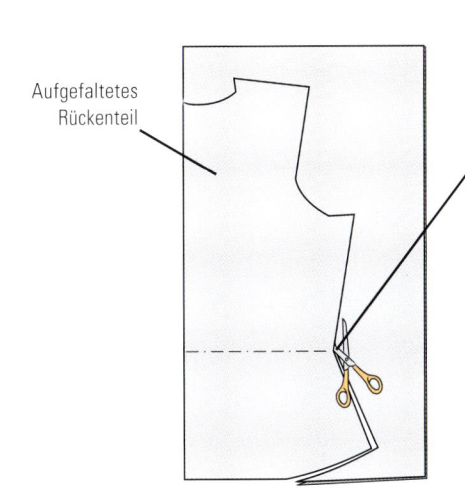

Das Vorderteil nur bis auf Taillenhöhe zuschneiden

4 Das Rückenteil wieder auffalten, sodass die gesamte Bruchkante der Reißverschlusszugabe wieder mit der Bruchkante auf dem Vorderteil übereinanderliegt. Das Rückenteil als Vorlage verwenden, um Saum und Seitenrand bis auf Taillenhöhe zuzuschneiden. Dies ist der untere Teil des Vorderteils, den Sie nun beiseitelegen können.

5 Wieder beim Vorderteil die vordere Taillenlänge plus 1,2 cm in regelmäßigen Abständen von der Oberkante aus abmessen und markieren. Eine gerade Linie über den Stoff ziehen und an der Linie schneiden, sodass Sie eine gleichmäßige Taillenlinie haben.

Dieses Stück Stoff abschneiden

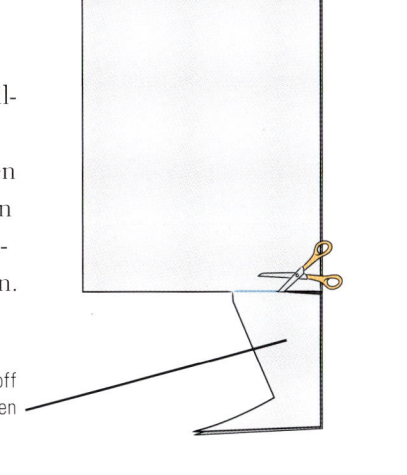

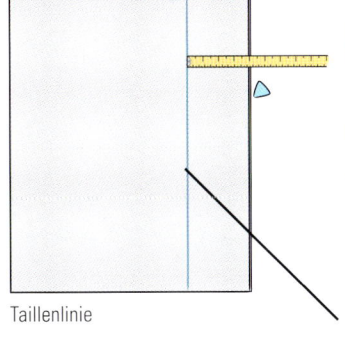

Schulterrand

6 Von der offenen Seite aus 10 cm abmessen und eine gerade Linie über die gesamte Stofflänge bis zum unteren Rand ziehen. Der obere Rand ist der Schulterrand, die gezogene Linie die vordere Mitte, die Unterkante die Taillenlinie.

Taillenlinie

Vordere Mitte

Die Projekte: Oberteil in Wickeloptik | **157**

Nur den vorderen Armausschnitt zeichnen

Halsausschnitt markieren

Taillenlinie

Vordere Mitte

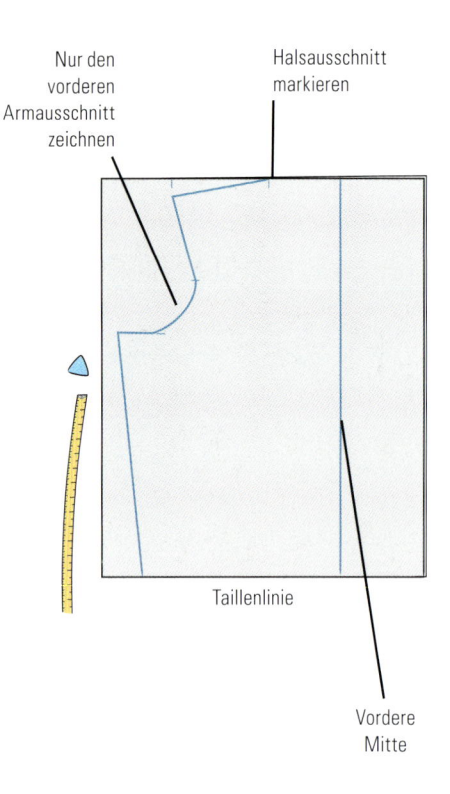

7 Wie in den Schritten 3–12 beim Grundmodell für ein Kleid die senkrechten und waagerechten Maße abmessen und markieren. Nicht vergessen, dass dies das Vorderteil ist; lassen Sie also den hinteren Armausschnitt weg, und markieren Sie den Halsausschnitt nur am Schulterrand, 9 cm von der vorderen Mitte entfernt

8 Von dieser 9 cm-Markierung am Schulterrand die Taillenlänge plus 1,2 cm nach unten abmessen und markieren. Vom gleichen Punkt aus das Lineal schwenken und dieselbe Länge in regelmäßigen Abständen bis zur senkrechten Stoffkante markieren. So entsteht eine geschwungene Linie. Eine gerade Linie von der Markierung am Schulterrand bis zur letzten Markierung an der senkrechten Stoffkante ziehen. An diesen Linien schneiden und die vordere Mitte auf der Taillenlinie einkerben.

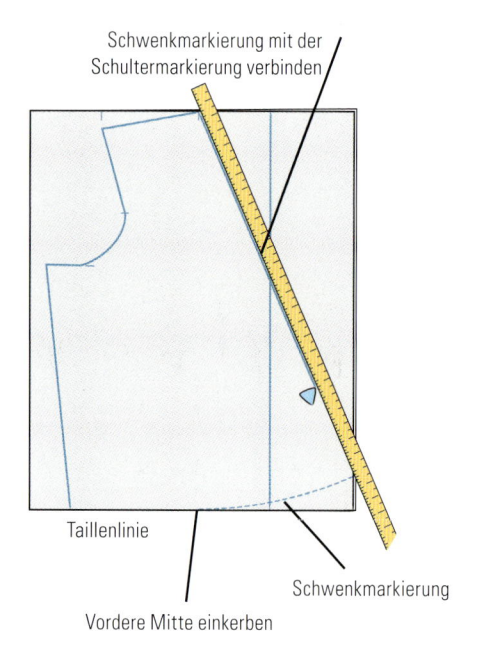

9 Die Vorderteile wie abgebildet anordnen.

Unteres Teil (wurde in Schritt 4 vorbereitet und beiseitegelegt)

Schwenkmarkierung mit der Schultermarkierung verbinden

Taillenlinie

Schwenkmarkierung

Vordere Mitte einkerben

10 Das Rückenteil so über das Vorderteil legen, dass die mittleren Bruchkanten des Rückenteils mit der gezeichneten Linie auf der vorderen Mitte übereinstimmen. Die senkrechten Abnäher und die seitlichen Brustabnäher wie in den Schritten 15–21 beim Grundmodell für ein Kleid markieren. Berücksichtigen Sie aber die Taillennaht am Vorderteil, indem Sie beim Zeichnen des senkrechten Abnähers eine gerade, 1,2 cm lange Linie über die Nahtzugabe der Taillenlinie zeichnen.

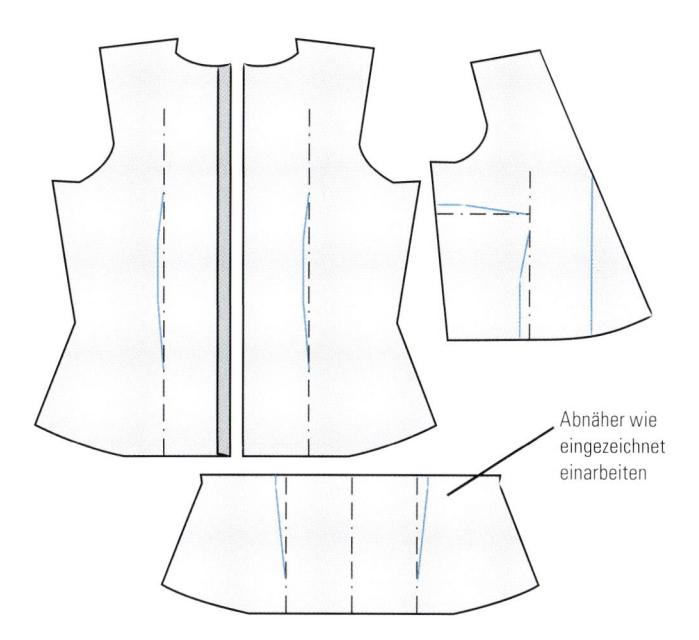

Abnäher wie eingezeichnet einarbeiten

11 Abnäher an den Vorder- und Rückenteilen nähen und nach außen bügeln. Darauf achten, die mittleren Bruchkanten am Vorder- und Rückenteil nicht auszubügeln.

12 Mit den Rückenteilen rechts auf rechts liegend an der Reißverschlusszugabe vom Halsausschnitt aus 7,5 cm nach unten zusammennähen.

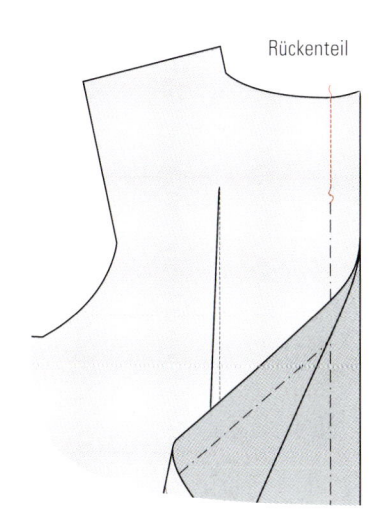

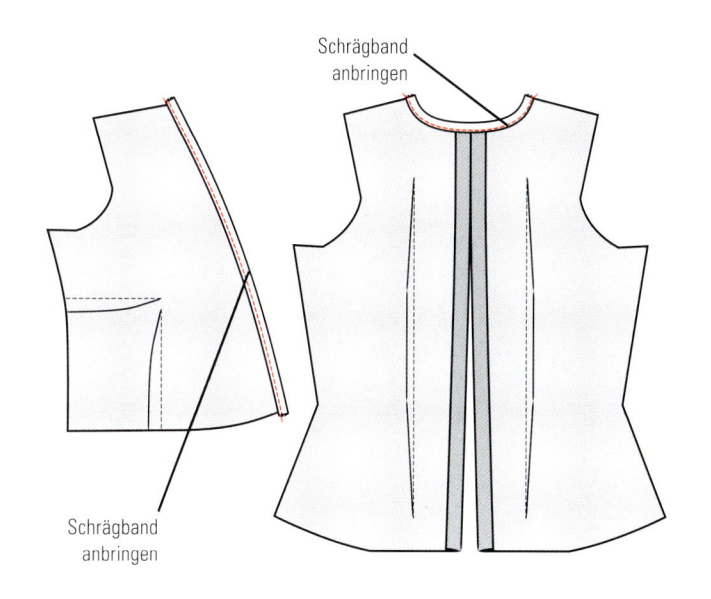

Rückenteil

Schrägband anbringen

Schrägband anbringen

13 Den hinteren Halsausschnitt und die mittleren Vorderkanten des Vorderteils mit fertigem Schrägband einfassen (siehe Seite 13).

Die Projekte: Oberteil in Wickeloptik

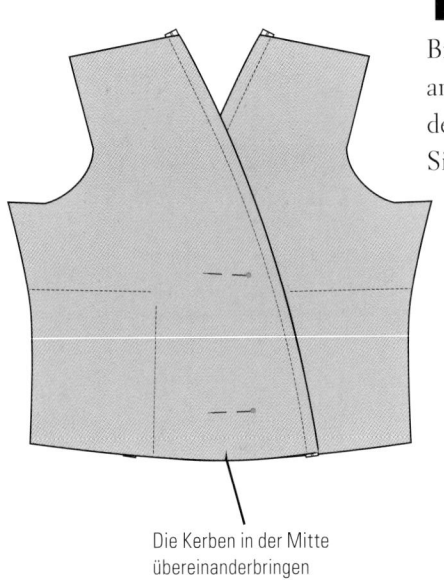

14 Beide Teile liegen mit der rechten Seite nach oben. Bringen Sie die Kerben übereinander, legen Sie das rechte Vorderteil über das linke und stecken Sie beide zusammen.

Die Kerben in der Mitte übereinanderbringen

Einen nahtverdeckten Reißverschluss einsetzen

Rückenteil

15 Stecken und nähen Sie den unteren Abschnitt des Vorderteils in der Taille an das obere Vorderteil. Dabei liegen die Teile rechts auf rechts und die Kerbe liegt über der mittleren Bruchkante. Das Vorderteil besteht nun aus einem Teil.

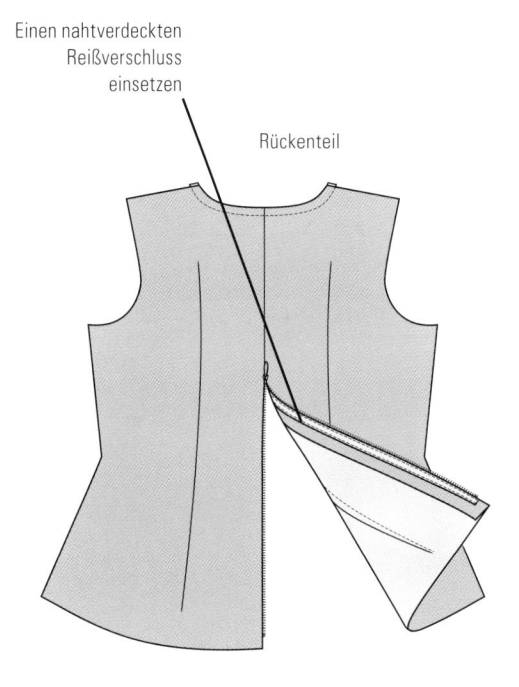

Die überkreuzten Vorderteile an den unteren Teil nähen

16 Einen nahtverdeckten Reißverschluss (siehe Seite 15) auf dem Kopf stehend (siehe Abbildung) ab 2,5 cm über der Saumlinie in die Öffnung am Rückenteil einnähen. Bei geschlossenem Reißverschluss befindet sich der Schieber am Rückenteil unten.

17 Das Vorderteil rechts auf rechts so auf das Rückenteil legen, dass die vordere und hintere Mitte übereinanderliegen. An den Seiten zusammenstecken. Von der Mitte aus messen und markieren Sie Ihren Brustumfang geteilt durch 4 an beiden Seitenrändern. Die Maße der Unterbrustweite, Taillen- und Hüftweite genauso markieren und dann die Markierungen miteinander verbinden. Die Seiten- und Schulternähte schließen.

Vorderteil auf das Rückenteil legen

Vordere und hintere Mitte übereinanderbringen

18 Die Ärmel wie in den Schritten 1–7 beim Grundmodell für einen Ärmel (Seite 58–59) zuschneiden. Die Ärmel nach der Anleitung für eine Standard-Armkugel (Seite 60) einsetzen.

Nahtzugaben markieren und die Seitennähte schließen

19 Ärmel und Oberteil mit einem Rollsaum säumen (siehe Seite 14).

Die Projekte: Oberteil in Wickeloptik | 161

ANMERKUNGEN

Legen Sie den Stoff immer rechts auf rechts, soweit nicht anders angegeben. Es ist wichtig, jede Bruchkante gut zu bügeln, um einen deutlichen Kniff zu erhalten. Immer 1,2 cm Nahtzugabe dazugeben, soweit nicht anders angegeben.

KRAGENLOSER BLAZER MIT SCHRÄGEM STREIFENMUSTER

Mit diesem Nähprojekt setzen Sie ein Statement für Ihre Garderobe, mit dem sich auch ein eher langweiliges Outfit mit Jeans und Tanktop attraktiv aufpeppen lässt. Durch die klaren Linien und das einfache Design können Sie Ihrer Kreativität freien Lauf lassen. Ich habe einen Waxprint-Stoff in poppigen Farben gewählt, um die Vielseitigkeit dieses Kleidungsstücks zu zeigen. Das Muster des Stoffs verläuft waagerecht; ich habe es schräg verarbeitet. Um dabei nicht zuviel Stoff zu vergeuden, fertige ich zuvor ein Muster aus einem Baumwoll-Polyester-Mischgewebe an. Die Streifen schräg nach unten verlaufen zu lassen, lässt die Taille schmaler wirken.

BENÖTIGTE MASSE

WAAGERECHTE MASSE (SIEHE SEITE 18)
Schulterbreite • Brustbreite • Rückenbreite • Brustumfang • Unterbrustumfang • Taillenumfang • Hüftumfang • Armumfang • Ellenbogenumfang • Handgelenkumfang

SENKRECHTE MASSE (SIEHE SEITE 19)
Schulter bis Endpunkt Brustbreite • Schulter bis Endpunkt Rückenbreite • Brusttiefe • Schulter bis Unterbrust • Vordere Taillenlänge • Schulter bis Hüfte • Ärmellänge • Innenarmlänge • Ellenbogenlänge

SONSTIGE MASSE (SIEHE SEITE 19)
Brustabstand

BENÖTIGTE GRUNDMODELLE
Ärmelloses Oberteil (Seite 24) • Ärmel (Seite 56)

BENÖTIGTE STOFFMENGE

BAUMWOLL-POLYESTER-MISCHGEWEBE
Breite = das breiteste waagerechte Maß + 35 cm
Länge = Schulter bis Hüfte + 2,5 cm

BLAZER-OBERSTOFF
Breite = Hüftumfang + 35 cm
Länge = Schulter bis Saum + 7,5 cm

FUTTERSTOFF
Breite = Hüftumfang + 35 cm
Länge = Schulter bis Saum + 7,5 cm

FÜR DIE ÄRMEL
Breite = Armumfang x 2 + 5 cm
Länge = Ärmellänge plus 4 cm

BENÖTIGTES ARBEITSMATERIAL
Baumwoll-Polyester-Mischgewebe • Oberstoff • Futterstoff Bügeleinlage • Passendes Nähgarn • Stoffschere • Gerades Lineal • Maßband • Bügeleisen und Bügelbrett • Stoffmarker • Nähmaschine • Handnähnadel • Stecknadeln

DIE VORLAGEN ANFERTIGEN

1 Den Baumwoll-Polyesterstoff der Breite nach in der Mitte falten. 2,5 cm vom Rand gegenüber der Bruchkante eine gerade Linie über die gesamte Länge nach unten ziehen. Der obere Rand ist der Schulterrand, der untere der Saum, die gezeichnete Linie ist die vordere und hintere Mitte. Wie in den Schritten 3–12 beim Grundmodell für ein ärmelloses Oberteil (S. 26–29) die Maße abmessen und markieren, einschließlich des Endes des Halsausschnitts (Inneneck der Schulter), aber ohne das Halsloch.

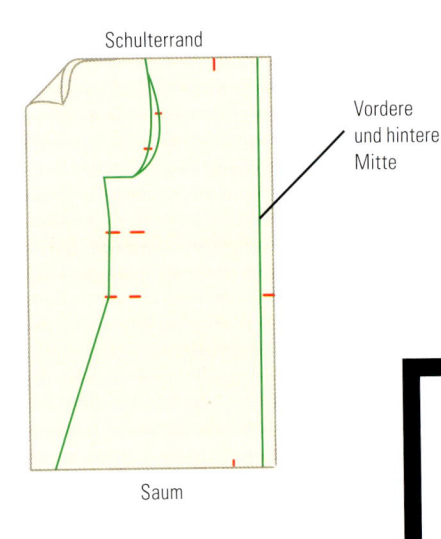

Schulterrand

Vordere und hintere Mitte

Saum

2 Für das hintere Halsloch an der Mittellinie unter dem Schulterrand 4 cm abmessen und markieren. Eine Kurve zur ersten Markierung am Schulterrand (Ende Halsausschnitt an der Schulter) zeichnen.

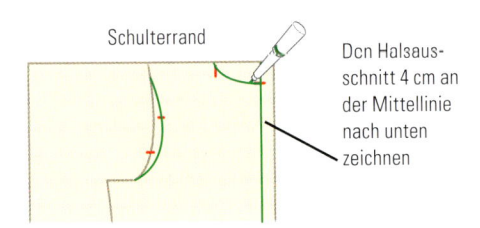

Schulterrand

Den Halsausschnitt 4 cm an der Mittellinie nach unten zeichnen

164 | Freehand Fashion

3 Für die Öffnung am Vorderteil das Maß der vorderen Taillenlänge plus 1,2 cm an der offenen Seite abmessen und markieren. Eine gerade Linie vom inneren Schulterrand zu dieser Markierung ziehen. Von der Mittellinie aus 5 cm abmessen und markieren. Nun eine Linie ziehen, die diese Markierung mit der Markierung an der offenen Seite verbindet.

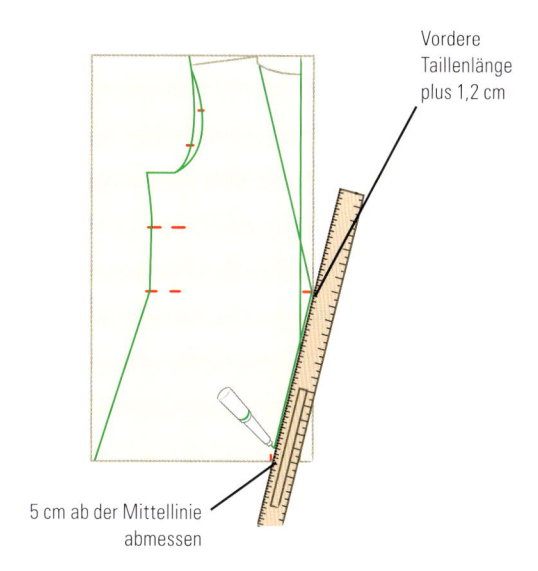

Vordere Taillenlänge plus 1,2 cm

5 cm ab der Mittellinie abmessen

4 Entlang aller äußeren Markierungen durch beide Stofflagen schneiden. Anschließend die beiden Teile trennen und bei jedem Teil den noch überschüssigen Stoff wegschneiden.

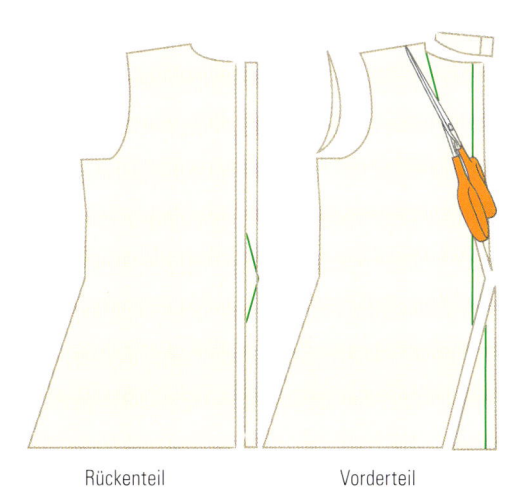

Rückenteil   Vorderteil

5 Verwenden Sie diese Vorlagen zum Zuschneiden aus dem Oberstoff. Sie brauchen keine weitere Nahtzugabe, schneiden Sie genau in der Größe der Vorlage.

Die Projekte: Kragenloser Blazer mit schrägem Streifenmuster

DAS SCHRÄGSTREIFENMUSTER ERZEUGEN

6 Den Oberstoff der Länge nach rechts auf rechts in der Mitte falten, dabei darauf achten, dass die Musterstreifen gut zusammenpassen. Die Vorlagen diagonal aufstecken, sodass die Musterstreifen im 45-Grad-Winkel diagonal über die Vorlagen verlaufen. Die Teile ausschneiden, am Rückenteil an der Mittellinie 1,2 cm Nahtzugabe zugeben.

Stoffbruch

Am Rückenteil an der Mittellinie 1,2 cm Nahtzugabe zugeben

Musterstreifen passend aufeinanderlegen

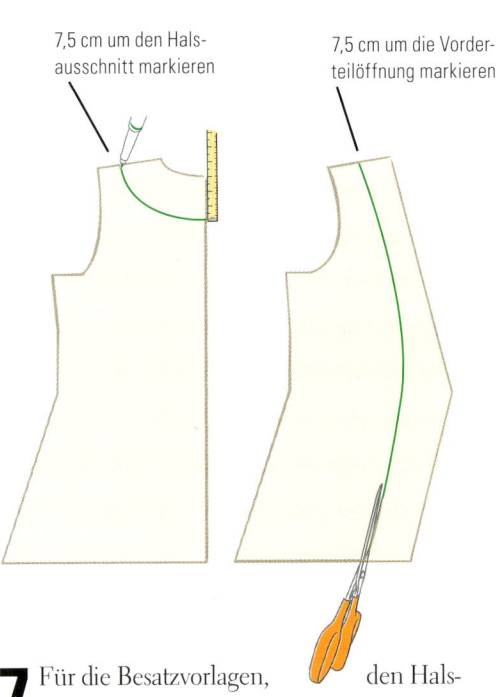

7,5 cm um den Halsausschnitt markieren

7,5 cm um die Vorderteilöffnung markieren

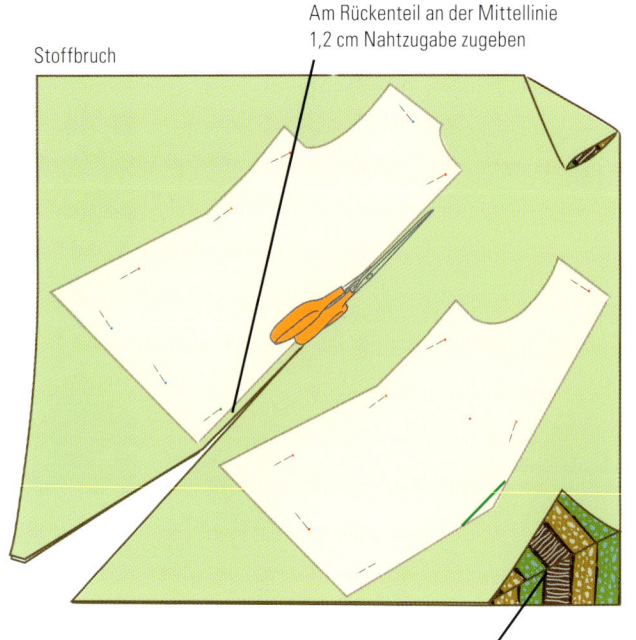

7 Für die Besatzvorlagen, den Halsausschnitt und die vordere Mitte die Vorlagen vom Oberstoff abnehmen. Einen 7,5 cm breiten Rand um den hinteren Halsausschnitt und die Vorderteilöffnung markieren. Achtung: Am Vorderteil von der gezeichneten Mittellinie aus messen, nicht von der übereinandergelegten Spitze aus. Entlang dieser Linien schneiden.

8 Die Besatzvorlagen auf den Oberstoff legen (diagonal, falls Sie den Schrägstreifeneffekt haben möchten) und mit 1,2 cm Nahtzugabe an den Schnittkanten und der Halsausschnittkante in der hinteren Mitte zuschneiden. Die restlichen Vorlagen werden für das Futter benötigt.

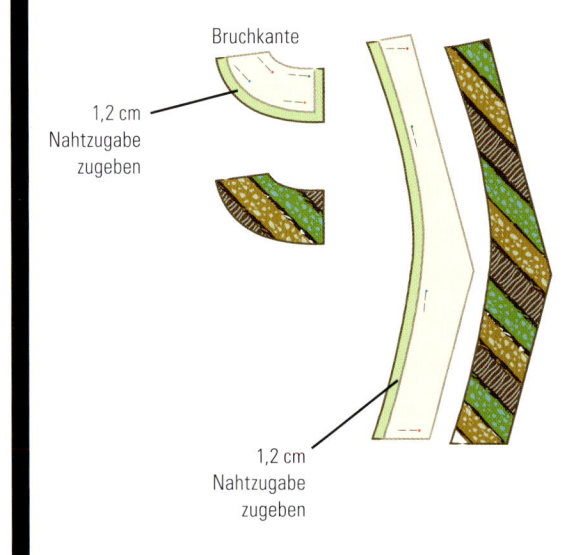

Bruchkante

1,2 cm Nahtzugabe zugeben

1,2 cm Nahtzugabe zugeben

166 | Freehand Fashion

DAS FUTTER ZUSCHNEIDEN

9 Den Futterstoff der Breite nach in der Mitte falten. Die Vorlagen so auf den Stoff stecken, dass die hintere Mitte über der Bruchkante liegt. Mit 1,2 cm Nahtzugabe an der Schnittkante zuschneiden.

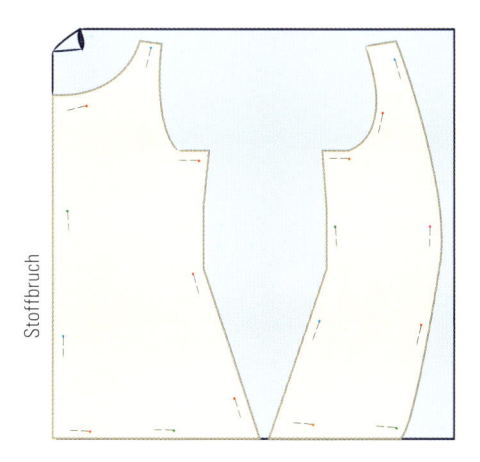

Stoffbruch

10 Die Rückenteile im Oberstoff rechts auf rechts übereinanderlegen und die hintere Mittelnaht nähen. Die Nähte auseinanderbügeln. Die Teile aus dem Oberstoff als Vorlagen für das Zuschneiden der Bügeleinlage in derselben Größe verwenden. Die Einlage auf die linke Seite der Blazerteile bügeln.

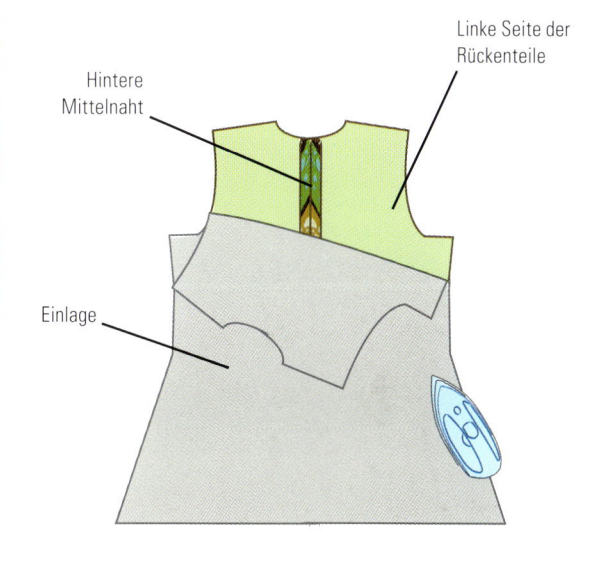

Linke Seite der Rückenteile

Hintere Mittelnaht

Einlage

11 Die Besatzteile rechts auf rechts mit den Futterteilen zusammennähen, dabei an der Unterkante des hinteren Halsausschnitts und der Innenkante der Besatzteile der Vorderteilmitte nähen. Die Besätze von den Futterteilen weg bügeln. Die Unterkante der Nahtzugabe des Halsausschnitts einschneiden.

Besatz vom Futter weg bügeln

Besätze auf das Futter nähen

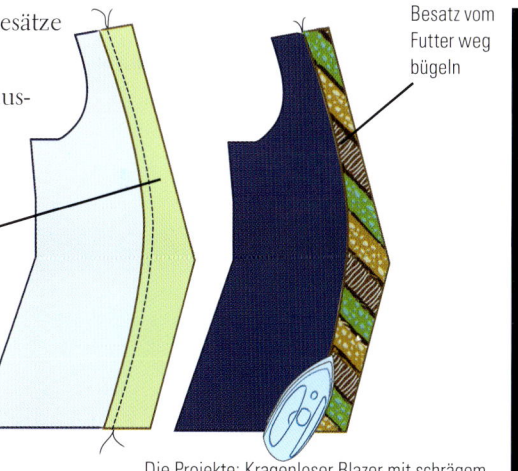

Die Projekte: Kragenloser Blazer mit schrägem Streifenmuster

ZUSAMMENNÄHEN DES BLAZERS

12 Wie in den Schritten 15–24 beim Grundmodell für ein ärmelloses Oberteil (Seite 30–32) die senkrechten Abnäher und die seitlichen Brustabnäher markieren und nähen. Die Arbeitsschritte bei den Teilen im Futterstoff wiederholen.

VARIANTEN

Falls Sie das Anpassen der schrägen Streifen abschreckt, wählen Sie einen Stoff in einer kräftigen Farbe. Für die Variante auf Seite 163 nahm ich einen kräftig-gelben Stoff mit gemustertem Futter, was garantiert Pfiff in jedes Outfit bringt!

13 Das Rückenteilfutter rechts auf rechts auf das Rückenteil legen. Am Halsausschnitt und Saum zusammennähen, die Nahtzugabe am Halsausschnitt einschneiden. Die Nähte zum Futter untersteppen (siehe Seite 12) und bügeln. So wenden, dass Oberfutter und Futter links auf links liegen.

14 Die Teile im Futterstoff rechts auf rechts auf die entsprechenden Vorderteile legen. An der vorderen Mittelkante nähen, dann auf Taillenhöhe die Spitze abschneiden. Die Nähte zum Futter untersteppen und bügeln. So wenden, dass Oberstoff und Futter links auf links liegen, anschließend den Saum nähen. Die Ecke abschneiden. Die Naht zum Futter untersteppen und bügeln.

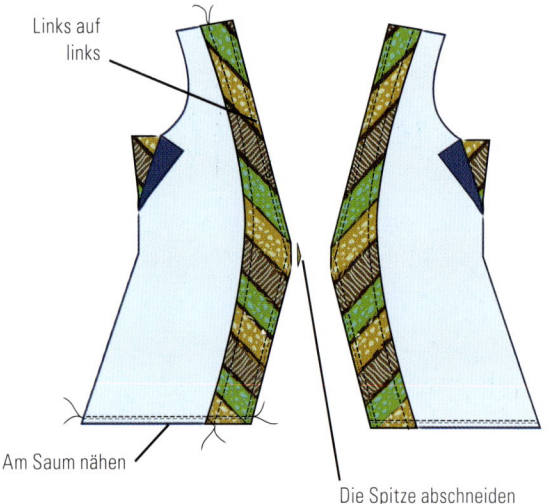

Am Halsausschnitt nähen

Am Saum nähen

Links auf links

Am Saum nähen

Die Spitze abschneiden

15 Die Vorderteile des Blazers rechts auf rechts so auf das Rückenteil legen, dass die offenen Kanten übereinanderliegen. Klappen Sie die Futterteile aus dem Weg und nähen Sie die Seitennähte nur im Oberstoff. Mit dem Futter wiederholen, in einer Seitennaht aber eine 15 cm große Öffnung lassen.

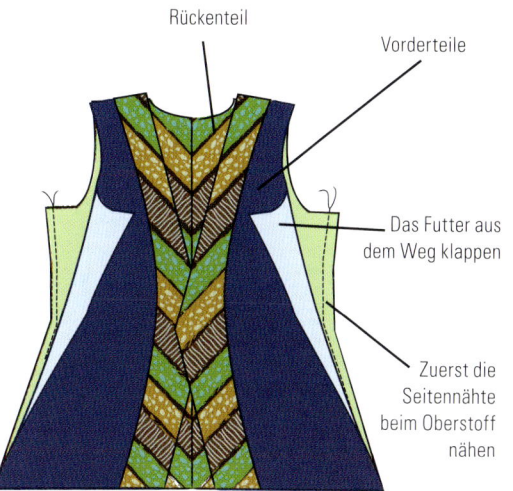

Rückenteil

Vorderteile

Das Futter aus dem Weg klappen

Zuerst die Seitennähte beim Oberstoff nähen

16 Die Schulternähte im Oberstoff und weiter über den Futterstoff nähen. Die Naht einschneiden, die Ober- und Futterstoff verbindet, damit es nicht zu wulstig wird.

Über die Schulter nähen

17 Anhand der Anleitungen für einen Ärmel mit Standardarmkugel (Seite 60) aus dem Oberstoff und dem Futterstoff jeweils ein Paar Ärmel zuschneiden. Ärmel nähen und einsetzen – die Futterstoffärmel in das Futterstoffoberteil und die Oberstoffärmel ins Oberteil aus dem Oberstoff einsetzen, dabei der Anleitung auf Seite 60 folgen.

18 Den Ärmelfuttersaum rechts auf rechts so mit dem Ärmelsaum im Oberstoff zusammennähen, dass die Seitennähte übereinstimmen.

19 Den Blazer durch die Öffnung in der Seitennaht des Futters auf rechts ziehen. Die Passform testen und nötige Korrekturen vornehmen. Sobald Sie mit der Passform zufrieden sind, die Öffnung im Saumstich schließen.

ASYMMETRISCHE SCHÖSSCHEN JACKE

Dies ist eine jener Jacken, mit denen Sie sich perfekt aufbrezeln oder leger anziehen können; je nachdem, für welchen Stoff und welche Passform Sie sich entscheiden. Auf den Schnitt für den Kragen bin ich gestoßen, als ich mal bei einem anderen Projekt einen Fehler machte – er wurde zum Hit und begleitet mich seither immer wieder. Ich hoffe, dass er auch Ihnen gefallen wird.

BENÖTIGTE MASSE

WAAGERECHTE MASSE (SIEHE SEITE 18)

Schulterbreite • Brustbreite • Rückenbreite • Brustumfang Unterbrustumfang • Taillenumfang • Hüftumfang • Armumfang • Ellenbogenumfang • Handgelenkumfang

SENKRECHTE MASSE (SIEHE SEITE 19)

Schulter bis Endpunkt Brustbreite • Schulter bis Endpunkt Rückenbreite • Brusttiefe • Schulter bis Unterbrust • Vordere Taillenlänge • Schulter bis Hüfte • Ärmellänge • Innenarmlänge • Ellenbogenlänge

SONSTIGE MASSE (SIEHE SEITE 19)

Brustabstand • Länge Schößchen (siehe Seite 49)

BENÖTIGTES GRUNDMODELL

Ärmelloses Oberteil (siehe Seite 24) • Tellerrock (siehe Seite 52) • Ärmel (siehe Seite 56)

BENÖTIGTE STOFFMENGE

Breite = zweiter Radius x 2 + 91,5 cm
Länge = Stoff, der von Webkante zu Webkante mindestens 145 cm breit ist

BENÖTIGTES ARBEITSMATERIAL

Oberstoff • Futterstoff • Leichte oder mittelschwere Bügeleinlage • Passendes Nähgarn • Knöpfe • Stoffschere • Gerades Lineal • Maßband • Bügeleisen und Bügelbrett • Stoffmarker • Nähmaschine • Stecknadeln

ANMERKUNGEN

Legen Sie den Stoff immer rechts auf rechts, soweit nicht anders angegeben. Es ist wichtig, jede Bruchkante gut zu bügeln, um einen deutlichen Kniff zu erhalten. Stets 1,2 cm Nahtzugabe dazugeben, soweit nicht anders angegeben.

ZUSCHNEIDEN DER TEILE FÜR DAS OBERTEIL

1 Den Oberstoff wie im Grundmodell für ein ärmelloses Oberteil (Seite 26) falten, messen und markieren (Schritt 8 weglassen). Die mittlere Bruchkante auffalten. Den Halsausschnitt, der vom Schulterrand in einer Kurve nach unten verläuft, über die mittlere Bruchkante hinaus zeichnen. Die Teile an den Markierungen für das hintere Armloch zuschneiden, den Halsausschnitt jedoch noch nicht zuschneiden.

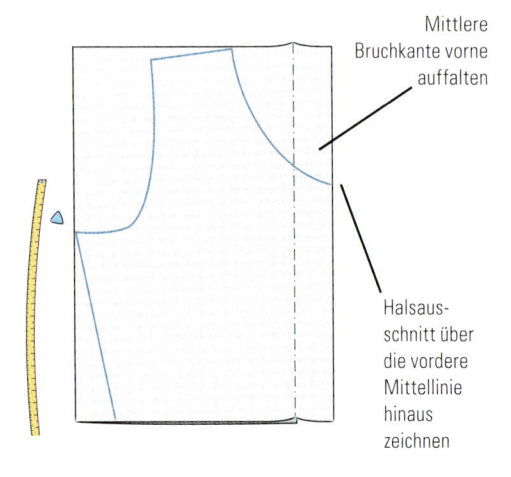

Mittlere Bruchkante vorne auffalten

Halsausschnitt über die vordere Mittellinie hinaus zeichnen

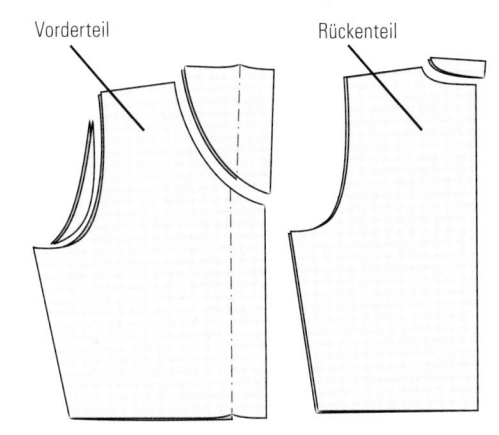

Vorderteil Rückenteil

2 Vorder- und Rückenteil trennen. Am vorderen Hals- und Armausschnitt zuschneiden. Am Rückenteil einen flacheren Halsausschnitt zeichnen und an der gezeichneten Linie zuschneiden.

3 Nutzen Sie die Teile aus dem Oberstoff als Vorlage zum Zuschneiden von Futter und Einlage für Vorder- und Rückenteil. Schneiden Sie beim Vorderteil oben und unten an der Bruchkante jeweils eine Kerbe in den Futter- und Oberstoff. Diese Bruchkante ist die vordere Mitte. Bügeln Sie die Einlage auf die linke Seite der Teile aus dem Oberstoff.

4 Wie beim Grundmodell für ein ärmelloses Oberteil (Seiten 30–32) die senkrechten Abnäher und seitlichen Brustabnäher im Oberstoff wie im Futterstoff markieren und nähen. Die Teile für das Oberteil beseitelegen.

DAS SCHÖSSCHEN ANFERTIGEN

5 Für das Schößchen geben Sie 7,5 cm zu Ihrem Taillenumfang dazu. Arbeiten Sie den ersten Radius aus (siehe Seite 49). Beim ersten Radius erhalten Sie immer eine Dezimalzahl. Für dieses Projekt müssen Sie diese Zahl zu nächsten ganzen, x,25-, x,5- oder x,75-Zahl abrunden. Den zweiten Radius ausarbeiten und 10 cm dazugeben.

6 Wie bei der Anleitung für den ganzen Tellerrock auf Seite 52 den Stoff für das Schößchen zweimal an der Bruchkante in der Mitte falten und bügeln. Den zweiten Radius plus 5 cm markieren und durch Schwenken des Lineals in gleichmäßigen Abständen markieren. So erhalten Sie einen glatten Viertelkreis, wenn Sie die Markierungen miteinander verbinden. Zuschneiden und das Falten beim Futterstoff wiederholen und das bereits zugeschnittene Teil aus dem Oberstoff als Vorlage für das Zuschneiden des Futters verwenden.

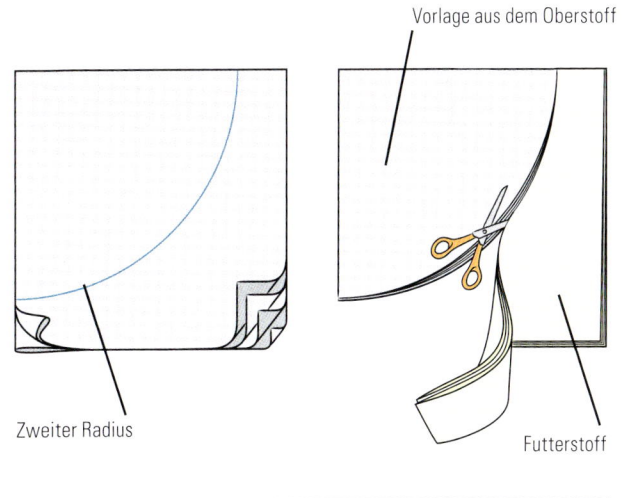

Vorlage aus dem Oberstoff

Zweiter Radius

Futterstoff

7 Beim Schößchen aus dem Oberstoff die Unterkante der oberen Lage an der Kante, wo beide Bruchkanten sichtbar sind, anheben, 7,5 cm weiter nach oben legen und bügeln. Beim Futterstoff wiederholen.

Die obere Lage 7,5 cm weiter nach oben legen

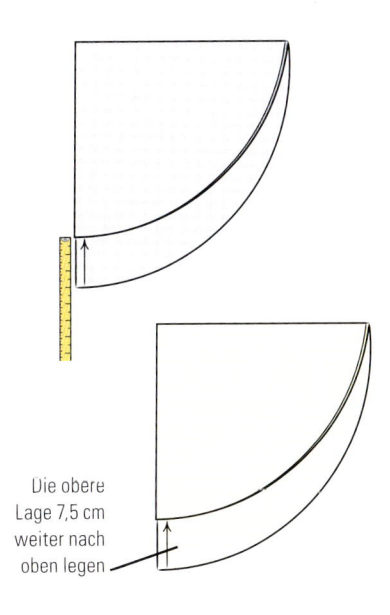

8 Den ersten Radius von der Ecke des Oberstoffs und Futterstoffs für das Schößchen durch Schwenken des Lineals markieren (siehe Seite 49) und zuschneiden. Die kürzere Bruchkante der beiden Teile aufschneiden. Beiseitelegen.

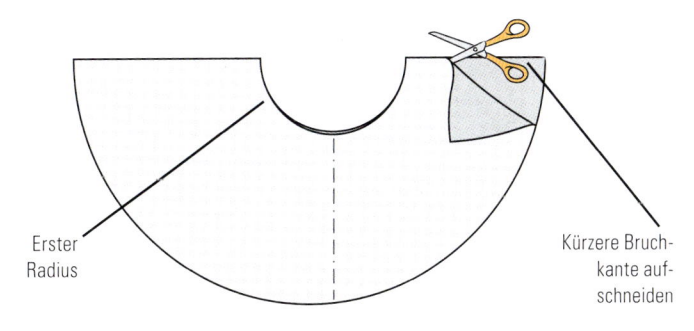

Erster Radius

Kürzere Bruchkante aufschneiden

ZUSCHNEIDEN DER KRAGENTEILE

9 Nehmen Sie die Teile des Oberteils und messen Sie die Gesamtlänge des vorderen und hinteren Halsausschnitts, dies ist die Kragenlänge. Zum Zuschneiden des Kragens nehmen Sie ein Stück Stoff von der Länge des Kragens mal 40,5 cm Breite. Der Länge nach in der Mitte falten und die Mitte einkerben. Den gefalteten Kragen als Vorlage nehmen, um ein Stück Bügeleinlage zuzuschneiden. Dabei sorgfältig darauf achten, nicht in die Bruchkante zu schneiden. Die Einlage auf die linke Seite einer Kragenhälfte bügeln.

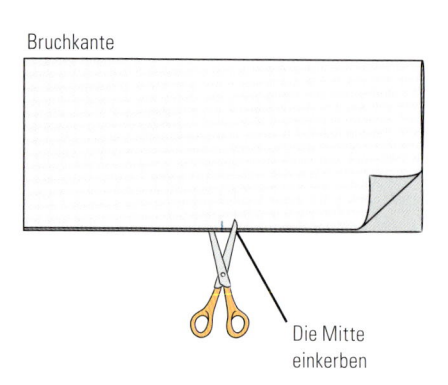

Bruchkante

Die Mitte einkerben

10 Entsprechend der Anleitung für eine Standard-Armkugel (Seite 58) aus dem Oberstoff ein Paar Ärmel zuschneiden und diese als Vorlage für das Zuschneiden der Ärmel aus dem Futterstoff nehmen.

OBERTEIL OHNE ÄRMEL ZUSAMMENNÄHEN

11 Mit den rechten Seiten nach oben das linke Vorderteil an der mittleren Bruchkante über das rechte Vorderteil legen und an der Bruchkante zusammenstecken.

Die mittleren Bruchkanten liegen übereinander

Schulternähte nähen

Seitennähte nähen

Vorderteile an der vorderen Bruchkante zusammenstecken

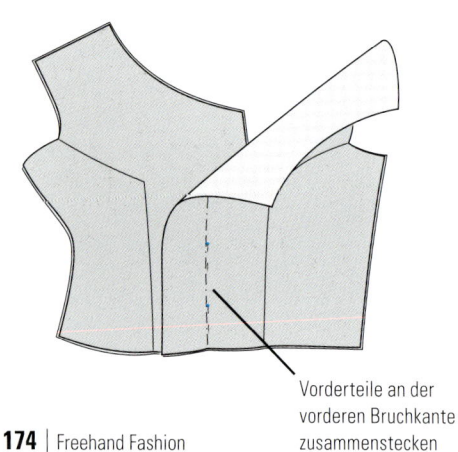

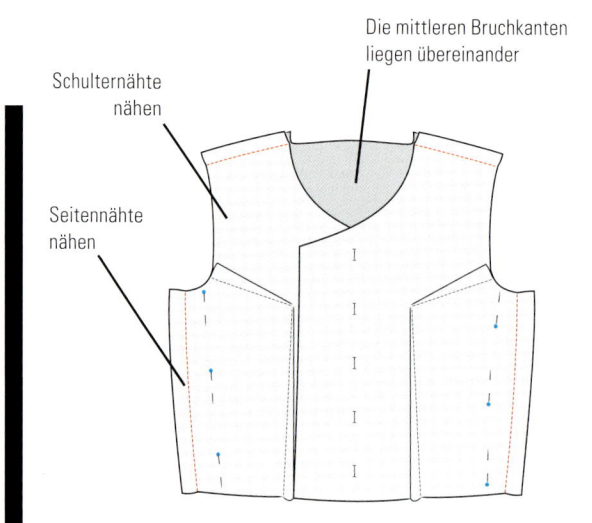

12 Das Vorderteil rechts auf rechts so auf das Rückenteil legen, dass die mittleren Bruchkanten übereinanderliegen. Die Seiten- und Schulternähte stecken und nähen.

13 Die Stecknadeln vorne aus der Mitte nehmen und die Passform prüfen. Eventuell nötige Änderungen vornehmen.

14 Die Nahtzugaben von Seiten- und Schulternähten auf das Futter der Teile des Oberteils übertragen und die Nähte schließen, dabei in einer Seitennaht 20 cm offen lassen.

15 Die Kreise für das Schößchen aus dem Oberstoff und Futterstoff auffalten und rechts auf rechts aufeinanderlegen. Alle Ränder mit Ausnahme des inneren Kreises mit 1,5 cm Nahtzugabe zusammennähen. Ecken wegschneiden und die äußere Kreislinie in gleichmäßigen Abständen einschneiden. Die Naht zum Futter untersteppen und bügeln

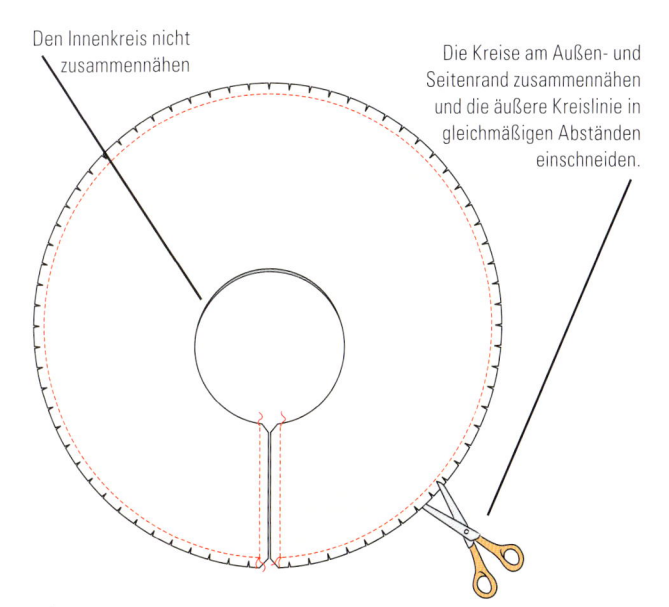

Den Innenkreis nicht zusammennähen

Die Kreise am Außen- und Seitenrand zusammennähen und die äußere Kreislinie in gleichmäßigen Abständen einschneiden.

16 Die hintere Mitte des Schößchens rechts auf rechts mit der hinteren Mitte des Oberteils zusammenstecken, dann die vordere Mitte des Schößchens an beiden Enden 1,2 cm innerhalb der Vorderteilkante feststecken. Das Schößchen gleichmäßig verteilt an den gesamten Taillenrand stecken. Annähen.

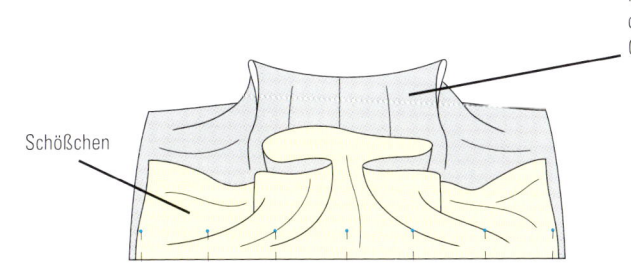

Rückenteil des Oberteils

Schößchen

ANMERKUNG

Wenn das Schößchen zu groß ist, um es schön gleichmäßig zu verteilen, legen Sie aus dem überschüssigen Stoff in der hinteren Mitte eine Kellerfalte als Design-Detail.

Die Projekte: Asymmetrische Schößchenjacke

KRAGEN ANNÄHEN, ÄRMEL EINSETZEN

17 Die kürzeren Enden des Kragens rechts auf rechts zusammennähen und die Ecken abschneiden. Auf rechts wenden und bügeln.

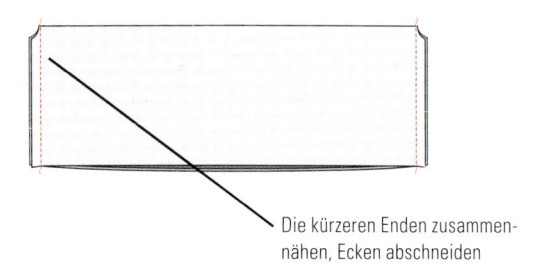

Die kürzeren Enden zusammennähen, Ecken abschneiden

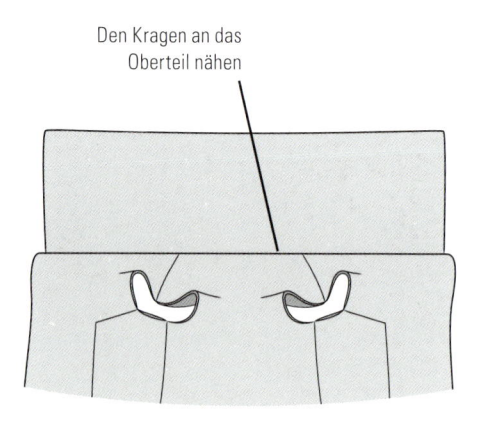

Den Kragen an das Oberteil nähen

18 Den Kragen mit 1 cm Nahtzugabe an den Halsausschnitt des Vorderteils nähen, dabei 1,2 cm vom Rand beginnen und enden.

19 Entsprechend der Anleitung auf Seite 60 die Ärmel nähen und in Jacke und Futter einsetzen.

DAS FUTTER ANNÄHEN

20 Darauf achten, dass bei den Ärmeln aus Futterstoff und Oberstoff die linke Seite außen liegt. Legen Sie die Jacke mit der rechten Seite nach oben und schlagen Sie Schößchen und Kragen zurück, sodass die Nähte zu sehen sind.

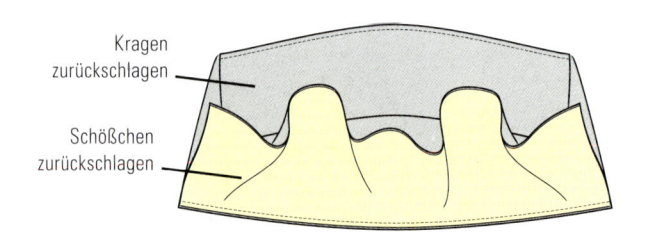

Kragen zurückschlagen

Schößchen zurückschlagen

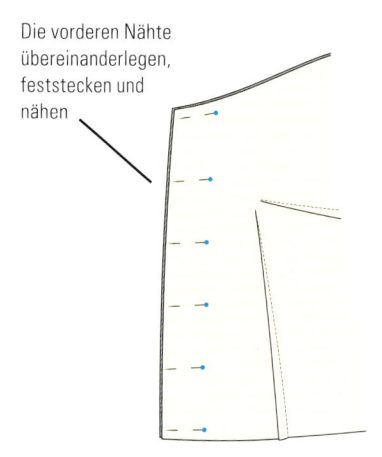

Die vorderen Nähte übereinanderlegen, feststecken und nähen

21 Legen Sie das Futter mit der rechten Seite nach unten so über die Jacke, dass die vorderen Nähte übereinstimmen, und stecken Sie es fest. Das Futter an den vorderen Nähten mit dem Oberstoff zusammennähen, auf rechts wenden und die Naht an beiden Kanten zum Futter untersteppen. Bügeln.

22 Die Jacke wieder auf links wenden, Nähte am Halsausschnitt und in der Taille übereinanderlegen. Dann die Nähte nähen und die Ecken abschneiden.

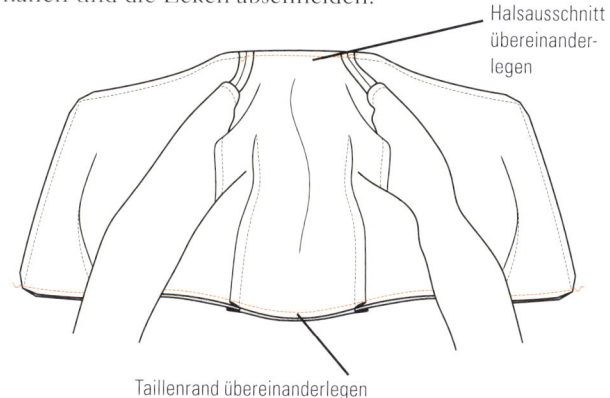

Halsausschnitt übereinanderlegen

Taillenrand übereinanderlegen

23 Am unteren Ärmelrand Oberstoff und Futter rechts auf rechts so übereinanderlegen, dass die Seitennähte übereinstimmen, beides zusammennähen.

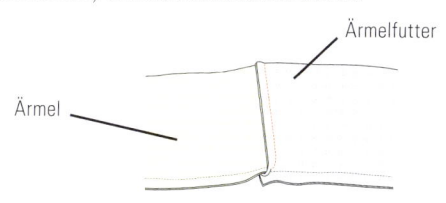

Ärmelfutter

Ärmel

24 Die Jacke durch die Öffnung in der Seitennaht des Futters auf rechts wenden. Die Öffnung im Saumstich schließen. Die Nähte in der Taille und am Halsausschnitt bügeln.

25 Mit der Nähmaschine 2 cm vom Rand des rechten Vorderteils drei Knopflöcher nähen, anschließend am linken Vorderteil passend dazu die Knöpfe annähen.

VARIANTEN

Diese Version wurde passend zum Bleistiftrock (Seite 110) aus einem grauen karierten Wollstoff genäht. Hier habe ich die Höhe der Armkugel stark vergrößert, um effektvolle Puffärmel zu bekommen. Weitere Angaben zu verschiedenen Ärmeltypen finden Sie beim Ärmel-Grundmodell auf Seite 56.

Die Projekte: Asymmetrische Schößchenjacke | 177

ABENDKLEID IM NIXENSTIL

ANMERKUNGEN

Legen Sie den Stoff immer rechts auf rechts, soweit nicht anders angegeben. Es ist wichtig, jede Bruchkante gut zu bügeln, um einen deutlichen Kniff zu erhalten. Immer 1,2 cm Nahtzugabe dazugeben, soweit nicht anders angegeben.

BENÖTIGTE MASSE

WAAGERECHTE MASSE (SIEHE SEITE 18)

Schulterbreite • Brustbreite • Rückenbreite • Brustumfang • Unterbrustumfang • Taillenumfang • Hüftumfang • Armumfang • Ellenbogenumfang • Handgelenkumfang

SENKRECHTE MASSE (SIEHE SEITE 19)

Schulter bis Endpunkt Brustbreite • Schulter bis Endpunkt Rückenbreite Brusttiefe • Schulter bis Unterbrust • Vordere Taillenlänge • Schulter bis Hüfte • Schulter bis Saum • Armlänge • Innenarmlänge • Ellenbogenlänge

WEITERE MASSE (SIEHE SEITE 19)

Brustabstand

BENÖTIGTES GRUNDMODELL

Kleid (siehe Seite 34

BENÖTIGTE STOFFMENGE

STOFF FÜR DAS KLEID

5 mal Ihr Maß Schulter bis Saum

FUTTERSTOFF

Breite = Hüftumfang + 35,5 cm
Länge = Maß Oberbrust bis Saum + 2,5 cm

BAUMWOLL-POLYESTER-MISCHGEWEBE (FÜR DIE VORLAGE)

Breite = Hüftumfang + 35,5 cm geteilt durch 2
Länge = Schulter bis Saum

BENÖTIGTES ARBEITSMATERIAL

Baumwoll-Polyester-Mischgewebe oder Papier für die Vorlage • Oberstoff • Futterstoff • Kunststoff-Korsettstäbe • Nahtverdeckter Reißverschluss (siehe Seite 15) • Passendes Nähgarn, zusätzlich Nähgarn in einer Kontrastfarbe zum Heften • Stoffschere • Gerades Lineal • Maßband • Bügeleisen und Bügelbrett • Stoffmarker • Nähmaschine • Stecknadeln • Nahtverdeckter Reißverschlussfuß • Overlock-Maschine (optional)

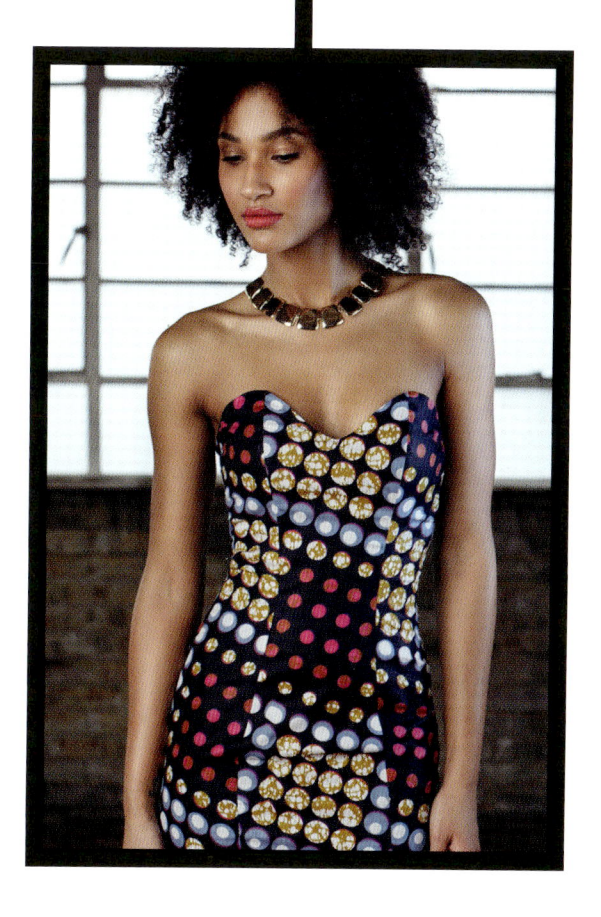

Bei langen Kleidern wähle ich instinktiv gern den fantastischen Nixen-Schnitt, den ich sehr vielseitig und feminin finde. Er eignet sich für alles, vom Brautkleid bis zum Outfit für eine abendliche Galaveranstaltung oder den Abschlussball. Experimentieren Sie mit Stoffen, Verzierungen und Accessoires, denn so erhalten Sie Ihr ganz individuelles Kleid.

VORLAGEN ANFERTIGEN

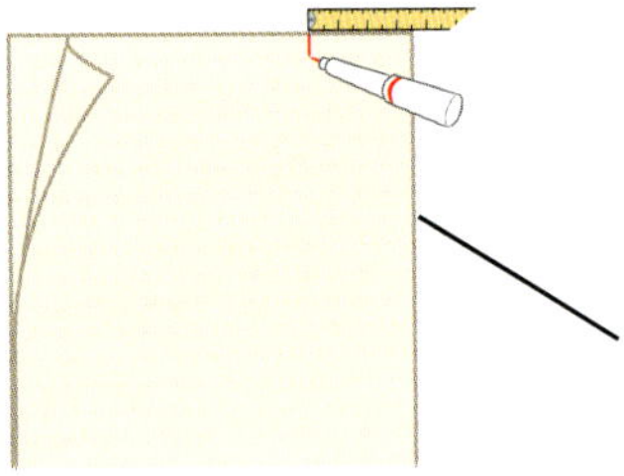

1 Ich verwende für die Vorlagen ein Baumwoll-Polyester-Mischgewebe, Sie können aber auch Papier nehmen. Das Vorlagenmaterial der Breite nach in der Mitte falten und die Bruchkante bügeln. Diese Bruchkante ist sowohl die vordere als auch die hintere Mitte. Messen und markieren Sie am oberen Rand von der Bruchkante aus Ihr Maß für den Brustabstand geteilt durch 2.

Die Bruchkante ist die vordere und hintere Mitte

2 Merken Sie sich Ihr Maß Schulter bis Oberbrust minus 1,2 cm und legen Sie das Maßband bei diesem Maß an der Oberkante an. Wenn Ihr Maß Schulter bis Oberbrust beispielsweise 15 cm beträgt, legen Sie das Maßband bei 13,8 cm auf Höhe der Oberkante des Vorlagenmaterials an. Halten Sie das Maßband dort fest und markieren Sie die folgenden senkrechten Maße: 21,5 cm (die Brustlinie), Schulter bis Unterbrust, vordere Taillenlänge, Schulter bis Hüfte, Schulter bis Knie.

21,5 cm (Brustlinie)
Schulter bis Unterbrust
Vordere Taillenlänge
Schulter bis Hüfte
Schulter bis Knie

Kniehöhe

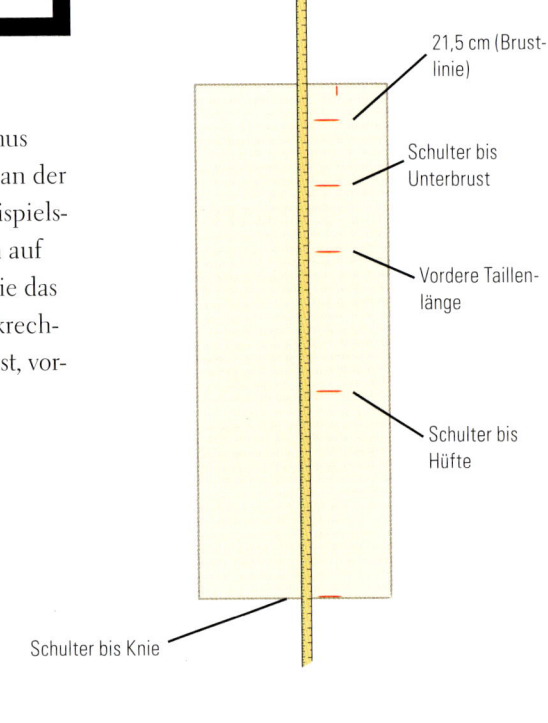

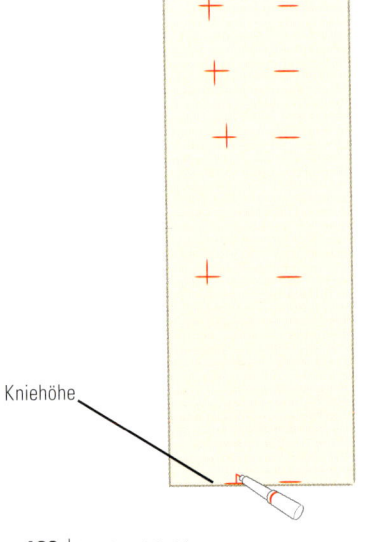

3 Auf Höhe dieser Bezugspunkte markieren Sie mit einem kleinen Kreuz die entsprechenden waagerechten Maße jeweils von der mittleren Bruchkante aus gemessen: Brust- und Hüftumfang geteilt durch 4 plus 5 cm, Taillen- und Unterbrustumfang geteilt durch 4 plus 7,5 cm. Auf Kniehöhe (Unterkante) markieren Sie Ihren Taillenumfang geteilt durch 5 plus 2,5 cm.

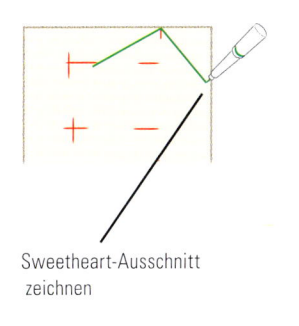

4 Von dem Kreuz auf der Brustlinie ziehen Sie eine 5 cm lange waagerechte Linie zurück Richtung mittlere Bruchkante. Dann ziehen Sie eine diagonale Linie vom Ende dieser geraden Linie nach oben zur Markierung an der Oberkante. Für den Sweetheart-Ausschnitt zeichnen Sie von der Markierung an der Oberkante eine diagonale Linie, die ca. 10 cm unterhalb der oberen Ecke auf die mittlere Bruchkante trifft. (Wie tief Sie Ihren Ausschnitt machen möchten, liegt ganz bei Ihnen.)

Sweetheart-Ausschnitt zeichnen

5 Alle Kreuze miteinander verbinden, dabei darauf achten, dass die Linie im Hüftbereich gerundet ist. An den Linien durch alle Lagen ausschneiden, anschließend die Vorlage auf Unterbrusthöhe, Taillen- und Hüfthöhe einkerben. Das Vorderteil vom Rückenteil trennen, indem Sie die Vorlage an der mittleren Bruchkante durchschneiden.

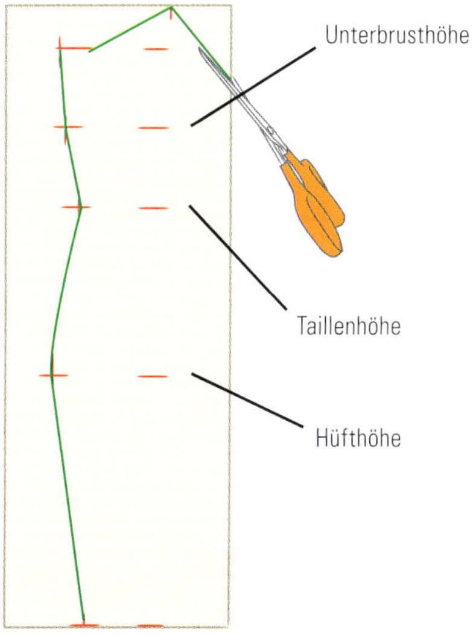

Unterbrusthöhe
Taillenhöhe
Hüfthöhe

6 Am Rückenteil eine konkave Linie vom inneren Ende der geraden Linie auf Brusthöhe bis 2,5 cm unter dem tiefsten Punkt des Sweetheart-Ausschnitts zeichnen. (Wie gesagt – diesen Punkt können Sie so tief machen, wie Sie möchten.) An dieser Linie zuschneiden.

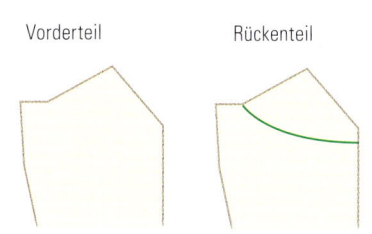

Vorderteil   Rückenteil

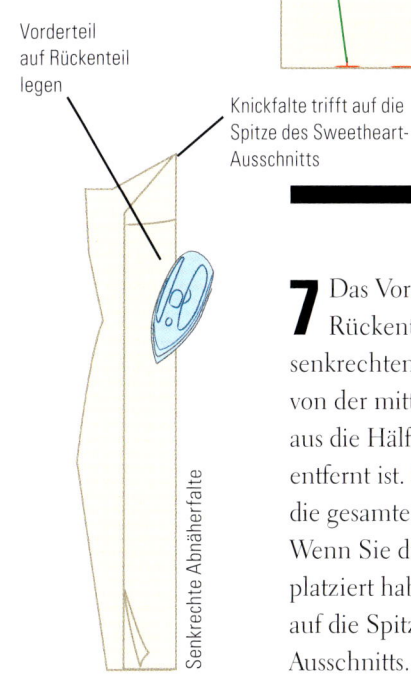

Vorderteil auf Rückenteil legen

Knickfalte trifft auf die Spitze des Sweetheart-Ausschnitts

Senkrechte Abnäherfalte

7 Das Vorderteil wieder auf das Rückenteil legen und einen senkrechten Abnäher falten, der von der mittleren Bruchkante aus die Hälfte Ihres Brustabstands entfernt ist. Diesen Abnäher über die gesamte Kleidlänge falten. Wenn Sie diese Knickfalte richtig platziert haben, trifft sie genau auf die Spitze des Sweetheart-Ausschnitts.

Die Projekte: Abendkleid im Nixenstil

8 Wie beim Kleid-Grundmodell auf Seite 40 markieren Sie die senkrechten Abnäher, wobei Sie immer daran denken, die Abnäher links von der Abnäherfalte zu zeichnen. Die seitlichen Brustabnäher noch nicht markieren. Beim Vorderteil liegt der Brustabnäher jeweils an der Spitze des Sweetheart-Ausschnitts, er ist 2,5 cm breit und 7,5 cm lang und endet 6 mm vor der Knickfalte. Auf Taillenhöhe und Unterbrusthöhe ist der Abnäher eher 2,5 cm breit anstatt der üblichen 1,2 cm, markieren Sie also diesen Abstand von der Knickfalte und verbinden Sie die Markierungen mit einer geraden Linie. Zeichnen Sie dann von der Taillenhöhe aus eine Linie nach oben, die insgesamt 16,5 cm lang ist, durch die Markierung für die Unterbrustlinie verläuft und diagonal nach oben zur Abnäherfalte, dann 18 cm nach unten an die Abnäherfalte. Beim Rückenteil ist der Abnäher an der Oberkante 1,2 cm breit.

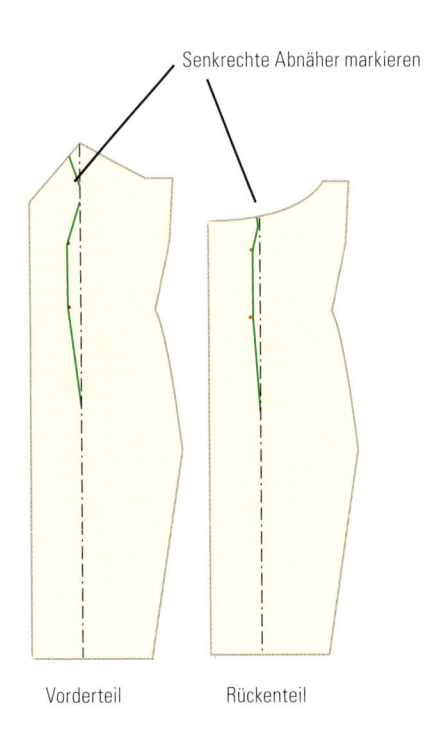

Senkrechte Abnäher markieren

Vorderteil   Rückenteil

ANMERKUNG

Es macht nichts, wenn die Ränder an der Spitze des Sweetheart-Ausschnitts oder oben am Rückenteil nicht exakt übereinanderpassen. Wenn Sie die Abnäher genäht haben, drücken Sie die Abnähernähte einfach in Richtung Seitenrand und schneiden die Sweetheart-Linie gleichmäßig.

9 Die Abnäher bei den Vorder- und Rückenteilen nähen. Beachten Sie, dass der Abnäher im Vorderteil aus zwei Abschnitten besteht, aber als ein durchgehender Abnäher genäht wird. Den Stoff an der senkrechten Knickfalte falten. Beim Brustabnäher beginnen, und wenn Sie ans Ende der gezeichneten Linie kommen, 6 mm von der Falte weiternähen, bis Sie die andere Abnäherlinie erreichen. Die Abnäher zu den Seitenrändern bügeln.

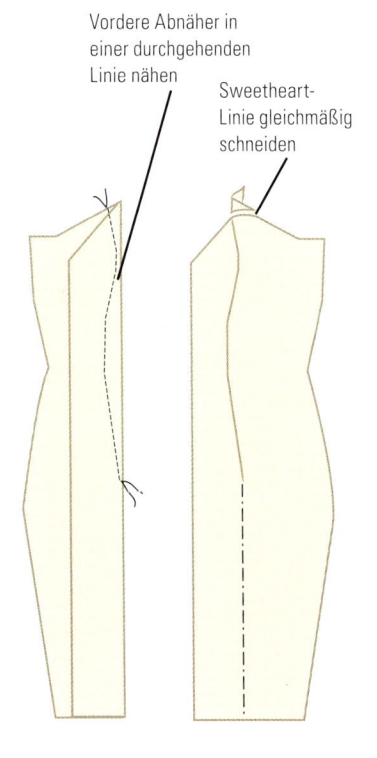

Vordere Abnäher in einer durchgehenden Linie nähen

Sweetheart-Linie gleichmäßig schneiden

182 | Freehand Fashion

Vorderteil/Rückenteil

10 Das Vorderteil so auf das Rückenteil legen, dass die vordere und hintere Mitte übereinanderliegen. Seitenränder zusammenstecken, dabei darauf achten, dass die Seitennaht auf Höhe der Brustlinie beim Vorderteil 1,2 cm hinter der Seitennaht auf Höhe der Brustlinie beim Rückenteil liegt.

Die Markierungen verbinden und an der Linie ausschneiden

11 Von der Mitte aus den Brustumfang geteilt durch 4 an der Brustlinie markieren. Das Gleiche mit dem Unterbrust-, Taillen- und Hüftmaß machen und die Taillenmarkierung am Saum wiederholen. Die Markierungen verbinden und an dieser Linie zuschneiden.

12 An der Abnähernaht schneiden. Den Rest der Abnäher-Knickfalten durchschneiden, sodass Sie vier Teile haben. Beschriften Sie die Teile mit Vorderteilmitte (VM), Vorderteilseite (VS), Rückenteilmitte (RM) und Rückenteilseite (RS). Markieren Sie auf der Vorderteilmitte eine Pfeilklammer »An der Bruchkante« als Memo, dass dieser Teil auf der Bruchkante liegen soll.

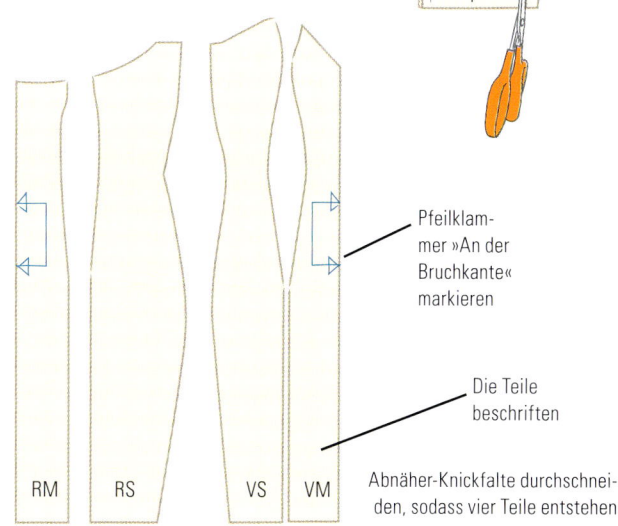

Pfeilklammer »An der Bruchkante« markieren

Die Teile beschriften

RM   RS   VS   VM

Abnäher-Knickfalte durchschneiden, sodass vier Teile entstehen

13 Berechnen Sie, was an der Kleidlänge noch fehlt, indem Sie Ihr Maß Schulter bis Knie von Ihrem Maß Schulter bis Boden abziehen. Wenn Sie zu diesem Kleid High Heels tragen wollen, berücksichtigen Sie dies und geben Sie zur Länge Schulter bis Boden entsprechend mehr dazu. Ich finde es recht hübsch, wenn ein Nixen-Kleid etwas auf dem Boden aufstößt. Wenn auch Sie diesen Effekt erreichen möchten, geben Sie noch 7,5 cm zur Länge dazu.

Die Projekte: Abendkleid im Nixenstil

DIE TEILE AUS DEM OBERSTOFF UND DEM FUTTERSTOFF ZUSCHNEIDEN

14 Sie arbeiten mit dem Oberstoff in einem langen Stück. Nehmen Sie ein Ende, falten Sie ihn der Länge nach in der Mitte, sodass die Webkanten übereinanderliegen. Legen Sie die Vorderteilmitte der Vorlage auf die Bruchkante. Von der Unterkante der Vorlage aus die Restlänge des Kleides in regelmäßigen Abständen auf dem Stoff markieren, wobei das Kleid am Saum mindestens doppelt so breit sein soll wie das untere Ende der Vorlage. (Je weiter es ist, desto effektvoller ist der Nixen-Schnitt.)

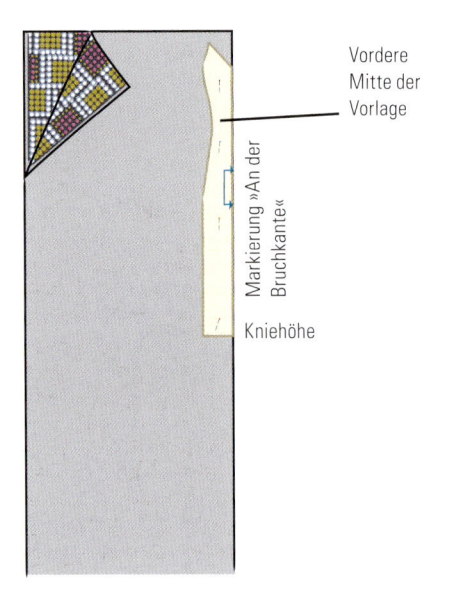

Vordere Mitte der Vorlage

Markierung »An der Bruchkante«

Kniehöhe

15 Zum Verlängern unterhalb der Kniehöhe legen Sie Ihr Maßband an der Außenecke der Vorlage an, markieren die Gesamtlänge, schwenken das Maßband und markieren die Länge bis zum Endpunkt Ihrer gewünschten unteren Rockweite. Von der Knielinie aus (wo Sie das Maßband angelegt hatten) ziehen Sie eine gerade diagonale Linie bis zur letzten Markierung.

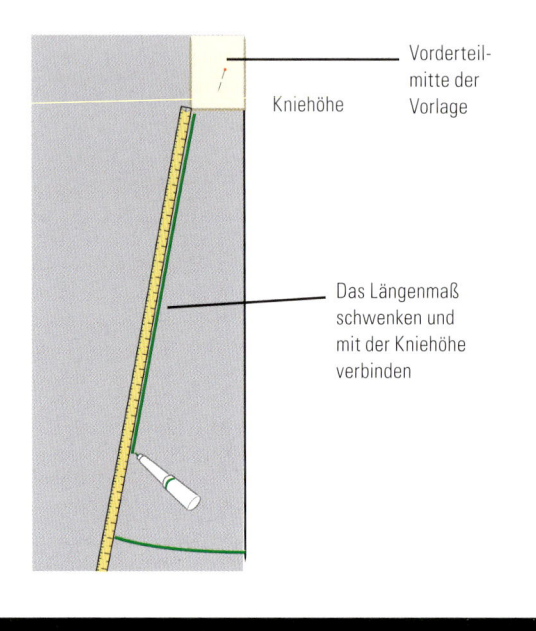

Kniehöhe

Vorderteilmitte der Vorlage

Das Längenmaß schwenken und mit der Kniehöhe verbinden

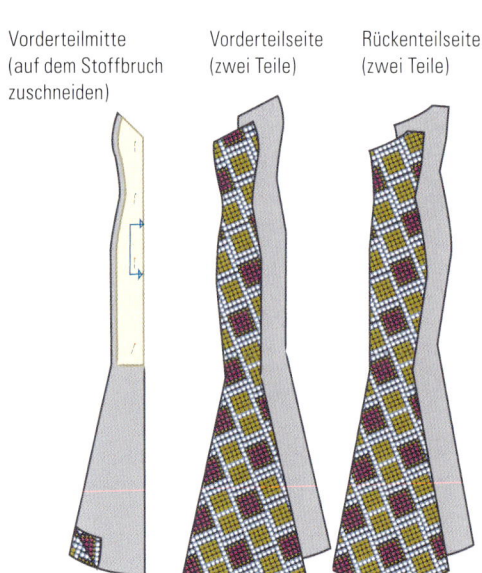

Vorderteilmitte (auf dem Stoffbruch zuschneiden)

Vorderteilseite (zwei Teile)

Rückenteilseite (zwei Teile)

16 An den Linien und der Vorlage zuschneiden, bei der diagonalen Linie und der Außenkante der Vorlage mit 1,2 cm Nahtzugabe. Bei allen anderen Teilen keine Nahtzugabe am Ausschnitt oder Saum zugeben. Dann das Gleiche bei den vorderen und hinteren Seitenteilen: Legen Sie sie diese in die Mitte des gefalteten Oberstoffs und wiederholen Sie das Weiterwerden zum Saum hin auf beiden Seiten der Linie der Kniehöhe. Die Kerben auf die Teile im Oberstoff übertragen.

17 Für das Rückenteil den restlichen Stoff Webkante auf Webkante in der Mitte falten. Mein Kleid enthält eine kleine Schleppe, die Sie aber vielleicht weglassen oder im Gegenteil verlängern möchten. Legen Sie die Vorlage in die Stoffmitte und verlängern Sie die Abnäherkante so weit Sie möchten. Von der Kante der Rückenteilmitte verlängern Sie ebenfalls so weit Sie möchten – machen Sie jedoch dieses Mal den Verlängerungspunkt ab der Kniehöhe 30,5 cm länger als zuvor. Wenn Sie in der Rückenteilmitte die diagonale Linie ziehen, beginnen Sie damit 15 cm über der Kniehöhe und verbinden diese mit dem Verlängerungspunkt.

Rückenteilmitte (zwei Teile)

Kniehöhe

Über der Kniehöhe beginnen

18 Verwenden Sie zum Ausschneiden der Futterteile die Vorlagen. Das Futter wird nicht (!) über die Kniehöhe hinaus verlängert. Nicht vergessen, 1,2 cm Nahtzugabe beim Zuschneiden zuzugeben.

Die hinteren Seitenteile an die Rückenteil-Mittelteile nähen

Die vorderen Seitenteile an die Vorderteilmitte nähen

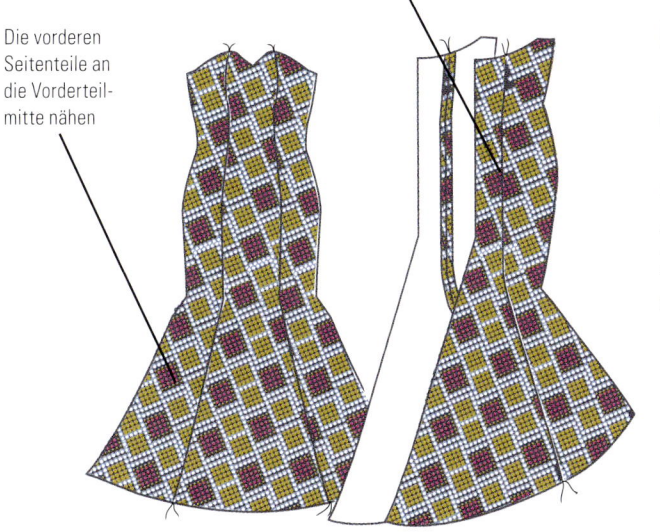

DAS KLEID ZUSAMMENNÄHEN

19 Die vorderen Seitenteile rechts auf rechts beidseits an die Vorderteilmitte nähen und die hinteren Seitenteile an die Außenkanten der Rückenteil-Mittelteile. Die Nähte auseinanderbügeln. Diese Arbeitsschritte mit den Futterteilen wiederholen.

Die Projekte: Abendkleid im Nixenstil | **185**

DIE KORSETTSTÄBE EINSETZEN

Wir setzen die Korsettstäbe beim Futterstoff in die Abnäher von Vorder- und Rückenteil ein. In der Regel werden auch in die Seitenteile Korsettstäbe bis zum Unterbauch eingesetzt, ich finde das jedoch sehr unbequem und zeige Ihnen daher das Einsetzen in die Abnäher und nur bis auf Taillenlänge.

Die Mitte des Schrägbands jeweils über die Abnähernaht legen, sodass ein Tunnel entsteht

20 Die Taillenlänge auf allen Futterteilen auf der linken Seite markieren. Die Abnähernähte auf 6 mm von der Taille nach oben zurückschneiden und die Nähte auseinanderbügeln. Die Mitte des Schrägbands über die Nahtlinie legen und beide Seiten des Schrägbands festnähen, sodass ein Tunnel entsteht. Dieser sollte nur 1,2 cm unter die Taillenlinie reichen. Direkt auf der Taillenlinie jeweils quer unten über den Tunnel für den Korsettstab nähen.

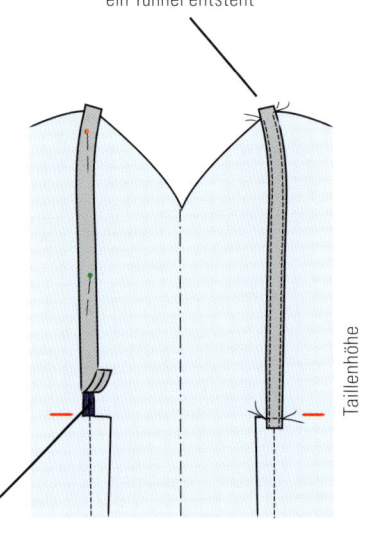

Taillenhöhe

Nahtzugaben der Abnähernähte zurückschneiden, Nähte auseinanderbügeln

Korsettstab in den Tunnel schieben

21 Die Korsettstäbe 1,2 cm kürzer als die Tunnellänge schneiden und in die Tunnel schieben. Kunststoff-Korsettstäbe sind stets leicht gerundet, weil sie in der Regel von der Rolle kommen. Achten Sie darauf, dass die Rundung der Körperrundung entspricht.

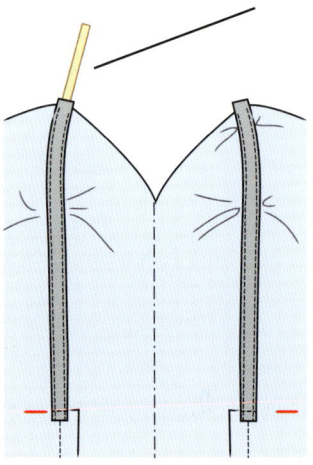

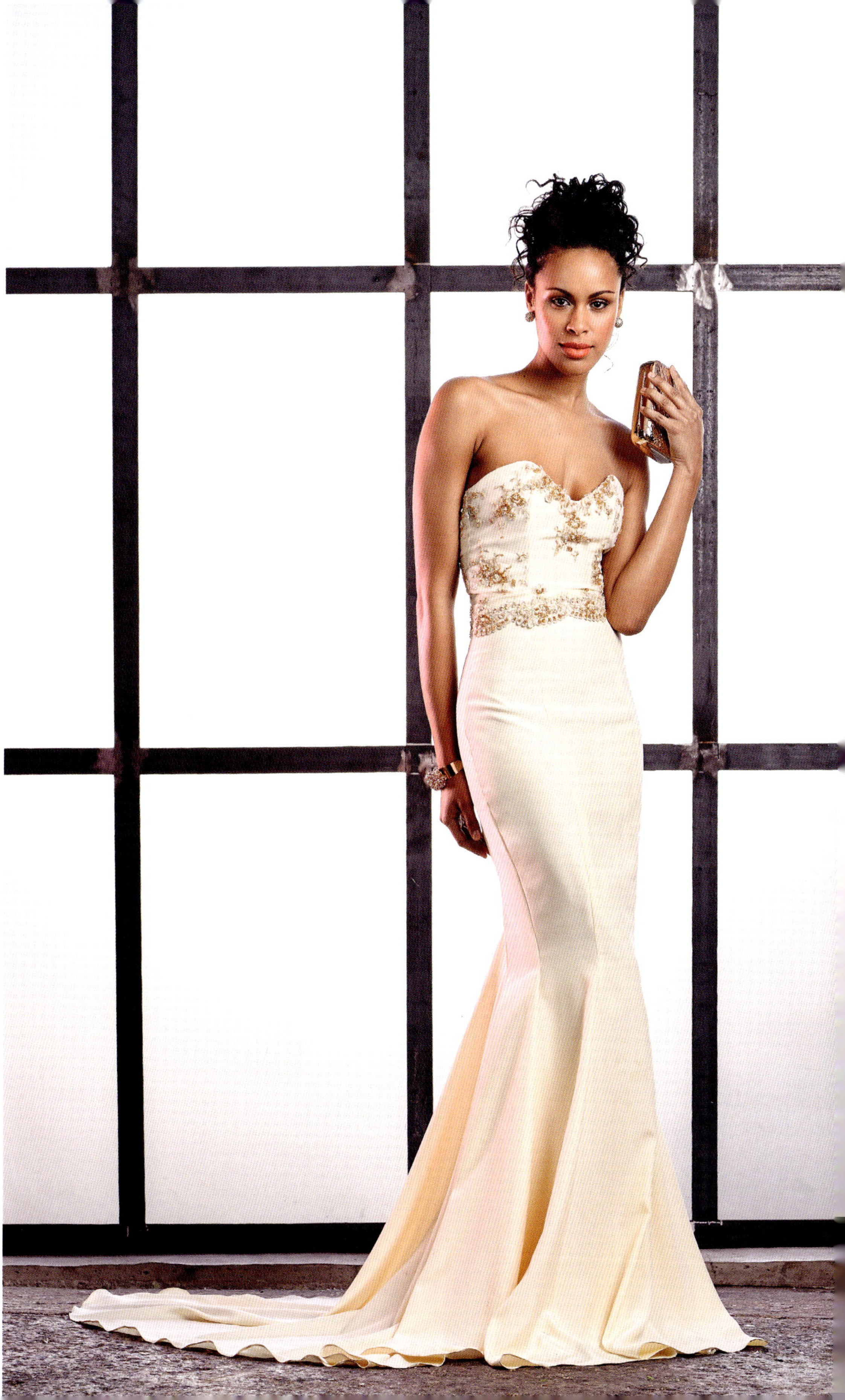

DAS KLEID FERTIGSTELLEN

22 Anhand der Anleitung auf Seite 15 einen nahtverdeckten Reißverschluss in der hinteren Mitte beim Oberstoff einnähen.

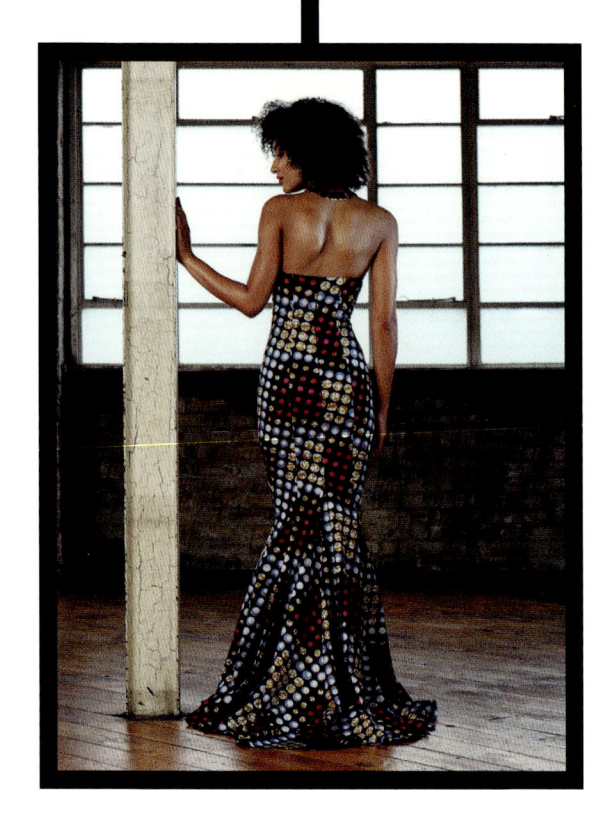

23 Das Kleidvorderteil rechts auf rechts auf das Kleidrückenteil legen und die Seitennähte schließen. Bei Vorder- und Rückenteil aus dem Futterstoff wiederholen.

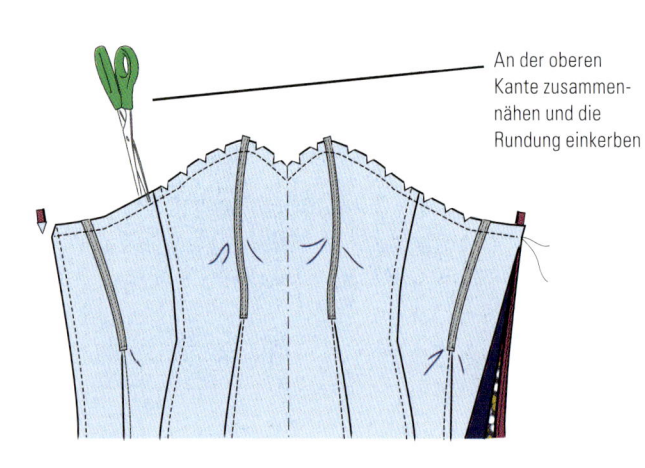

An der oberen Kante zusammennähen und die Rundung einkerben

24 Das Futter so auf das Kleid legen, dass Halsausschnitt und Nähte übereinstimmen. An der oberen Kante zusammennähen, anschließend die Rundung einkerben. Die Naht zum Futter untersteppen (siehe Seite 12).

25 Futter und Oberstoff rechts auf rechts an der hinteren Mittelnaht, hinter den Reißverschlusszähnen zusammennähen. Die obere Ecke am Reißverschluss abschneiden, damit nichts wulstig wird.

VARIANTEN

Diese Version des Kleides wirkt eindeutig wie ein Brautkleid. Es ist aus einem fließenden Crêpe-Stoff mit Satin-Rückseite genäht, das Oberteil ist zusätzlich mit Spitze verziert.

26 Die hintere Mittelnaht des Futters weiternähen, ca. 15 cm über dem Saum aufhören zu nähen. Den nicht genähten Teil der hinteren Mittelnaht des Futters im Zickzackstich versäubern oder beketteln.

27 Das Futter mit einem maschinengenähten Rollsaum säumen (siehe Seite 14). Das Kleid mit einem maschinengenähten Rollsaum säumen.

Die Projekte: Abendkleid im Nixenstil | **189**

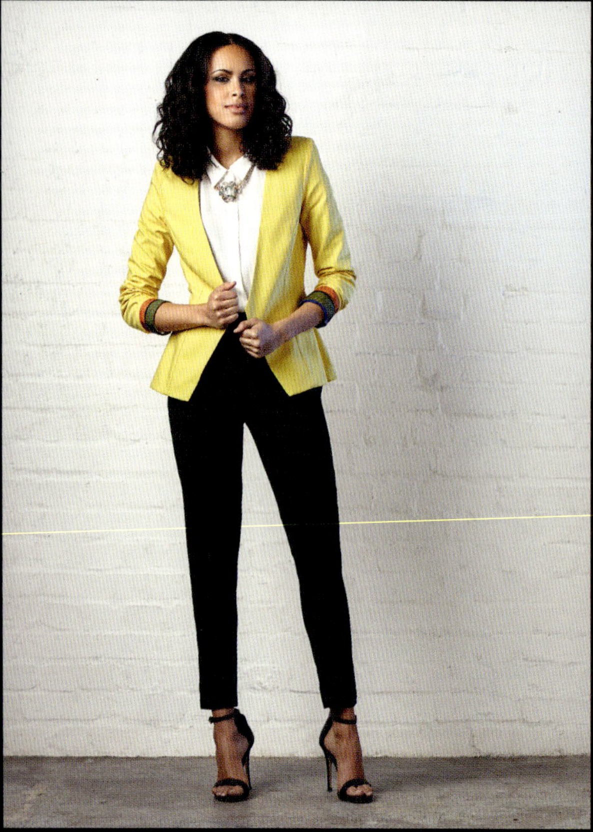
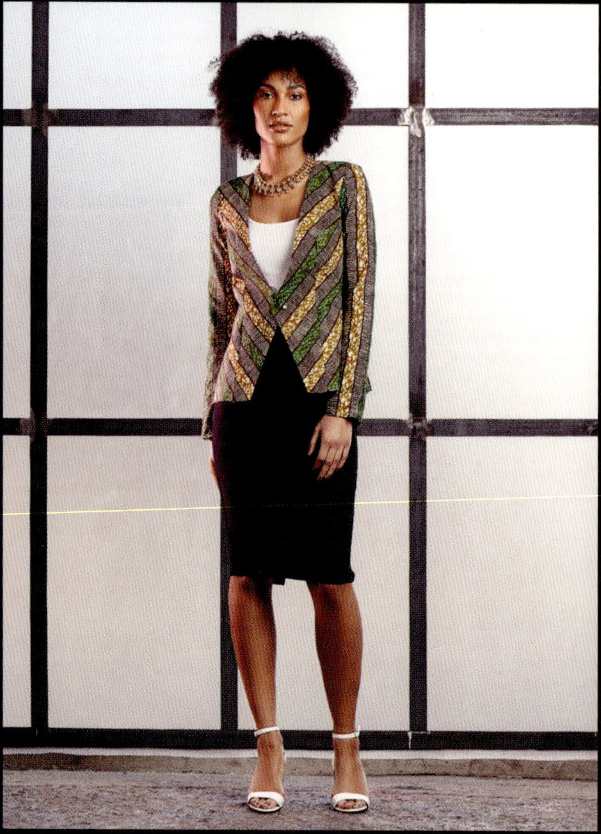
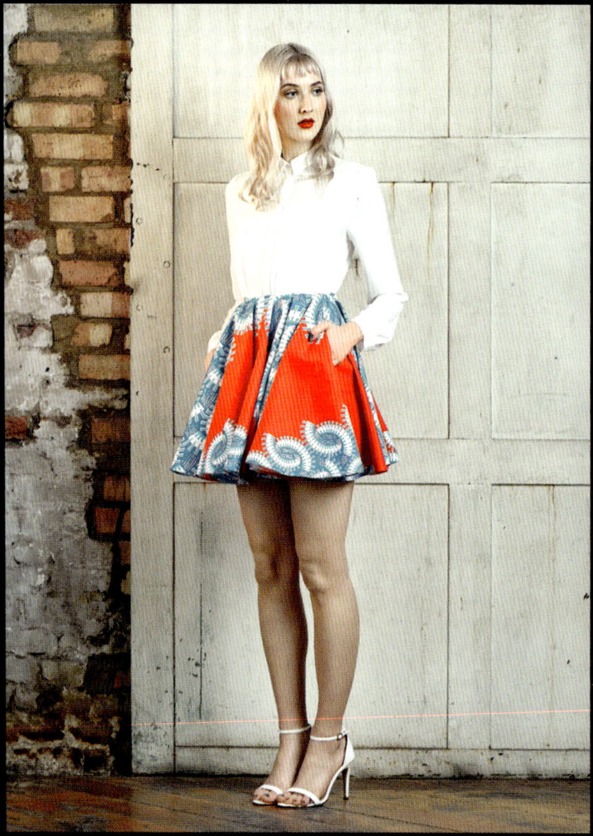
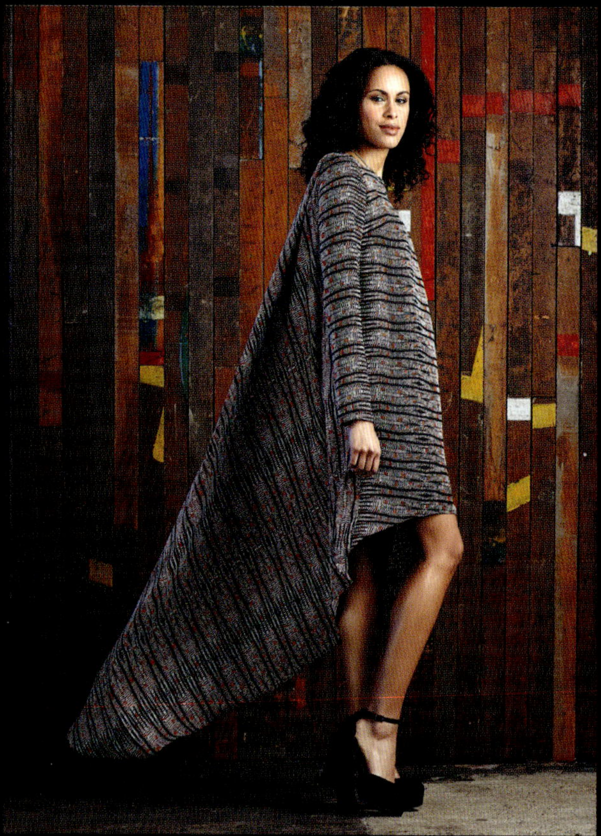

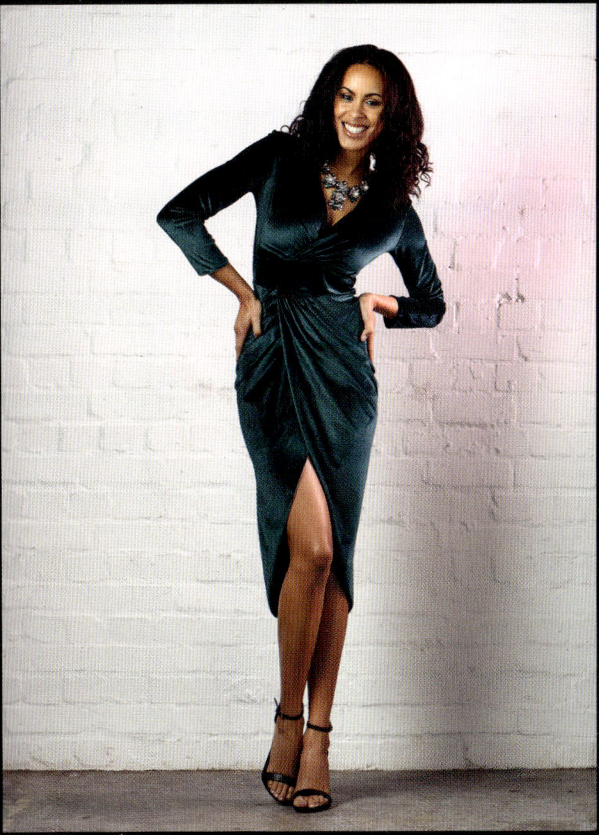
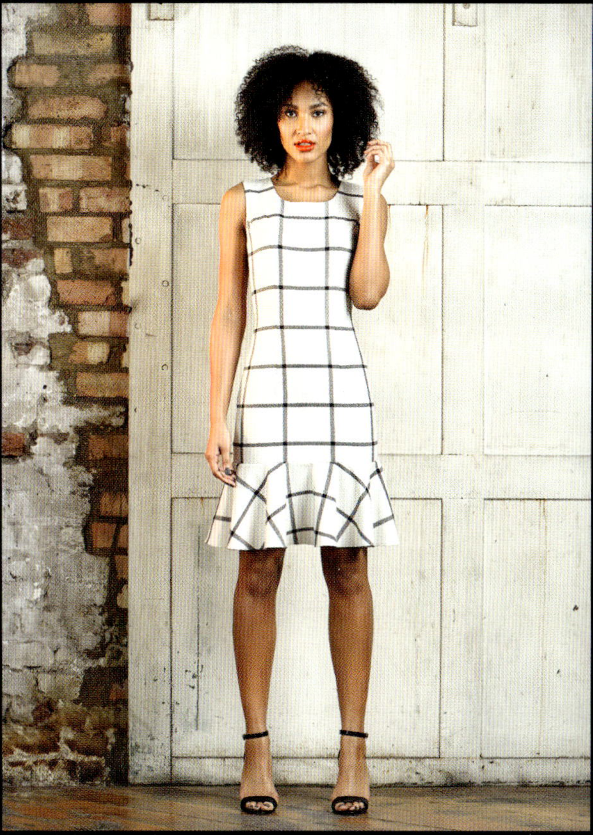
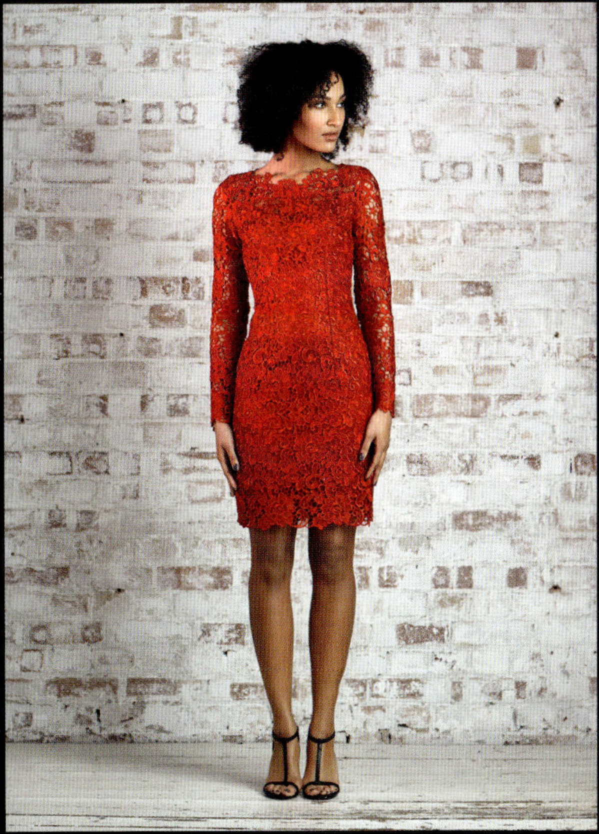
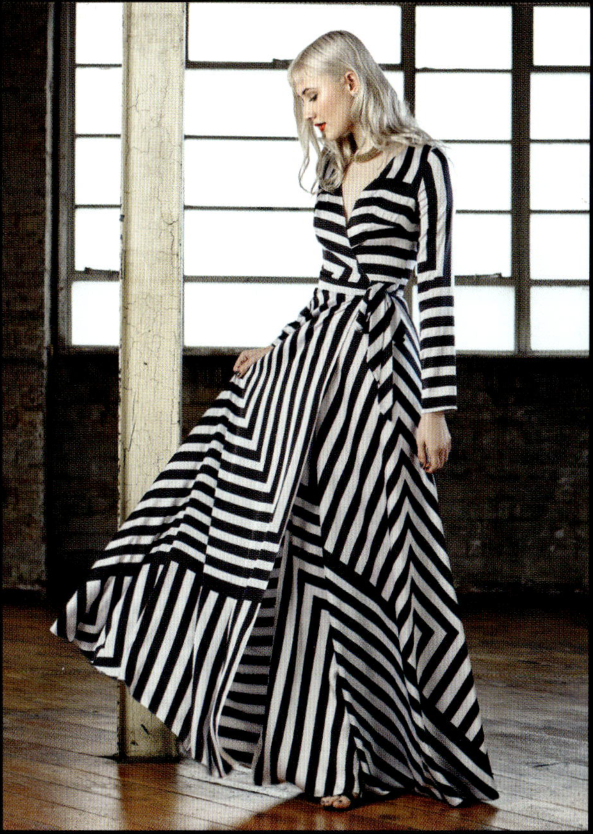

Copyright © Pavilion Books Company Ltd 2015
Text and pattern/project copyright © Chinelo Bally 2015
First published in the United Kingdom in 2015 by Pavilion, London

Titel der Originalausgabe: Freehand Fashion. Learn to sew the perfect Wardrobe

Bibliografische Information der Deutschen Nationalbibliothek
Die Deutsche Nationalbibliothek verzeichnet diese Publikation in der Deutschen Nationalbibliografie; detaillierte bibliografische Daten sind im Internet über http://dnb.dnb.de abrufbar.

© 2017 der deutschen Ausgabe
Stiebner Verlag GmbH, Grünwald

Alle Rechte vorbehalten. Wiedergabe, auch auszugsweise, nur mit ausdrücklicher Genehmigung des Verlages.

Übersetzung aus dem Englischen: Christa Trautner-Suder
Satz und Redaktion der deutschen Ausgabe: Verlags- und Redaktionsbüro München, www.vrb-muenchen.de

ISBN 978-3-8307-0975-6
Printed in China

www.stiebner.com

Verlagshinweis: Wir produzieren unsere Bücher mit großer Sorgfalt und Genauigkeit. Trotzdem lässt es sich nicht ausschließen, dass uns in Einzelfällen Fehler passieren. Unter www.stiebner.com/errata/0975-6.html finden Sie eventuelle Hinweise und Korrekturen zu diesem Titel. Möglicherweise sind die Korrekturen in Ihrer Ausgabe bereits ausgeführt, da wir vor jeder neuen Auflage bekannte Fehler korrigieren. Sollten Sie in diesem Buch einen Fehler finden, so bitten wir um einen Hinweis an verlag@stiebner.com. Für solche Hinweise sind wir sehr dankbar, denn sie helfen uns, unsere Bücher zu verbessern.

DANK DES HERAUSGEBERS

Wir bedanken uns bei Cloth House (www.clothhouse.com) für den schönen Stoff, aus dem die cremefarbene Jacke mit Schößchen, die graue Jacke mit Schößchen und der graue Bleistiftrock genäht wurden. Bei Hardwicks, London, bedanken wir uns für den Druckstoff für das Nixenkleid. Ein großer Dank geht an unsere grandiosen Models: Jemilla King, Anita Jones und Lucy Bradley. Wir bedanken uns bei der Stylistin Sandra Aji, den Fotografinnen Laura Lewis und Claire Pepper, den Illustratoren Kate Simunek und Stephen Dew, den Redakteurinnen Sarah Hoggett und Kate Haxell sowie der Designerin Claire Clewley für ihre Hilfe beim Layout.
Illustrationen: Kate Simunek, Stephen Dew
Fotos: Laura Lewis (S. 66, 67, 73) und Claire Pepper

DANK DER AUTORIN

Zuerst danke ich Gott dafür, dies alles ermöglicht zu haben. Ich danke meinem Mann für seine unglaublich wertvolle Unterstützung, meinen Eltern und Geschwistern dafür, dass sie immer für mich da sind. Dank geht an meinen wunderbaren Agenten, Stuart Cooper von Metrostar. Ich bedanke mich auch sehr bei allen, die an dem Buch mitgewirkt haben, bei dem großartigen Team von Pavilion – ganz besonders Amy Christian und Zoë Anspach – bei Sarah Hoggett, Kate Haxell, Sandra Aji, allen Models, Fotografinnen und Illustratoren – ihr seid einfach die Besten. Und ein großes Dankeschön an alle, die mich seit der TV-Sendung Sewing Bee auf meinem Weg unterstützt haben! Ich danke euch allen.

487 588